国家出版基金项目
NATIONAL PUBLICATION FOUNDATION

国企改革若干问题研究

本书编写组

中国经济出版社
CHINA ECONOMIC PUBLISHING HOUSE
·北 京·

图书在版编目（CIP）数据

国企改革若干问题研究 / 国务院国资委改革办编著
. --北京：中国经济出版社，2017.12（2022.8 重印）
ISBN 978-7-5136-4669-7

Ⅰ.①国… Ⅱ.①国… Ⅲ.①国企改革-研究-中国
Ⅳ.①F279.21

中国版本图书馆 CIP 数据核字（2017）第 069919 号

责任编辑 李煜萍
责任印制 马小宾

出版发行 中国经济出版社
印 刷 者 北京艾普海德印刷有限公司
经 销 者 各地新华书店
开　　本 710mm×1000mm 1/16
印　　张 21.25
字　　数 362 千字
版　　次 2017 年 12 月第 1 版
印　　次 2022 年 8 月第 8 次
定　　价 49.00 元
广告经营许可证 京西工商广字第 8179 号

中国经济出版社 **网址** www.economyph.com **社址** 北京市东城区安定门外大街 58 号 **邮编** 100011
本版图书如存在印装质量问题，请与本社销售中心联系调换（联系电话：010-57512564）

前　言

党的十九大指出，要完善各类国有资产管理体制，改革国有资本授权经营体制，加快国有经济布局优化、结构调整、战略性重组，促进国有资产保值增值，推动国有资本做强做优做大，有效防止国有资产流失。深化国有企业改革，发展混合所有制经济，培育具有全球竞争力的世界一流企业。这是在新的历史起点上，以习近平同志为核心的党中央对国有企业改革作出的重大战略部署，是对新时代国企改革发展的新号召、新期盼、新指引。从理论和实践相结合上系统梳理总结国有企业改革发展取得的历史性成就，深入研究国有企业改革重大问题，是新时代深化国有企业改革的客观要求。

习近平同志指出，要立足我国国情和发展实践，揭示新特点新规律，提炼和总结我国经济发展实践的规律性成果，把实践经验上升为系统化的经济学说，不断开拓当代中国马克思主义政治经济学新境界，加快构建中国特色哲学社会科学。党的十八大以来，习近平同志坚持辩证唯物主义、历史唯物主义的科学世界观和方法论，把马克思主义政治经济学基本原理和方法论同我国经济发展相结合，深刻回答了建设中国特色社会主义的重大理论和实践问题，蕴含其中的新理念新思想新战略已经初步形成了适应当代中国国情、体现时代特征的完整的政治经济学理论体系，是习近平新时代中国特色社会主义思想的重要组成部分。

国有企业属于全民所有，是推进国家现代化建设、保障人民共同利益的重要力量，是我们党和国家事业发展的重要物质基础和政治基础。改革开放以来，国有企业改革发展不断取得重大进展，总体上已经同市场经济相融合，运行质量和效益明显提升，在国际国内市场竞争中涌现出一批具有核心竞争力的骨干企业，为推动经济社会发展、保障和改善民生、开拓国际市场、增强我国综合实力作出了重大贡献，国有企业经营管理者队伍总体上是好的，广大职工付出了不懈努力，成就是突出的。但国有企业仍然存在一些亟待解决的突出矛盾和问题，一些企业市场主体地位尚未真正确立，现代企业制度还不健全，国有资产监管体制有待完善，国有资本运行效率需进一步提高；一些企业管理混乱，内部人控制、利益输送、国有资产流失等问题突出，企业办社会职能和历史遗留问题还未完全解决；一些企业党组织管党治党责任不落实、作用被弱化。面向未来，国有企业面临日益激烈的国际竞争和转型升级的巨大挑战。在推动我国经济保持中高速增长和迈向中高端水平、完善和发展中国特色社会主义制度、实现中华民族伟大复兴中国梦的进程中，国有企业肩负着重大历史使命和责任。要认真贯彻落实党中央、国务院战略决策，按照“四个全面”战略布局的要求，以经济建设为中心，坚持问题导向，继续推进国有企业改革，切实破除体制机制障碍，坚定不移做强做优做大国有企业。

以习近平同志为核心的党中央高度重视国有企业改革发展。党的十八大以来，习近平同志站在党和国家发展全局的战略高度，针对国有企业改革发展发表了一系列重要讲话，作出了一系列重要指示批示，用一系列相互联系、相互贯通的重大理论创新和科学判断，深刻回答了在新的历史条件下要不要办国有企业、办成什么样的国有企业、怎么办好国有企业等重大理论和实践问题。推进国有企业改革，把握好改革方向，保证不犯颠覆性错误，最重要的就是把习近平同志关于国有企业改革的一系列重要论述学习好、贯彻好、落实好。习近平同志关于国有企业改革的重要论述至少包括九个方面：一是关于国有企业重要地位作用的重要论述，这使我们深刻认识到，发展壮大国有企业和国有经济，绝不只是一个纯粹的经济问题，更是一个重大的政治问题。在改革推进过程中，必须有硬气、有底气，坚持国有企业在国家发展中的重要地位不动摇，坚持理直气壮做强做优做大国有企业不动摇，坚决抵制“私有化”“去国有化”“去主导化”等错误思想言论。二是关于对国有企业总体判断的重要论述，这使我们深刻认识到，全面客观准确看待国有企业，要坚持“两点论”，一方面看到国有企业的贡献和成绩，从而保持政治定力，坚定改革信心；另一方面正视问题，保持清醒头脑，进而增强改革的使命感、紧迫感和责任感，勇做改革的促进派和实干家。三是关于国有企业改革必须以解放和发展生产力为标准、以增强活力提高效率为中心的重要论述，这使我们深刻认识到，改革是发展的动力，发展是改革的目的。改革就是为了解放和发展生产力，提高效率、增强活力，如果离开了解放和发展生产力，离开了提高效率和增强活力，那就离题万里。四是关于建设中国特色现代国有企业制度的重要论述，这使我们深刻认识到，深化国有企业改革，必须根植于中国国情，体现中国特色的本质要求，同时必须遵循市场经济规律和企业发展规律，坚持建设现代企业制度的方向，将两者统一于中国特色现代国有企业制度的实践中。五是关于推进国有经济布局结构战略性调整的重要论述，这使我们深刻认识到，要紧紧围绕“三去一降一补”五大任务，深入推进国有企业调整结构、优化布局，“瘦身健体”、提质增效，带动全社会供给侧结构性改革走向深入，发挥好促进经济转型升级和持续健康发展的主力军作用。六是关于加强国有资产监管、防止国有资产流失的重要论述，这使我们深刻认识到，国有资产属于全民所有，是全体人民的共同财富，实现国有资产保值增值、防止国有资产流失，是我们的神圣职责，决不能让一些人鲸吞了、糟蹋了。七是关于建立高素质企业领导人员队伍的重要论述，这使我们深刻认识到，国有企业领导人员既要成为党的优秀干部，又要成为企业经营管理的行家里手，切实担当起党和国家赋予的重要使命，勇于带领广大干部职工不断开创国有企业改革发展新局面。八是关于坚持党的领导、加强党的建设的重要论述，这使我们深刻认识到，我国国有企业不同于其他所有制企业，也不同于其他国家的国有企业，具有中国特色的特殊属性，“特”就特在必须坚持中国共产党的领导。要坚持党要管党、从严治党，为做强做优做大国有企业提供坚强的政治保障和组织保障。九是关于为国有企业改革发展营造良好环境的重要论述，这使我们深刻认识到，改革是一项复杂的系统工程，需要各地区、各部门大力支持，共同为国有企业改革发展创造良好条件。总之，习近平同志关于国有企业改革发展的系列重要论述，是对中国特色社会主义国有企业改革发展理论的继承、创新和发展，具有很强的思想性、战略性、指导性和针对性，为国有企业改革深入推进提供了强大思想武器和科学行动指南，是做好国有企业改革各项工作的根本遵循。

在习近平同志关于国企国资改革发展党建的重要思想指引下，在党中央、国务院坚强领导下，在国务院国有企业改革领导小组直接领导和组织推动下，近年来国有企业改革从全面播种到发力推进，从立柱架梁到落地见效，一幅国企改革走势图波澜壮阔，一张国企改革成绩单亮丽呈现。随着国有企业改革的深入推进，国有企业改革发展理论体系也日臻成型。国有企业改革发展最新实践充分证明，以习近平同志为核心的党中央关于国有企业改革发展的重大决策部署是符合实际、完全正确的。

习近平同志指出，加强对规律性认识的总结，不断完善中国特色社会主义政治经济学理论体系，推进充分体现中国特色、中国风格、中国气派的经济学科建设。深刻总结国有企业改革发展理论，既有实践基础，更有时代需要，也具基本条件，可以说正当其时。为此，国务院国资委改革办组织有关方面组成本书编写组，认真学习贯彻习近平新时代中国特色社会主义思想，坚持以马克思主义政治经济学为指导，全面总结我国国有企业改革的实践经验和历史教训，积极借鉴西方经济学有益成分和其他国家国有企业改革实践经验，突出问题导向，以国有企业改革重要领域、关键环节和主要问题为主线，系统梳理相关政策和理论，努力形成具有中国特色的国有企业改革发展理论体系。

本书分九章，这里概述一下主要脉络和章节核心要义。首先，本书回顾国有企业发展历程，参考借鉴国外国有企业情况，进一步分析国有企业的地位与作用；在此基础上，深入研究国有企业公司治理问题，明确完善公司治理结构把握的重要原则和关键环节；之后，集中分析企业内部“三项制度”改革，阐述国有企业建立市场化经营机制的基本途径；国有企业发展混合所有制经济是国企改革的重要一环，本书分析了我国发展混合所有制经济的历史沿革，在纵向分析的同时引入国外混合所有制经济的横向比较，提出下一步发展混合所有制经济的原则、重点和途径方式；国有资本布局和结构调整，是做强做优做大国有企业、培育世界一流企业的内在要求，本书从理论和国企实践等角度进行了研究分析；国有资产管理体制和监督体系，既是国有企业改革的重要内容，也是国有企业改革的重要保障，既要参考借鉴国外有益做法，更要立足国情，探讨以管资本为主加强国有资产监管的具体内涵和实现途径；国有企业党的建设是国有企业改革不可或缺的重要部分，本书结合贯彻落实全国国有企业党的建设工作会议精神，重点分析阐述了党组织领导作用发挥、领导班子建设、反腐倡廉建设等内容。

正如习近平同志指出的，唯改革者进，唯创新者强，唯改革创新者胜。发展是时代的主旋律，改革是时代的最强音，国有企业是改革发展的顶梁柱、主力军。国有企业改革必须拿出“敢为天下先”的勇气，锐意改革，激励创新，积极探索符合自身发展需要的新道路、新模式，不断寻求新增长点和驱动力，为促进我国经济社会发展、实现全面建成小康社会宏伟目标和中华民族伟大复兴中国梦作出应有的重要贡献。编写本书目的，基于此，亦为了此。

同时，编写组深知，国有企业改革作为全面深化改革的重要方面、经济体制改革的中心环节，涉及面广、政策性强、社会关注度高、困难挑战多，是一项极其艰巨复杂的系统工程，编写组各成员虽倾力而为，但受水平所限，难免会有不全不深甚至不准之处，希望各方面不吝赐教，以便有机会更新完善。衷心希望本书的出版能够为推动中国国有企业改革发展、做强做优做大提供有益的理论支持，为全球国有企业治理体系提供一种中国方案。

本书编写组

2017 年 10 月

目　录

第一章　国有企业发展与改革历程研究

中华人民共和国成立后，我国着手恢复国民经济，建立社会主义经济制度。国有企业作为共和国长子，对迅速改变我国落后的经济面貌、奠定党和国家事业发展的物质基础发挥了重要作用。从 20 世纪 70 年代末开始，国有企业改革从最初的放权、让利、承包经营责任制，到明确建立现代企业制度，到建立权利、义务和责任相统一，管资产与管人、管事相结合的国有资产管理体制，大致经历了机制创新、制度创新、体制创新三个阶段。党的十八大、十八届三中全会对深化国有企业改革作出重大部署，推动国有企业完善现代企业制度，发展混合所有制经济，以管资本为主加强国有资产监管、加强国有企业党的建设，我国国有企业改革进入了一个新的历史时期。

第一节　党的十八大召开前：我国国有企业发展与改革历程

回顾我国国有企业发展与改革的历程，从中华人民共和国成立前到党的十八大召开，大致可以分为三个时期。

一、中华人民共和国成立前：公营经济的形成与发展

中华人民共和国成立前，国有经济已经存在并发展。从土地革命战争时期到中华人民共和国成立以前，在革命根据地、陕甘宁边区、解放区都进行了对公营经济建设的实践探索，并积累了宝贵的经验，对后来的国有经济建设产生了重要影响，在中国近代经济史、中国革命发展史上占有重要地位。

（一）土地革命时期公营经济的建立和发展

中华人民共和国成立前，对国有经济的探索主要是从土地革命时期开始的。1927 年大革命失败后，中国共产党的工作重心转入农村，先后创建了井冈山、赣西南、湘赣等革命根据地。为了打破敌人的经济封锁、保卫新生的红色政权，积极开展根据地经济建设，除进行土地革命，还积极建立和发展公营经济，兴办了一批军需民用工业、商业。

1927 年毛泽东在创立井冈山革命根据地后，相继筹办了小型修械所、印刷厂、兵工厂等。1931 年中央革命根据地建立后，公营工业得到较快发展，兴办了以中央兵工厂为主体的一些军需工业，如中央军委兵工厂、莲花兵工厂、红四军军械所、闽北兵工厂、中央印刷厂、中央被服厂、中央

造纸厂等。此外，也兴办了公营的民用工业，如长汀造纸厂、汀州弹棉厂、兴国樟脑厂、瑞金纸烟厂、宁都纺织厂、于都铁厂等。与此同时，其他革命根据地的公营工业也有较大发展，到 1934 年，湘鄂赣根据地拥有的兵工厂、机械局、硝盐厂等公营厂矿就达 33 个，职工 2000 余人。1935 年 5 月，川陕根据地的公营工业已拥有兵工、钢铁、煤炭等 10 个行业，职工 5000 余人。

在重点发展根据地公营军需工业的同时，为了解决根据地军需供给和满足群众生活需要，中央苏区政府还积极发展根据地的公营商业、合作社商业和私营商业。最早的公营商业是井冈山根据地时期的公卖处和公营商店。中央苏区时期，主要商业管理机构有粮食调剂局、对外贸易局以及商业公司，创办了中央钨砂公司、中华贸易公司、中华商业公司等一批公营商业企业。此外，还积极发展公营邮政、交通运输业、金融机构等，如 1932 年 3 月成立了中华苏维埃共和国国家银行——中央工农银行，主要职能是发行货币、保存现金、代理国库。

公营工商业建立后就开始逐步探索公营工商业的管理。在经营管理上，建立了行政区机构、党支部和职工会，贯彻官兵一致、民主管理原则，吸收职工参加管理，强调自力更生、艰苦奋斗。在 1931 年 11 月第一次苏维埃全国代表大会后，为了加强企业管理，中央苏区的公营工业实行军事供给制改革和政委负责制改革，把供给制改为工资制，实行等级工资，按工人的技术水平确定等级，发放工资。为了加强对国营工厂和军工企业的领导和管理，1933 年 4 月，中央国民经济部设立了国家企业管理局，总供给部设立军事工业局，中央财政人民委员会内部设立国有财产管理局，负责国有财产的管理，地方政府则在《中华苏维埃共和国地方苏维埃暂行组织法》颁布后建立了地方国有资产管理机构——国有财产科。1934 年 4 月，把公营工业的政委负责制改为厂长负责制。此后，中华苏维埃政府和中央组织局分别颁布了《苏维埃国有工厂管理条例》和《苏维埃国家工厂支部工作条例》，进一步强调了厂长和党支部的管理职能，形成了以厂长负责制为特征、经济核算制为核心的企业管理雏形。

（二）抗战时期陕甘宁边区公营经济的建立和发展

抗日战争时期，陕甘宁边区政府以“发展经济、保障供给”为指导思想，积极发展公营经济。

1937 年 10 月，针对陕甘宁边区工业落后状况，中央成立经济委员会，负责边区的工商业投资、计划和章程等领导统筹，对边区工商业实行扶持政策，提出发展以石油、盐、煤、铁等为主的边区工业，逐步建立起公营工业和公营商业。边区工商业主要有政府经营的工商业、军队经营的工商业、党政机关学校经营的工商业以及民营手工业。到 1940 年底，陕甘宁边区已经有了纺织、印刷、石油、煤矿、机械等多个行业，公营厂矿数达 130 个，职工有 7338 人，初步建立起边区公营工业的基础。

“皖南事变”后，为了摆脱经济上对外的依赖性，边区政府开始筹划建立自己的工业体系。1941 年，边区政府颁布了旨在尽快建立自己工业体系的《陕甘宁边区三十年经济建设计划》，这是边区政府第一个比较完整的工业建设计划。到 1942 年底，边区公营工业有各类工厂 76 个，职工 3991 人，资金约 5967 万元。到 1944 年，又建立了制铁、化学等公营工厂，职工达 2000 人。

边区政府不仅重视发展公营工业，而且还很重视发展公营商业。抗战爆发后，边区政府制定了“争取外援，休养民力”的政策，边区的贸易“虽然仍为采办性质，但结合了盈利出发的商业内容”。1938 年 4 月，边区政府成立了光华商店，这是边区银行直属的商业机构，也是边区政府所属的唯一商业机构，它的成立表明边区公营商业开始建立。1939 年，由于抗战形势的变化，边区政府调整了经济政策，制定了商业贸易的基本原则：对外调剂，对内自由，政府帮助公营商业的发展，鼓励机关、部队、学校经营商业。到 1940 年，边区增加了许多机关、学校、部队办的店铺，大小商店达到 60 多家。到 1940 年 10 月，光华商店也增设了 7 个分店、数个贩卖处、运输队及货栈，贸易范围不断扩大。边区商业的建立和发展，客观上调剂了流通，平抑了物价，保证了供给，而且推动了边区公私营商业的发展，锻炼了干部，积累了经验。

(三) 解放战争时期公营经济的建立和发展

解放战争时期，党的一个重要任务是积极发展解放区的工商业和金融业等各项经济事业，保障供给，支援解放战争的全面推进。为此，党中央对解放区工商业的恢复和发展做出了许多明确指示，制定出了《中共中央关于工矿企业政策的指导》等一系列有关发展公营经济的方针政策。各解放区认真贯彻党中央的各项指示和方针政策，积极采取保护和促进发展工商业的政策，使解放区的工商业都得到了比较大的发展。

解放战争后期，随着各大中城市的相继解放，党的一项重要任务是在积极发展解放区公营经济的同时，没收官僚资本归国家所有，建立社会主义性质的国营经济。1949 年 1 月，中共中央专门发出《关于接收官僚资本企业的指示》。到 1949 年底，全国共接收官僚资本所属的工业企业 2858 家，据有关部门事后按固定资产原值估算，没收官僚资本财产约人民币 150 亿元，其职工约 129 万人，其中生产工人 75 万多人。还有“四行两局”系统和国民党省市地方系统银行2400 多家，垄断性贸易公司 10 多家，以及国民党政府所属的全部交通运输企业。这些总价值 100 亿～200 亿美元的庞大资产收归国有，迅速增强了国有经济的比重和实力。据统计，到 1949 年，社会主义公营经济在全国工业中的比重分别为：固定资产占 80.7%，大型工业总产值占 41.3%，生产资料生产占 48%，发电设备容量占 72.3%，发电量占 58%，原煤占 68%，生铁占 92%，钢占 97%，机器及机器零件生产占 48%，水泥占 68%，棉纱占 49%。此外，还掌握了数万公里的铁路和公路里程。由此，国营经济就掌握了国家的经济命脉，为中华人民共和国成立后领导整个国民经济的恢复和发展奠定了重要的物质基础。

二、中华人民共和国成立至“文革”前：国营企业的形成与发展

(一) 1949—1957 年，从中华人民共和国成立到“一五”期间

1949 年中华人民共和国成立，在具有临时宪法作用的《共同纲领》的

指引下，中国共产党确立了政府主导型的经济发展模式，社会主义国有资产逐步发展壮大。

这一时期，我国国营企业通过以下几种方式初步建成：一是将中华人民共和国成立前在革命根据地、陕甘宁边区和解放区建成的公营企业继续发扬光大；二是没收和接管国民党政府和官僚资本家的企业①，这些企业成为中华人民共和国成立初期我国经营性国有企业的主要来源，也是当时国民经济的命脉；三是对资本主义工商业的社会主义改造，以和平赎买的方式把民族资产阶级的企业转化为国企；四是中华人民共和国成立初期国家投资兴建形成的国有企业，主要包括重工业企业和国营专业公司。其中，著名的重工业企业包括鞍山钢铁公司、第一汽车制造厂、沈阳第一机床厂、沈阳飞机制造厂、富拉尔基第一重型机械厂、北京电子管厂等，并建立了东北重工业基地。国营专业公司②包括中国粮食公司、中国花纱公司、中国百货公司、中国盐业公司、中国土产公司、中国石油公司、中国煤建公司、中国工业器材公司等。

随着对生产资料所有制的社会主义改造基本完成，大规模社会主义工业化建设稳步推进，国有资产第一次清产核资工作的顺利推行，以及“一五计划”的完成，国营经济在全国经济的主导地位开始初步确立。1956年，我国的国民经济中，国营企业占32.2%，合作社经济占53.4%，公私合营企业占7.3%，个体经济占7.1%，奠定了以公有制为主体、以国民经济为主导、多种经济成分并存的基本经济制度。

（二）1958—1965年，从社会主义制度的建立到“文化大革命”之前

1958年，第一个五年计划完成后，我国的社会主义经济制度和社会主

① 新生人民政权接管的官僚所控制的大商业企业主要有：复兴、富华、中国茶叶、中国石油、中国盐业、中国蚕丝、中国植物油、孚中、中国进出口、金山贸易、利泰、扬子建业、长江中美实业等十几家大贸易公司及其分设各地的分支机构和经营网点等。

② 各个专业公司均按行政区划和业务发展的需要，在全国各大行政区、省、专区、市、县设立分支机构，由总公司和当地商业行政部门双重领导。各总公司对其所属分支公司的全部业务实行统一管理、统一经营，由此形成了新中国全国性商业企业管理系统。

义工业化的初步基础已经建立起来。但在“大跃进”和“人民公社化”运动期间，国营商业的经营遭受极大冲击。

1. 从1958年到“大跃进”期间国营经济情况

“大跃进”开始后，中央政府对国民经济运行的控制已经失灵，在人民公社化运动的推波助澜下，罔顾常识的国营企业增产指标被层层加码。为配合工业“大跃进”，各地大办工业。国有商业部门“大购大销”，损失浪费严重。在“左”倾指导思想的影响下，以高指标、瞎指挥、浮夸风、强迫命令、“共产风”为标志的“五风”严重泛滥，再加上自然灾害，造成了1959—1961年国民经济的严重困难。

这一时期，国营工业企业的数量和规模明显扩大。一方面，从企业所有制类型来看，截至1958年底，我国工业企业数达26.3万个，比1957年增长9.35万个；其中全民所有制企业11.9万个，增加6.1万个，集体所有制企业14.4万个，增加3.25万个。1959年工业企业数达到31.84万个。另一方面，从企业规模来看，1959年底，全国共有小型、微型地方工业企业31.4万个，占当年全部工业企业的99%；共有职工2082万人，占当年全部职工（包括工业企业、城市手工业、人民公社工业的职工）3009万人的69%；工业全年总产值1018亿元，占当年全部工业总产值1693亿元的60%。

2. “大跃进”时期的利润全额留成制度

随着社会主义改造的基本完成，原有经济管理体制实行过程中暴露出的管得过多、统得过死的问题日益突出，中央对当时的工业、商业、财政管理体制进行了改革，方向主要是扩大地方和企业的权限，让渡国家高度集中管理的权力。国有企业取消了原有的企业奖励基金制度，实行企业与主管部门利润全额留成制度，旨在增强企业的财力、扩大企业的财权。此次国有企业利润分配制度调整是一次有益的探索，只是从1958年开始进入了“大跃进”的特殊时期，导致我国在处理国家与国有企业利润分配关系的时候很难严格按照有关规定执行，使得国有企业利润分配制度的调整陷入尴尬的局面。

1957 年 12 月，国务院连续公布了国家改进工业、商业、财政管理体制的有关规定，通过体制改革强调统一领导、分级管理，进一步下放管理权限。对国有企业资产管理体制的改革主要有以下三个方面：一是改变中央管理国有企业的现状，转变为主要由地方管理。二是改变国有企业基建投资的审批权，转变为主要由地方政府掌握。三是改革国有企业资产的经营制度。综观这一系列改革举措不难发现，中央已经开始慢慢将国有资产管理的经营权转向地方政府，扩大了地方的经济管理权限，强化了企业自主经营的权利，调动了地方和企业的建设积极性。

1958 年 2 月，国务院发布了《关于实行企业利润留成制度的几项规定》，主要内容为：一是由主管部门根据各个企业的具体情况分别确定企业留成比例，且这一比例 5 年不变。此外，允许主管部门酌量提取一部分留成，集中掌握、调剂使用。二是企业留成比例的计算方法是以 1957 年一年的数字为基数，结合预算拨付的技术组织措施费、劳动安全保护费、按规定提取的社会主义竞赛资金和超计划利润留成部分加以计算。三是企业留成的使用要以生产为主，兼顾职工福利，不许作为企业和行政关系费用。该资金主要用于企业所需的四项费用，补充流动资金不足，进行基础设施建设。其中用于竞赛和职工福利的留成部分不得超过企业职工工资总额的 5%。四是原定的留成比例可以根据企业利润、价格和税率的变化而变化，不过调整的幅度有所限制。

这一时期，我国所实行的国有企业利润留成制度，扩大了地方政府和企业经营管理的自主权，转变了高度集中的管理模式，调动了员工的生产积极性，改革方向是正确的。然而由于我国所处“大跃进”历史时期的特殊性，为了出成绩、超指标，地方政府混乱运用中央下放的管理权限，盲目搞基础设施建设，过度挤占国家资金，错误上马投资项目，挪用企业的利润留成，推行“大而全”“小而全”，造成了企业管理混乱，影响了企业的经济效益，加剧了我国财政经济形势的严峻程度。据统计，1961 年国有企业亏损额高达103.2亿元，其中工业亏损总量约占1/3，为46.5亿元。

3. 从1960年的“两参一改三结合”到“鞍钢宪法”

即使在“大跃进”时期，我国也在不断探索如何对国营企业进行领导和管理，代表性成果是“两参一改三结合”和“鞍钢宪法”。

“两参一改三结合”，是指干部参加劳动，工人参加管理，改革不合理的规章制度，实行工人群众、领导干部和技术人员三结合的思想。1958年“大跃进”初期，济南某厂提出“两参一改”，取消了所有脱产干部，干部要下车间做生产辅助性劳动。此后，黑龙江省北安国营庆华工具厂也推出“两参一改”的经验，具体包括干部参加生产劳动，工人参加生产小组日常管理工作，改革不合理的规章制度等。1958年4月18日，中共中央批转黑龙江省委《关于企业干部参加劳动 工人参加管理及实行业务改革的报告》，认为北安国营庆华工具厂的经验，是一项具有重大意义的创举，完全符合社会主义企业的管理原则，应当在全国一切具有条件的工业企业中加以推行。1958年11月，长春第一汽车厂推行“两参一改”经验，工人不仅参加行政管理，而且全面参加设计和技术管理，并对生产工作和技术工作中不合理的规章制度也进行了改革，使得工人、技术人员和职员密切结合起来，形成了党委统一领导下的“两参一改三结合”的管理制度。随后，鞍钢也创造出一套具有鞍钢特色，既能与“大跃进”精神相适应，又能体现工人政治觉悟的新经验，如采取了取消津贴、取消计件工资等措施，鞍钢工人提出了几十万条有关技术革新和技术革命的“合理化建议”等等，这一套做法被誉为“鞍钢宪法”。此后，我国许多大型企业陆续试行了“两参一改三结合”的制度。

1960年10月4日，党中央正式发出了《关于发展“两参一改三结合”制度提高企业管理工作的指示》。“两参一改三结合”，是在改革我国沿用的苏联企业管理制度的过程中提出的，是我国国营企业一次生产力的革命。

4. 1961 年“八字方针”和“工业七十条”

1960 年夏，中共中央开始意识到国民经济严重困难的形势，并对三年“大跃进”运动进行反思。7 月，中共中央在北戴河召开工作会议，对国内的任务及其应该采取的方针和具体政策提出五方面意见：一是贯彻自力更生、勤俭建国的方针；二是以农业为基础，以工业为中心，真正做到工农业并举；三是以少数大型企业为骨干，以中小企业为主普遍开花；四是坚决缩短基本建设的战线，保重点、保质量、质量数量并举；五是坚决贯彻全国一盘棋，中央、协作区和省市三级结合，共同制订全国统一的计划。8 月，国务院审议国家计委《关于 1961 年国民经济控制数字的报告》。该报告提出，1961 年国民经济计划的方针应以整顿、巩固、提高为主，增加新的生产能力为辅。后来修改形成了“调整、巩固、充实、提高”的八字方针。这个方针的基本内容是：以调整为中心，调整国民经济各部门之间失衡的比例关系，巩固生产建设取得的成果，充实新兴产业短缺产品的项目，提高产品质量和经济效益。

同时，为了整理“大跃进”运动后的工业问题，在对许多工矿企业进行调查研究的基础上，制定了《国营工业企业工作条例（草案）》，简称“工业七十条”。该条例的核心内容是国家对企业实行“五定”，企业对国家保证“五保”。“五定”是指定产品方案和生产规模，定人员和机构，定主要原、材、燃料、工具消耗定额和供应来源，定固定资产和流动资金，定协作关系；“五保”是指保证产品品种、质量、数量，保证不超过工资总额，保证完成成本计划，保证完成上缴利润，保证主要设备的使用期限。它是当时用于克乱求治、整顿工业企业的一个重要文件，也是一部企业管理章程。“工业七十条”受到广大职工的欢迎，到 1962 年第一季度检查时，第一批试点的 3000 个工业企业都在不同程度上理顺了企业内部的关系，企业管理都有所加强和改善，生产也逐步好转。由于工业调整与企业整顿同时进行，到 1965 年，“大跃进”中受到破坏的国营工业企业大部分恢复了元气，各项工作都有很大进步。

5. 1964 年试办工业托拉斯

1958 年 4 月，中共中央和国务院发布了《关于工业企业下放的几项规定》，除了一些主要的、特殊的以及“试验田”性质的企业仍由中央继续管理以外，其余企业原则上一律下放，归地方管理。但是，由于在实施中采取“一阵风”的做法，企业下放过快过猛，加上“大跃进”运动，企业之间原有的生产协作关系被打乱，导致计划失控、工业生产秩序混乱。面对出现的混乱局面，1959 年 3 月又将大中型企业收上来归中央管理。这就是所谓的“一放就乱，一乱就收”。其主要原因在于，不论是集中管理还是分散管理，都采用行政管理方法，而非经济方法，都没有解决条块分割、协作很差的问题。

为此，中央开始考虑借鉴西方工业发达国家管理企业的方法。中央认为，工业托拉斯是工业发达国家找到的比较进步的组织管理形式，是一种以经济方法管理经济的模式，我们工业建设可以走托拉斯的道路。1963 年我国经济形势明显好转后，中央就决定对工业管理体制进行改革，在工业、交通部门组织专业公司，推行托拉斯试点。第一批在全国共试办了 12 个托拉斯。其中，全国性的托拉斯有 9 个，即烟草公司、医药公司、地质机械仪器公司、盐业公司、汽车公司、橡胶公司、拖拉机内燃机配件公司、纺织机械公司、制铝工业公司；地方性的托拉斯有 3 个，即华东煤炭工业公司、京津唐电力公司、长江航运公司。从试办情况看，虽然时间很短，但都收到了一定的效果，当然也出现了一些矛盾。试办托拉斯是经济管理体制改革的一项重要探索。

三、“文革”时期：国营经济的混乱与整顿

（一）“三五”时期国营经济的动荡与起伏

“文革”时期，我国国民经济全局出现极其严重的问题。从 1966 至 1971 年的“三五”时期来看，一是经济发展极其动荡，波折起伏很大。从年度情况来看，两边高，中间低，大起大落，陡升陡降。若按“三五”计

划所规定的正常发展速度计算，1966—1969 年三年之中，至少损失了 1700 多亿元的工农业总产值。二是在国民经济计划中，过分突出国防国营企业和三线国营企业建设，过急过快进行战略布局的大变动，影响了国民经济的协调发展。三是从 1969 年开始，经济工作中求成过急、盲目追求高速度、高积累的问题再次严重起来，给以后的国民经济发展带来很大的影响。

（二）“四五”时期国营经济的两次起伏

从 1971 至 1976 年的“四五”时期来看，出现了两次大的起伏。第一次起伏，是自 1971 年到 1973 年，工农业增长速度从 12. 2% 降到 4. 5% ，又回升到 1973 年的 9. 2% 。在这个起伏中，政治运动起到了很大的冲击作用，计划高指标也有一定的影响。第二次起伏是 1974 年、1975 年两年，农业发展反弹放缓，对国营企业、国营经济造成了较大的影响。而 1975 年通过采取一系列整顿措施，一定程度上扭转了不断恶化的国营经济形势。

（三）1975 年国营企业整顿的步骤与成效

1975 年，中央关于国营企业的整顿从钢铁企业开始。5 月中央召开了全国钢铁工业座谈会，发出了题为“关于努力完成今年钢铁生产计划的批示”的 13 号文件。国务院还专门成立了钢铁工业领导小组。经过近一个月的整顿，钢铁生产形势开始好转。到 6 月底，全国钢的平均日产量超过了全年计划平均日产水平。为了从根本上解决整个工业的问题，国务院于 6 月 16 日召开了计划工作务虚会，决定制定一个全面整顿工业的文件。7 月中旬，国家计委开始起草《关于加快工业发展的若干问题》，最后形成“工业二十条”，成为解决“文化大革命”在工业领域造成的混乱和灾难的一个纲领性文件，对经济战线整顿和工业发展产生了一定的积极的影响。“工业二十条”主要包括：全面贯彻毛主席的办工业路线；深入进行党的基本路线教育；加强党的领导；依靠工人阶级；整顿企业管理；工业学大庆；统一计划；发挥两个积极性；以农业为基础；以钢为纲；立足于挖潜、革新、改造；把质量、品种、规格放在第一位；增加积累，厉行节约；基本建设要打歼灭战；加强社会主义协作；尽量采用先进技术；又红又专；各尽所能，按劳分配；关心职工生活；工作方法。

四、改革开放至党的十八大：国有企业机制、制度、体制创新

（一）1978—1992 年，机制创新阶段：探索扩大企业自主经营权的改革

1. 扩大企业自主经营权、对企业放权让利的改革

1978 年 12 月，十一届三中全会召开，吹响了中国经济体制改革的号角，也拉开了覆盖国有经济全部行业的国有企业改革的序幕，会上提出“让企业有更多的经营管理自主权，调整国家与企业的责权利关系”，为解决我国计划经济时期严重的政企不分、以政代企问题，颁布了《关于扩大国营工业企业经营自主权的若干规定》，并于 1979 年在北京、天津、上海选择了 8 家企业作为扩大自主经营权的试点单位。一年后，试点扩大到 6000 多家。此后，随着试点范围的扩大，制定了相应政策，并通过对企业内部实行“利润留成”“盈亏包干”“以税代利、自负盈亏”等具体措施，以及在全国范围内两次实行“利改税”，真正做到了扩大企业自主权、对企业放权让利，激发了企业生产积极性和创造性，高度集中的计划经济体制被逐步打破。

2. “所有权和经营权适当分开”，积极探索承包制

1984 年 10 月，十二届三中全会通过了《中共中央关于经济体制改革的决定》，提出建设有计划的商品经济，进一步深化企业经营机制的改革，正式提出“所有权和经营权可以适当分开”，从而增强企业活力。1986 年，国务院开始酝酿选择承包经营这种“两权分离”的国企经营模式，在该模式下，企业包上缴国家利润，包完成技术改造任务，实行工资总额与经济效益挂钩，不同企业可以根据实际情况，确认其他承包内容。到 1987 年，全国国有大中型企业普遍实行了承包制。基本原则是“包死基数、确保上缴、超收多留、欠收自补”。1990 年，第一轮承包到期的企业 90% 以上又

签订了第二轮承包合同。直到1993年以前，国有企业普遍实行这种承包经营责任制。

3. 企业兼并

从1984年开始，为了使优势企业迅速扩张，出现了企业兼并这一产权有偿转让的改革形式。当年，保定、武汉、石家庄等市率先进行企业兼并试点。1986年，在北京、上海、辽宁、黑龙江、河北、湖北、广东、福建、四川、甘肃、内蒙古等省、自治区、直辖市推开。1988年，企业兼并在全国铺开，全国有2856户企业兼并了3424户企业。据对11个省统计，80%被兼并亏损企业都实现了扭亏。武汉、石家庄等城市还开办了企业产权交易市场，把企业兼并推向市场。为了更好地规范和推进企业兼并，1989年2月，国家各部委联合下发了《关于企业兼并的暂行办法》，对企业兼并的概念、原则、形式、程序、被兼并企业资产评估、被兼并企业产权转让收入归属、被兼并企业职工安置及兼并后企业的财政税收管理作了明确规定。到1989年底，据对25个省、自治区、直辖市和13个计划单列市的统计，已有6226户企业兼并了6966户企业；全国各地有12个产权交易市场挂牌开业。到1990年底，据对22个省、自治区、直辖市和9个计划单列市的统计，共有7046户企业兼并了8465户企业，重新安置职工2103.1万人，转移存量资产113.5亿元，有3517户企业扭亏为盈。

（二）1993—2002年，制度创新阶段：初步进入以产权改革为核心的现代企业制度建设时期

1. 明确提出建立现代企业制度

1992年10月，党的十四大明确提出，我国经济体制改革的目标是建立社会主义市场经济体制。1993年党的十四届三中全会通过《中共中央关于建立社会主义市场经济体制若干问题的决定》，提出国企改革方向是建立现代企业制度，并提出“产权清晰、权责明确、政企分开、管理科学”十六字方针，旨在使企业成为自主经营、自负盈亏、自我发展、自我约束的法人实体和市场竞争主体，国企改革进入了以产权改革为核心、建立现

代企业制度的新阶段。

2. “抓大放小”

1997年党的十五大提出，要把国有企业改革同改组、改造、加强管理结合起来。要着眼于搞好整个国有经济，抓好大的，放活小的，对国有企业实施战略性改组。要实行鼓励兼并、规范破产、下岗分流、减员增效和再就业工程，形成企业优胜劣汰的竞争机制。这一时期，国有经济战略布局重大调整，国企改革坚持“抓大放小”，收缩战线，在制造业尤其在竞争性的制造业里大量退出，特别是1998—2000年期间，针对部分特别困难的国有企业，建立了企业优胜劣汰的竞争机制，采取债转股、技改贴息、政策性关闭破产、改组、联合、兼并、租赁、出售等形式放开搞活，并配套以规范破产、下岗分流、减员增效和再就业工程等各项配套政策，协调推进各项改革。到2000年末，国有企业基本实现脱困，并逐步转变企业经营机制，初步建立现代企业制度；分离企业办社会职能，减少企业包袱。这一轮国企改革的结果是，国资和国企在绝对量上都大幅度壮大发展，同时在相对比率上国资和国企有些降低，形成了一种国资主导、民营资本和外资积极参与并在制造业占主体地位的多元格局，使社会主义市场经济的基本架构得以形成。

3. 国有企业的组织形态和产权结构发生重大变化

为了贯彻落实十四届三中全会精神，国有企业的组织形态和产权结构发生了重大变化。国务院建立了由14个部委联合组成的、推进建立现代企业制度试点的工作协调制度，并形成了《试点方案（草案）》，于1994年选取了100家企业进行试点。此后，各部门、各地区又选择了2000多家企业进行试点探索。国有企业公司制、股份制改革取得明显进展。具备条件的国有大中型企业中，单一投资主体的一般改组为独资公司，多个投资主体的一般改组为有限责任公司或股份制公司，少数成为上市股份有限公司。小型国企中，有的实行承包经营、租赁经营，有的改组为股份合作制，还有的出售给集体或者个人。改制企业绝大多数建立了包括股东会

(大会)、董事会、经理层、监事会在内的公司法人治理结构组织框架。

(三) 2003—2012 年，体制创新阶段：建立健全国有资产管理体制的改革

1. 提出进一步探索公有制的多种实现形式，指出“产权是所有制的核心和主要内容”

2002 年党的十六大提出“国有企业是我国国民经济的支柱。要深化国有企业改革，进一步探索公有制，特别是公有制的多种有效实现形式，大力推进企业的体制、技术和管理创新。除极少数必须由国家独资经营的企业外，积极推行股份制，发展混合所有制经济。实行投资主体多元化，重要的企业由国家控股。按照现代企业制度的要求，国有大中型企业继续实行规范的公司制改革，完善法人治理结构。推进垄断行业改革，积极引入竞争机制。通过市场和政策引导，发展具有国际竞争力的大公司大企业集团。进一步放开搞活国有中小企业。深化集体企业改革，继续支持和帮助多种形式的集体经济的发展”。2003 年，党的十六届三中全会通过《中共中央关于完善社会主义市场经济体制若干问题的决定》，对现代企业制度提出更明确的要求，即“归属清晰、权责明确、保护严格、流转顺畅”，特别指出“产权是所有制的核心和主要内容”。

2. 通过国有中小企业改革和中央企业重组，进一步优化国有经济布局

通过改制、兼并、租赁、出售等方式，国有中小企业逐步退出，国有经济战线大大收缩，布局结构得到优化。通过国有中小企业改革，把国有经济集中到了大企业层面。通过实施政策性关闭破产，使 5010 户长期亏损、资不抵债、扭亏无望的国有大型困难企业和资源枯竭的矿山平稳有序地退出了市场。推动国有资本逐步从一般生产加工行业退出，39 个工业行业中有 18 个行业的国有企业总产值占比低于 10%，国有资本更多向关系国民经济命脉和国家安全的行业和领域集中。对于国有大型企业，特别是中央企业，则通过兼并重组集中，数量缩减至 154 家，资产总额从 2002 年的 7.13 万亿元增加到 2011 年的 28 万亿元，营业收入从 3.36 万亿元增加

到 20.2 万亿元，税后利润从 3006 亿元增加到 9173 亿元，年均国有资产增值率达到 115%。10 年间，进入世界 500 强的央企达 43 家，对经济总量贡献巨大。

3. 探索国有资产监管体制改革

党的十六大明确了深化国有资产管理体制改革的基本原则。一是坚持政企分开、政资分开，政府公共管理职能与国有资产出资人职能分离；二是坚持权利、义务和责任相统一，管资产与管人、管事相结合，落实国有资产保值增值责任；三是坚持所有权和经营权分离，维护企业经营自主权和法人财产权；四是在国家所有的前提下，由中央政府与地方政府分别代表国家履行出资人职能，分级代表，分级监督。

根据党的十六大决定，十届人大一次会议通过了组建国务院国有资产监督管理委员会的方案。2003 年 3 月，国务院国有资产监督管理委员会成立，成为中华人民共和国成立以来中央政府第一个代表国家履行出资人职责的国务院直属特设机构，基本实现了管资产和管人、管事相结合，解决了长期存在的国有资产出资人缺位和国有资产多头管理的问题，是我国经济体制改革的一个重要里程碑。

2003 年 5 月 27 日，《企业国有资产监督管理暂行条例》正式生效，该条例以法规的形式，明确了国有资产管理体制的基本框架和国有资产监督管理的基本制度。2005 年 10 月，《中华人民共和国公司法》专门就国有资产监管机构作出了规定，以法律的形式明确了国有资产监管机构的法律地位。包括 2007 年 3 月颁布的《中华人民共和国物权法》、2009 年颁布的《中华人民共和国企业国有资产法》等，我国国有资产监管体制的法律框架逐步建立。

4. 企业经营机制继续发生重大变化

国资委成立后，指导并推进国企改革，国有企业经营机制发生重大变化。一是公司制股份制改革深入推进。2003 年十六届三中全会提出，国资委须明确所管辖的大型国企要吸引外资和社会资金，实行产权多元化，上市募集资金，并且鼓励企业整体上市，以保持和增加企业的整体实力。在此期间，全国90%以上的国有企业完成了公司制股份制改革，中央企业的公司制股份制改制面由2003年的30.4%提高到2011年的72%。二是公司治理结构逐步规范。按照《中华人民共和国公司法》和《中华人民共和国企业国有资产法》的要求，多数国有企业建立了股东会、董事会、经理层和监事会等机构。50家中央企业和部分地方国有企业进行了建立规范董事会的试点，企业科学决策水平和风险防范能力明显提升。三是劳动、人事、分配“三项制度”改革逐步深化。国有企业普遍实行全员劳动合同制、员工竞争上岗和以岗位工资为主的基本工资制度。积极探索党管干部与市场化选聘企业高层管理者相结合的有效方式，截至2011年底，中央企业有141个高管职位在全球公开招聘，累计选聘各级经营管理人员60万人。

第二节 党的十八大召开：国有企业改革进入新的历史时期

回顾历史，不是为了从成功中寻找慰藉，更不是为了躺在功劳簿上、为回避困难和问题寻找借口，而是为了总结历史经验、把握历史规律，增强开拓前进的勇气和力量。党的十八大以来，习近平同志多次发表重要讲话、作出重要指示批示，为深化国有企业改革指明了方向，提供了根本遵循。习近平同志强调，国有企业特别是中央管理的企业，在关系国家安全和国民经济命脉的重要行业和关键领域占据支配地位，是国民经济的重要支柱，在我们党执政和我国社会主义国家政权的经济基础中也是起支柱作用的，必须搞好；要坚持国有企业在国家发展中的重要地位不动摇，坚持把国有企业搞好、把国有企业做强做优做大不动摇。面对新形势新任务、新使命新要求，国有企业改革作为经济体制改革的重要环节，随着我国发展进入新阶段，改革进入攻坚期和深水区，也进入了一个新的历史时期。

一、全面深化国有企业改革的重要性和紧迫性

（一）全面深化国有企业改革是坚持和完善基本经济制度的根本要求

坚持公有制为主体、多种所有制经济共同发展的基本经济制度是我国《宪法》的明确规定。改革开放以来，我们党从国情出发，既坚持公有制经济主体地位，又充分发挥多种所有制经济优势，走出了一条中国特色的发展道路。实践充分证明，我国的基本经济制度符合国情实际，具有巨大优越性，保证了中国特色社会主义始终沿着正确的方向和道路前进，促进了经济社会发展、综合国力增强、人民生活水平提高。坚持和完善基本经济制度，有利于夯实中国特色社会主义的制度基础，有利于壮大我国社会主义市场经济的体制根基，有利于推进中国特色社会主义伟大事业不断取得新胜利。

坚持和完善基本经济制度，必须毫不动摇巩固和发展公有制经济，坚持公有制主体地位，发挥国有经济主导作用。发展壮大国有经济，确保国有经济控制国民经济命脉，对于建立和完善社会主义市场经济体制，发挥社会主义制度优越性，增强我国经济实力、国防实力和民族凝聚力，具有十分重要的作用。多年来，通过不断改革，国有企业运行质量和效益明显提升，在国际国内市场竞争中涌现出了一批具有核心竞争力的骨干企业。但国有企业在管理体制、运行机制和布局结构等方面还有许多不完善的地方，存在一些突出矛盾和问题，影响着主体地位和主导作用的发挥，必须通过深化改革加以解决。国有经济和整个公有制经济的兴衰成败，关系着中国特色社会主义事业的兴衰成败，关系着全国人民的福祉。我们必须从这样的战略高度充分认识全面深化国有企业改革的重大意义，通过深化改革，形成更加符合中国特色社会主义市场经济发展要求的国有资产管理体制、现代企业制度、市场化经营机制，进一步发展壮大国有经济，巩固公

有制经济的主体地位，为建成富强、民主、文明、和谐的社会主义现代化国家打下坚实基础。

（二）全面深化国有企业改革是协调推进“四个全面”战略布局、实现中华民族伟大复兴中国梦的重大任务

党的十八大以来，以习近平同志为核心的党中央从坚持和发展中国特色社会主义全局出发，提出并形成了“四个全面”的战略布局，确立了当前和今后一个时期党和国家各项工作的战略方向、重点领域和主攻目标，开辟了我们党治国理政的新境界。国有企业是全面建成小康社会的重要力量，搞好国有企业事关“四个全面”战略布局的顺利推进，事关我国经济社会持续健康发展，事关中华民族伟大复兴中国梦的实现。

在我国社会主义建设和改革开放的历史进程中，国有企业始终发挥着不可替代的重要作用。中华人民共和国成立后，我国在“一穷二白”的基础上，主要依靠国有企业建立起了比较完整的工业体系，对国民经济发展起到了重要支撑作用。改革开放以来，国有企业不断深化改革，完善体制机制，在保证国民经济持续健康发展、推动结构调整和转型升级、保障和改善民生、增强我国综合实力等方面作出了积极贡献，是推动经济社会发展的重要骨干和中坚力量。新的历史时期，在贯彻落实“四个全面”战略布局、实现中华民族伟大复兴中国梦的新征程中，要求国有企业必须承担更重大的使命和责任。一段时期以来，国有企业存在的一些体制机制弊端和深层次矛盾问题，制约着国有企业作用的充分发挥，必须通过深化改革，使国有企业焕发新的活力，形成新的优势，在推动经济实现中高速增长、迈向中高端水平中，在贯彻落实“四个全面”战略布局、实现中华民族伟大复兴中国梦的历史进程中更好地发挥顶梁柱和主力军作用。

（三）全面深化国有企业改革是适应经济发展新常态、做强做优做大国有企业的迫切需要

当前，国有企业改革发展面临的外部环境错综复杂。世界经济步入深度调整期，国与国之间的竞争更趋激烈。我国经济发展进入新常态，呈现

速度变化、结构调整、动力转换三大特点。国内外经济形势的重大变化，使得国有企业过去主要凭借要素投入的快速增长模式不可持续，凭借高强度大规模投资拉动的模式不可持续，凭借低水平竞争的粗放增长模式不可持续，迫切需要通过深化改革，走出一条质量更高、效益更好、结构更优、优势充分释放的发展新路。

经过多年改革发展，国有企业总体上已经同市场经济相融合，许多国有企业在提高经济效益、资产保值增值、规范治理结构和管理制度创新等方面取得了显著成绩。但我们也要清醒地看到，国有企业还有许多不完善的地方，存在不少亟待解决的矛盾和问题。在体制方面，企业市场主体地位尚未真正确立，政企不分、政资不分问题仍然存在，公司治理结构仍不完善；在机制方面，企业经营机制还不能完全适应市场竞争的要求，动力不足、活力不够问题在企业不同程度地存在；在结构方面，产业结构仍不尽合理，不少企业处于产能严重过剩行业；在管理方面，一些企业内部管理混乱，腐败问题突出，国有资产流失严重。只有持续不断地深化改革，才能破除体制机制障碍，充分释放活力、激发动力，把国有企业培育成为行业发展的领跑者，转型升级的引领者，市场竞争的优胜者，打造成为充满生机活力的市场主体，培育一批世界一流企业，为增强我国综合实力和国际竞争力作出积极贡献。

二、全面深化国有企业改革的指导思想和基本原则

2012 年，党的十八大对深化国有企业改革作出重大部署，拉开了改革的大幕。党的十八届三中全会通过了《中共中央关于全面深化改革若干重大问题的决定》，对全面深化国有企业改革进行整体规划，吹响了改革的集结号。2015 年 8 月，中共中央、国务院印发了《关于深化国有企业改革的指导意见》，从推进分类改革，完善现代企业制度和国有资产管理体制，发展混合所有制经济，强化监督防止国有资产流失，加强党对国有企业的领导和为国有企业改革创造良好环境等多个方面，明确了国企改革的目标

与举措，是新时期指导和推进国有企业改革的纲领性文件。同时，还配套印发了《关于国有企业功能界定与分类的指导意见》《关于完善中央企业功能分类考核的实施方案》《中央企业公司制改制工作实施方案》《关于进一步完善国有企业公司法人治理结构的指导意见》《关于开展落实中央企业董事会职权试点工作的意见》《关于深化中央管理企业负责人薪酬制度改革的意见》《关于合理确定并严格规范中央企业负责人履职待遇、业务支出的意见》《关于改革和完善国有资产管理体制的若干意见》《关于转发国务院国资委以管资本为主推进职能转变方案的通知》《关于推动中央企业结构调整与重组的指导意见》《关于国有企业发展混合所有制经济的意见》《关于鼓励和规范国有企业投资项目引入非国有资本的指导意见》《关于国有控股混合所有制企业开展员工持股试点的意见》《关于加强和改进企业国有资产监督防止国有资产流失的意见》《关于建立国有企业违规经营投资责任追究制度的指导意见》《企业国有资产交易监督管理办法》《关于深化国有企业改革中坚持党的领导加强党的建设的若干意见》《关于支持国有企业改革政策措施梳理及相关意见》《关于加快剥离国有企业办社会职能和解决历史遗留问题工作方案》等配套文件，共同构成了国有企业改革的设计图、施工图，形成了国企改革的“1 + N”政策体系。在继承体制、制度和机制前三阶段创新成果的基础上，承前启后、继往开来，全面推进体制、制度和机制的整体创新、集成创新、系统创新，国企改革以顶层设计开篇，开启了新的征程。

新的历史时期，全面深化国有企业改革的指导思想是：高举中国特色社会主义伟大旗帜，认真贯彻落实党的十八大和十八届三中、四中全会精神，深入学习贯彻习近平总书记系列重要讲话精神，坚持和完善基本经济制度，坚持社会主义市场经济改革方向，适应市场化、现代化、国际化新形势，以解放和发展社会生产力为标准，以提高国有资本效率、增强国有企业活力为中心，完善产权清晰、权责明确、政企分开、管理科学的现代企业制度，完善国有资产监管体制，防止国有资产流失，全面推进依法治企，加强和改进党对国有企业的领导，做强做优做大国有企业，不断增强国有经济活力、控制力、影响力、国际竞争力和抗风险能力，主动适应和引领经济发展新常态，为促进经济社会持续健康发展、实现中华民族伟大复兴中国梦作出积极贡献。

新的历史时期，全面深化国有企业改革的基本原则是：

第一，坚持和完善基本经济制度。这是深化国有企业改革必须把握的根本要求。必须毫不动摇巩固和发展公有制经济，毫不动摇鼓励、支持、引导非公有制经济发展。坚持公有制主体地位，发挥国有经济主导作用，积极促进国有资本、集体资本、非公有资本等交叉持股、相互融合，推动各种所有制资本取长补短、相互促进、共同发展。基本经济制度是中国特色社会主义制度的重要支柱，也是社会主义市场经济体制的根基。坚持和完善基本经济制度，发展壮大国有经济，是中央的一贯方针，是国家的坚强意志，必须坚决贯彻，不能有丝毫含糊和动摇。习近平同志多次强调，要坚定不移把国企做强做优做大，不断增强国有经济活力、控制力、影响力、抗风险能力。习近平同志的重要指示，既是对国有企业改革发展成绩的充分肯定，又是对进一步搞好国有企业提出的新的更高要求。国有企业是国有经济的核心载体，是实现国有经济功能的重要支撑。没有国有企业，就没有国有经济，就没有我国现代化建设取得的重大成就，就没有中国特色社会主义制度，就没有人民的共同富裕。对于我们这样一个发展中的大国来讲，没有强大的国有企业，就没有强大的国有经济，推进“四个全面”战略布局、实现“两个一百年”奋斗目标和中华民族伟大复兴中国梦就失去了深厚根基和有力支撑。改革不能把国有企业改没了、改垮了，而是要更好体现和坚持公有制主体地位，发挥国有经济的主导作用。因此，我们必须增强做强做优做大国有企业的思想自觉、行动自觉。把国有企业做强，就是要让国有企业成为市场竞争的领跑者，集中表现为企业的自主创新能力强、资源配置能力强、市场开拓能力强、风险管控能力强。把国有企业做优，就是要让国有企业成为经营管理的佼佼者，集中表现为企业的公司治理优、内部控制优、品牌形象优、经营业绩优。把国有企业做大，就是要让国有企业成为行业发展的主力军，集中表现为国有企业在保证必要的规模、体量和比重的同时，要有大战略、大思维、大视野，以市场为导向，推进企业并购重组，推进资产资源的优化配置，努力实现大市场、大资源、大协同、大配置，努力把国有企业打造成具有国际竞争力、影响力的大集团。把思想和行动高度统一到中央精神和要求上来，旗帜鲜明地反对各种私有化、“去国有企业”等错误观点，坚持和完善基本经济制度，努力做强做优做大国有企业。

第二，坚持社会主义市场经济改革方向。这是深化国有企业改革必须遵循的基本规律。国有企业改革遵循市场经济规律和企业发展规律，坚持政企分开、政资分开、所有权与经营权分离，坚持权利、义务、责任相统一，坚持激励机制和约束机制相结合，促使国有企业真正成为依法自主经营、自负盈亏、自担风险、自我约束、自我发展的独立市场主体。社会主义市场经济条件下的国有企业，要成为自觉履行社会责任的表率。企业是市场的微观基础，国有企业改革是整个经济体制改革的重要组成部分。整个经济体制改革选择了社会主义市场经济取向，使市场在资源配置中起决定性作用和更好发挥政府作用。国有企业改革也必须遵循市场经济规律，适应市场经济的要求，不能把国有企业当作行政单位或者事业单位看待。可以探索国有企业或公有制实现各种形式，但是无论哪种形式都要推动建立现代企业制度，进一步转换企业经营机制，使国有企业成为真正的、完全的、充满活力的、有竞争能力的市场经营主体。坚持市场经济取向就是要坚持政企分开、政资分开，减少对企业经营活动的不正当干预，实行所有权、经营权的分离，以管资本为主加强国有资产监管。总之，任何国有企业改革措施都要有利于使国有企业成为充满活力、有竞争能力的市场主体，而不是抑制它的活力。

第三，坚持增强活力和强化监管相结合。这是深化国有企业改革必须把握的重要关系。增强活力是搞好国有企业的本质要求，加强监管是搞好国有企业的重要保障，切实做到两者的有机统一。继续推进简政放权，依法落实企业法人财产权和经营自主权，进一步激发企业活力、创造力和市场竞争力。进一步完善国有企业监管制度，切实防止国有资产流失，确保国有资产保值增值。增强企业活力、调动企业家和广大职工干事创业的积极性，是搞好国有企业的本质要求和关键所在。国有企业是企业，不是行政事业单位，企业没有活力就不可能在市场竞争中有一席之地，就不可能保值增值，更不可能做强做优做大。增强活力，前提是简政还权，即依法落实企业法人财产权和经营自主权。经营体制改革的核心是处理好政府和市场的关系，使市场在资源配置中起决定性作用和更好发挥政府作用。实践证明，凡是市场配置资源作用发挥比较好的领域，资源配置效率就明显提高，经济发展就充满活力。作为经济体制改革的重要组成部分，国有企业改革紧紧围绕这一核心展开，减少政府对资源的直接配置，从更大广度和深度推进国有企业市场化改革，让国有企业根据国家宏观调控和市场信号自主决定资源配置。增强活力，路径是企业改制，即加快实行公司制股份制改革，健全公司法人治理结构。增强企业活力，需要制度保障。通过改制建立现代企业制度，有利于厘清权利边界、明确责任，形成权责对等、有效制衡、运转协调的公司治理结构，充分调动股东会、董事会、监事会、经理层等各方面的积极性，特别是有利于遴选出优秀经营管理者，并通过薪酬合理分配激励经营管理者自觉维护股东利益。在推进公司制股份制改革时，积极稳妥推进混合所有制改革，通过引入非国有资本的多元化投资，推动国有企业形成有利于参与市场竞争的治理结构和运营机制。增强活力，核心是调动人的积极性，形成既有激励又有约束的市场化选人用人和薪酬分配机制。搞活企业，归根到底还要依靠人。从制度安排上，对企业管理人员能上能下、员工能进能出、收入能增能减的“三项制度”改革再深化、再推进。“三项制度”改革的重点是企业经理层成员市场化选聘、任期制和契约化管理。增强活力，关键是发挥企业家作用。调动人的积极性，重中之重是调动企业经营管理者、科技骨干团队的积极性，特别是企业家等领军人物的积极性、创造性。

第四，坚持党对国有企业的领导。这是深化国有企业改革必须坚守的政治方向、政治原则。必须认真贯彻全面从严治党方针，充分发挥企业党组织领导作用，加强企业领导班子建设，创新基层党建工作，深入开展党风廉政建设，坚持全心全意依靠工人阶级，维护职工合法权益，为国有企业改革发展提供坚强有力的政治保证、组织保证和人才支撑。搞好国有企业，既是一个重大的经济问题，也是一个重大的政治问题。把国有企业做强做优做大，必须在深化改革中加强党的领导。落实全国国有企业党的建设工作会议精神，围绕解决国企党的建设弱化、淡化、虚化和边缘化的问题和巡视发现的问题，落实管党治党主体责任，强化领导班子建设，选好配强企业主要领导，夯实国企党建基层基础，确保党的领导、党的建设在国有企业改革中得到体现和加强。

第五，坚持积极稳妥统筹推进。这是深化国有企业改革必须采用的科学方法。正确处理推进改革和坚持法治的关系，正确处理改革发展稳定关系，正确处理搞好顶层设计和尊重基层首创精神的关系，突出问题导向，坚持分类推进，把握好改革的次序、节奏、力度，确保改革扎实推进、务求实效。

三、全面深化国有企业改革的主要目标

新的历史时期，全面深化国有企业改革的主要目标是：到 2020 年，在国有企业改革重要领域和关键环节取得决定性成果，形成更加符合我国基本经济制度和社会主义市场经济发展要求的国有资产管理体制、现代企业制度、市场化经营机制，国有资本布局结构更趋合理，造就一大批德才兼备、善于经营、充满活力的优秀企业家，培育一大批具有创新能力和国际竞争力的国有骨干企业，国有经济活力、控制力、影响力、国际竞争力和抗风险能力明显增强。

从机制上看，国有企业公司制改革基本完成，发展混合所有制经济取

得积极进展，法人治理结构更加健全，优胜劣汰、经营自主灵活、内部管理人员能上能下、员工能进能出、收入能增能减的市场化机制更加完善。

从体制上看，国有资产监管制度更加成熟，相关法律法规更加健全，监管手段和方式不断优化，监管的科学性、针对性、有效性进一步提高，经营性国有资产实现集中统一监管，国有资产保值增值责任全面落实。

从结构上看，国有资本配置效率显著提高，国有经济布局结构不断优化、主导作用有效发挥，国有企业在提升自主创新能力、保护资源环境、加快转型升级、履行社会责任中的引领和表率作用充分发挥。

从党建上看，企业党的建设全面加强，反腐倡廉制度体系、工作体系更加完善，国有企业党组织在公司治理中的法定地位更加巩固，领导作用充分发挥。

第三节　世界国有企业发展历程

从世界范围看，国有企业发展总体可以分为五个阶段，其大规模出现主要集中在20世纪第一次世界大战前后和第二次世界大战前后两个阶段。

（一）第一阶段（17—20世纪初）

国有企业在少数领域发挥作用。这个时期的国有企业都是偶然或零星出现的，主要发挥两个作用：一是实现特定目的。如英国为了殖民统治成立的东印度公司，法国出于国防需要成立的法国皇家制造；二是在生产生活的特定领域提供服务。主要分布在供水、电力、铁路等网络型产业中。

（二）第二阶段（1914—1945年）

国有企业是发展工业和克服危机的有效手段。从第一次世界大战到20世纪30年代，国有化成为西方国家进行战后重建和发展工业的重要措施。在这一时期，英、法、德等国家都出现经济国有化现象。例如，德国对大部分公共设施进行了国有化，包括邮政、铁路、电网等，同时还在化工、食品、金属、煤炭和钢铁等领域成立了大量国有企业。1929 年发生经济危机，让西方国家对自由市场经济的有效性提出质疑并要求政府对经济进行干预。因此，从 20 世纪 30 年代开始，西欧国家开始新一轮的国有化，如英国对银行、航空、铁路等进行了部分国有化。

（三）第三阶段（1945年—20 世纪 80年代）

国有企业是战后促进经济发展的主要手段。这一时期，法国和英国最先开启国有化浪潮。从 1945 年开始，英国将银行、煤炭、航空、运输、电力、邮电和钢铁等部门和行业收归国有。欧洲国家实行国有化，主要是为了克服当时原材料短缺、集中资本和技术进行战后工业恢复、优化工业结构、提供社会经济必需服务等目标（Castronovo，1989）。在这一时期，国有经济除了在公共事业部门、基础设施等传统功能领域发挥主导作用外，还涉足一般竞争领域。这一时期，拉美国家、埃及、印度、韩国等发展中国家的国有企业也得到较快发展，主要原因：一是取得独立后对殖民者财产的没收；二是国有化成为发展中国家实施经济赶超的重要制度安排（Shirley，1999）。

（四）第四阶段（20 世纪 80年代—2004年）

掀起一轮国有企业私有化浪潮。20 世纪 80 年代，西方发达国家国有经济出现运营效率低下，社会上涌现出了对国有经济弊端的怀疑，掀起了国有企业“私有化”的浪潮，国有经济逐步退出竞争领域。目前普遍认为对国有企业私有化的浪潮始于英国的撒切尔政府，英国先后对英国钢铁公司、英国石油公司等公司进行了私有化。在发展中国家，国有企业的私有化也形成了一种趋势，智利、巴西、阿根廷、玻利维亚等国家也都进行了私有化改革。经历私有化改革之后，国外的国有企业主要集中在公用事业领域，发展中国家在银行、能源、军工等保留了部分国有企业。

（五）第五阶段（2004年至今）

出现“再国有化”趋势。欧美发达国家进行的再国有化是应对危机的手段。特别是在 2008 年全球爆发金融危机后，为了避免危机的进一步深化和蔓延，欧美国家开始收购金融、汽车等关键性产业。发展中国家通过再国有化，实现对银行、能源等关键领域和行业的控制。如俄罗斯对大型企业进行再国有化，主要选择涉及国家安全和能源安全的石油天然气、金融和大型制造业公司等企业，以及对陷入危机的公司进行反危机干预。

第二章　国有企业地位与作用研究

国有企业是事关我国社会主义基本经济制度，事关促进社会公平正义、增进人民福祉，事关国家安全和党的执政基础，事关巩固和发展中国特色社会主义制度的重要支柱力量。科学、全面、辩证地认识我国国有企业的地位和作用，将有利于进一步增强、更好地发挥国有企业的作用，有利于进一步深化处于深水区的国有企业改革，有利于更好地贯彻“五位一体”总体布局和“四个全面”战略布局。

第一节　国内外对国有企业地位与作用的相关研究

关于国有企业的地位与作用，主要梳理了马克思主义及中国特色社会主义政治经济学、西方经济学两个方面的理论，并进一步总结归纳国内学者的主要观点。

一、马克思主义及中国特色社会主义政治经济学理论

马克思主义政治经济学认为，在资本主义社会，生产资料私有制与社会化大生产的矛盾成为资本主义的基本矛盾，是资本主义社会频繁爆发生产过剩危机的根本原因。只有消灭生产资料的私有制，建立生产资料公有制的社会主义制度，才能彻底解决资本主义社会的基本矛盾，在社会再生产顺利实现的同时实现人民的共同富裕。在生产资料公有制的社会主义社会中，国有经济必然成为实现社会主义的基本制度安排，有利于国家在公共事务领域发挥作用，且是国家在过渡阶段改造社会的最重要工具。

中华人民共和国成立以后，积极推进马克思主义理论中国化，结合我国实际情况，提炼和总结我国经济发展实践的规律性成果，把实践经验上升为系统化的经济学说，发展中国特色社会主义理论，建设具有中国气派、中国风格的中国特色社会主义政治经济学，围绕我国国有企业产权、改革与发展的理论也在日趋成熟，中国化的马克思主义政治经济学正在形成。具体到国有企业改革和发展领域，至少包含两方面的内容。一是解放和发展生产力是国有企业的根本使命。改革开放以来，我国一直为解决主要矛盾而努力，并取得了辉煌成就。但我国仍处于并将长期处于社会主义

初级阶段的基本国情没有变，我国是世界最大发展中国家的国际地位没有变。因此，解放和发展生产力仍然是我国国有企业肩负的根本经济使命。二是坚持基本经济制度是国有企业改革的根本要求。我国仍处于社会主义初级阶段，生产力总体发展水平不高，且具有多层次性、不平衡性，客观上要求建立公有制为主体、多种所有制经济共同发展的基本经济制度。坚持以公有制为主体、多种所有制经济共同发展，不仅是社会主义市场经济体制的根基，更是中国特色社会主义制度的重要体现。国有企业是公有制经济的重要载体，是基本经济制度的重要体现，必须做强做优做大，确保国有经济的主导作用充分发挥。同时非公有制经济蓬勃发展不仅有助于提高国民经济运行活力，而且有助于激励和促进公有制经济发展，从而改善整个社会资源配置效率。因此，如何处理好公有制经济与非公有制经济之间以及各自内部的财产权关系、分配关系，是中国特色社会主义政治经济学的重要研究内容，有助于更好地把握国有企业的地位和作用。

二、西方经济学相关理论

国有企业（state owned enterprise）是由政府所有和控制的企业，在资本主义产生发展过程中就一直存在，经济学者一直持续对国有经济和国有企业进行研究。

（一）古典经济学派对国有经济作用的阐述

古典经济学派认为市场的盲目竞争和资本主义追求利润和垄断的天性，使得政府不得不采取措施干预经济、调节市场、抑制市场缺陷，国有企业是执行政府产业政策的工具，是对经济社会实行宏观调控的物质力量。

亚当·斯密在《国富论》中提出政府通过干预能够防止产生垄断等经济弊端。约翰·穆勒认为在自由放任的前提下，政府的干预也不可缺少，如教育、容易形成垄断企业的委托经营、公益服务等。凯恩斯理论在20世纪40—60年代成为西方国家政府经济改革的指导思想，他的“公共投资政策”，特别是扩张公共服务部门的支出政策，成为西方国家建立国有企业的理论依据。

（二）西方经济学对国有企业作用的争论

1. 反对国有企业的主要理论依据

一是产业理论与效率。由阿尔钦（Armen Alchain，1965）、科斯（Ronald Coase，1960）、德姆塞茨（Harold Demsetz，1972）发展建立的产权理论认为，只有私有产权才是边界清晰、最有效率的产权形式。在此基础上，格罗斯曼、哈特和摩尔（Grossman and Hart，1986；Hart and Moor，1990），张维迎（1996）等认为自由产权形式下收益权和控制权的有机结合，才能产生有效的激励机制，国有企业存在先天性的产权缺陷。

二是公共选择理论。公共选择理论认为政府掌握了国有企业，将其变为服务于官僚和利益集团的工具，表现为超额的雇员与工资、在没有经济吸引力的地方建设工厂、扭曲监管体制、侵占消费者剩余（Shleifer and Vishny，1997；La Porta et al.，1999）。在国有企业中，政治控制和干预将会损害资源的有效分配，也会妨碍现存的其他竞争者（Boycko et al.，1997；Boardman and Vining，1992）。

三是企业理论与委托代理理论。企业理论认为，国有企业的委托代理关系的最大问题是委托人的多目标，私有企业可以将利润最大化作为唯一目标，但是国有企业要综合考虑商业和社会利益、效率和社会公平等多个目标，这使得国有企业治理难度更高（Perotti，1994），国有企业问题的根源是委托人的属性。

2. 支持国有企业的主要理论依据

一是竞争与超产权论。有些学者认为，竞争程度的高低对企业效率的影响比所有制因素更重要（Vickers and Yarrow，1988；Newbery，1999）。竞争才是企业效益改善的根本保证条件，竞争会迫使企业改善机制，提高效益（Titterbrun，1996）。

二是市场失灵与政府干预理论。市场失灵理论和政府干预理论认为在市场条件下，存在市场不能有效配置资源的领域和场合，包括公共物品、外部性、自然垄断、信息不对称等，国有企业作为政府干预经济的手段，就有其存在的必要性（Willner，2001；Kwoka，2002；Neslon，2002）。

三是发展经济学理论。发展经济学理论强调国家投资的作用，尤其是对于发展中国家的意义。发展初期的政府不仅要通过公共投资解决基础设施缺乏的问题，还往往需要直接投资兴办企业，发展一些重要产业。原因在于有利于解决发展中国家投资短缺的问题，尤其是投资巨大且同时具有风险的项目融资难的问题。

三、国内学者对国有企业的主要观点

从国内理论界来看，在对国有企业的地位和作用，以及改革的方向、路径、方式等关键问题上，仍然存在较大的分歧。总体上，观点大体可分为单一功能主张、纯市场主张和多功能主张三种。

（一）单一功能主张

持该主张的学者认为国有企业在我国政治、社会、外交等众多领域中均具有无可替代的作用，改革开放以来所采取的国企改革道路大大削弱了国有企业的作用，使其定位变得模糊不清。为此，该派观点赞同官方对国有企业定位和作用的表述，同时主张应通过改革扭转私有化改革带来的诸多问题和不利影响，更好地发挥国有企业的作用。

（二）纯市场主张

持该主张的学者从新自由主义经济学理论出发，全面否定国有企业存在的必要性，对其在我国经济社会中的定位和作用也持质疑态度，甚至将其视为我国经济发展的“障碍”。以此为出发点，该派学者认为应当加快推进国企私有化改革，使国有企业从现有绝大部分领域中退出，仅保留少量国有资本。同时国家应退出国有企业决策层，仅保留少部分国有股份，但不作为直接的股东，不参与正常的公司治理，只通过投资分享红利。

（三）多功能主张

多功能主张介于前两种主张之间，这种观点进入社会公众视野，源于

2004 年的“郎咸平风波”①。在由其引发的这场规模宏大的反思与质疑国有企业市场化改革的理论争辩中，多功能主张严厉批判纯市场主张过分迷恋和崇拜市场经济的倾向，认为国有企业改革不能全盘照搬照抄西方的经济理论与改革的实践经验，主张要警惕和重视伴随国有企业市场化改革而产生的负面效应，不能对其听之任之，而应以公平、公正、和谐、协调的方式积极推进国有企业改革。

从国内外学者的理论研究看，对国有企业作用研究的争论主要集中在三个方面：

一是对国有企业效率的客观评判。效率较低是国内外一些学者反对国有企业存在的主要理由，但是用什么样的指标才能全面准确衡量国有企业效率，是一个需要探讨和研究的问题。不同的效率指标往往得出不同的结论。国有企业在公平、安全等方面的价值，很难用评价一般企业运营效率的指标来衡量，对国有企业的作用需要进行客观评判。

二是对不同时期国有企业作用的评判。国有企业在社会发展、经济发展和产业发展的不同阶段，表现出的功能、作用和绩效并不相同，因此对国有企业定位和作用的判断不能聚焦于某一个时间段，而应该放在更广的时间范围综合评判。

三是对不同领域国有企业作用的评判。国有企业在不同的产业中存在的原因不同，发挥的作用也不同，因而我们很难以同一视角去研究所有产业中的国有企业。

---

①　2004 年香港中文大学财务学教授郎咸平在一次公开演讲中以“格林柯尔：在‘国退民进’的盛筵中狂欢”为题，激烈抨击了国有企业产权改革中的国有资产流失问题，由此引发了一场全社会规模的国有企业改革激情大辩论。

第二节 我国社会主义市场经济体制中国有企业的地位

国有企业是中国特色社会主义的重要物质基础和政治基础。国有企业关系公有制主体地位的巩固，关系我们党的执政地位和执政能力，关系我国社会主义制度。

一、国有企业的属性

一些学者（Lamont，1979；Walters & Monsen，1979）认为国有企业是政府职能的延伸，目标是实现政府的社会和经济目标。Vernon（1979）指出，国有企业仍是一个独立实体，应该实行政企分开并开展独立经营管理。同时，一些学者也认为，国有的产权属性又决定了它们的特殊性，即国有企业必须对来自政府的政策做出积极反应。

综观世界各国国有企业的布局和发展可以总结出，虽然不同国家之间存在政治体制、经济发展阶段、社会文化传统等方面的不同，但普遍都存在国有企业。从各国国有企业的功能来看，都具备企业属性、国有属性和国别属性这三重属性，由此可以构建出国有企业的一般分析框架，清晰反映出一个国家建立国有企业的初衷、缘由、方向、范围和目标。

首先，企业属性。国有企业具备企业的一般属性，即以盈利为目标，向市场提供商品和服务，是实行自主经营、自负盈亏、独立核算的法人或其他经济社会组织。各国政府普遍会对国有企业进行一定程度的利润管制，但管制的原则主要是限制国有企业的超额利润，国有企业在为社会提供商品和服务的同时实现盈利，这仍然是各国国有企业的普遍追求。

其次，国有属性。相对于非国有企业而言，国有企业最大的特殊性就体现在其产权关系上，即国有企业是由国家出资设立或国家控股的企业。

这意味着各国建立国有企业并不单纯是为了经济目标，同时也要考虑弥补市场失灵、实现社会目标和国家战略等目的，国有企业要服务服从于国家宏观调控。

最后，国别属性。国有企业的国别属性主要表现在由于不同国家在经济发展阶段、政治体制、文化传统等方面存在差异，政府建立国有企业的目标也会不同，因此各国国有企业的布局和运营方式也会有所差异。经合组织认为："好的或有效的公司治理制度是具有国家特性的，它必须与本国的市场特征、制度环境以及社会传统相协调。""英美模式"也好，"德日模式"也好，只是公司治理一般性原理在不同制度背景下的反映。在面对自然垄断、外部性、公共产品、信息不对称等市场失灵时，通过国有企业以克服市场失灵、实现社会效益最大化；对于处于技术赶超阶段的国家，需要通过国有企业实现先进技术的突破和赶超；在社会主义国家，则需要把国有企业布局到更广泛的领域，以实现生产力发展、国家控制国民经济命脉、实现共同富裕等目标。

二、社会主义市场经济体制和基本国情对中国国有企业的要求

我国是社会主义国家，社会主义市场经济体制是我国在经济建设的长期探索过程中形成的符合我国国情的经济体制。社会主义市场经济体制是社会主义和市场经济的有机结合。通过利用市场经济的基本规律和手段，可以促进社会主义生产力的发展和社会主义制度的完善。同时，社会主义具有生产资料公有制、按劳分配、计划调节、统筹兼顾等制度优势，能够有效克服资本主义市场经济中天然存在的周期性经济危机、贫富两极分化等弊端。社会主义市场经济体制决定了我国的基本经济制度要以公有制为主体、多种所有制经济共同发展，这也是由我国社会主义初级阶段的基本国情所决定的。同时，我国作为一个后发工业国的特殊国情，也同样要求国有企业在国家工业化进程中发挥更积极的作用。

当前，基于社会主义市场经济体制要求和社会主义初级阶段这个基本国情，从国有企业的三重属性出发，对我国国有企业提出了三个方面的要求。

一是市场经济的一般要求。这是由国有企业的企业属性所决定的，国有企业拥有企业的核心特征，即要将效益和效率作为经营目标之一，通过发挥规模经济效应和国有企业的自身发展，有效促进社会生产力的解放和经济快速增长。

二是市场经济的特殊要求。这是由国有企业的国有属性所决定的，国有企业要成为治理市场失灵的有效手段，发挥“稳定器”的作用，在公共产品、自然垄断、信息不对称、存在外部性等市场失灵领域发挥重要作用，实现经济效益与社会效益相统一。

三是社会主义初级阶段的基本要求。这是由国有企业的国别属性所决定的。国有企业需要发挥赶超作用，克服自由市场经济的弊端，推动我国工业化过程中实现核心技术的掌握、关键领域的引领。国有企业是后发工业国家突破资源要素市场化配置约束、推动产业发展、实现经济增长的有效手段。同时，国有企业也要发挥社会主义制度的基础作用，这就要求国有企业必须在一些涉及国家安全的重要领域和关键行业发挥主导作用，以实现保障国家安全的重要目标。与此同时，坚持中国共产党的领导是我国社会主义制度的根本保障，这就要求国有企业作为党执政的物质基础和政治基础，在国家宏观调控、承担社会责任及构建和谐社会等方面发挥重要作用。

三、国有企业的地位

根据社会主义市场经济体制和我国所处阶段对国有企业提出的三方面要求，国有企业的地位体现在经济、社会、政治三个层面。

（一）经济层面——解放和发展社会生产力的重要力量

国有企业作为社会主义市场经济中生产关系的一种重要形式，要始终把解放和发展生产力作为经营的最终目标。当前，我国仍处于社会主义初级阶段，工业化尚未完成，经济发展水平与美国、日本等发达国家相比还存在很大差距。实践表明，仅仅通过自由的、市场自发的发展方式根本难以实现核心技术的掌握、关键领域的引领，难以实现我国的赶超目标。

国有企业作为解放和发展生产力的重要力量，在经济活动中的地位主要包括：

一是创新发展的推动力量。通过技术创新、结构升级，努力攻克重大的关键性核心技术和前瞻性技术，引领我国产业转型升级和经济结构优化，推动我国实现工业化并成功跨越“中等收入陷阱”。

二是实施产业干预的重要工具。国有企业作为政府实施产业政策的中介，是社会主义市场经济体制中一种有效的制度设计。通过国有企业，可以有效克服在公共产品、自然垄断、信息不对称、存在外部性等领域存在的市场失灵现象。

（二）社会层面——构建和谐社会、实现共同富裕的重要支柱

社会层面的地位主要指的是处理好经济社会中人与人之间的关系、当代人与后代人的关系以及人与自然的关系。共同富裕是社会主义制度的最终目标，这要求我们在生产力发展过程中构建和谐社会，让人民共享发展成果。国有企业属于全民所有，是实现国家现代化、保障共同富裕的重要力量。在发展的同时，能够实现绿色化、集约化，实现资源的高效利用和环境友好，在人与自然之间构建和谐的关系并实现经济的可持续发展，在满足当代人发展需求的同时不损害后代人的基本发展权利。

（三）政治层面——国家政权和党执政的重要基础

一是国家政权安全的重要保障。国有企业在国防军工、信息、能源、粮食安全等涉及国民经济命脉的关键行业和重要领域占据主导地位，能够有效保障我国的国家安全。

二是党的执政基础。我国国有企业为我国经济社会发展、科技进步、国防建设、民生改善作出了历史性贡献，功勋卓著！功不可没！如果没有

长期以来我国的经济独立和国家安全，就没有人民生活的不断改善，就没有我国今天在世界上的地位，就没有社会主义中国在世界东方的岿然屹立。国有企业是我们党执政兴国的重要支柱和依靠力量，工人阶级是我国的领导阶级，是我们党执政最坚实最可靠的阶级基础，是全面建成小康社会、坚持和发展中国特色社会主义的主力军。国有企业培养了一支产业工人大军，拥有4000多万在岗职工、近80万个党组织、1000多万名党员，这是我国工人阶级队伍的骨干力量。把国有企业建设好，把工人阶级作用发挥好，对巩固党的执政地位、巩固我国社会主义制度具有十分重大的意义。

第三节　我国国有企业的功能作用

通过发展和建设，国有企业要成为党和国家最可信赖的依靠力量，成为坚决贯彻执行党中央决策部署的重要力量，成为贯彻新发展理念、全面深化改革的重要力量，成为实施“走出去”战略、“一带一路”建设等重大战略的重要力量，成为壮大综合国力、促进经济社会发展、保障和改善民生的重要力量，成为我们党赢得具有许多新的历史特点的伟大斗争胜利的重要力量。具体来讲，基于国有企业在三个方面的定位，我国国有企业的功能作用也可以从经济、社会、政治三个层面来阐述。

一、经济层面

一是国家宏观调控的重要手段，保障国家经济平稳增长。市场这只“看不见的手”不是万能的，市场不可避免地具有外部性，需要国家宏观调控这只“看得见的手”，弥补市场手段的失灵，减少市场利润等的盲目性和自发性。而在社会主义市场经济条件下，由于国有企业实现了生产资料公有制与生产社会化的统一，能够使国家的宏观调控更有效、更自觉、更及时，以减少市场调节的盲目性和自发性，防范经济风险，促进国民经济平稳增长。我国通过国有企业稳定宏观经济的主要方式是通过在关键行业实行国有企业经营或政府供应的方式来实现的，如金融、电力、土地供应等。近年来，我国的国有企业在一系列对国民经济具有重大影响的自然灾害或经济危机中发挥了重要作用，保障了国民经济的平稳运行。例如，在2008年的南方雨雪冰冻灾害、汶川大地震等重大自然灾害面前，国有企业承担了大量抢险救灾任务；在国际金融危机面前，国有企业充当了经济的重要稳定器；在保障能源供应、保障铁路客运和货运方面，国有企业也承担了大量的经济责任；等等。

二是发展基础设施和公用事业，提供公共产品。在市场中，如邮政、铁路、机场、港口、桥梁、国防、城市等基础设施和公用事业领域，普遍都具有这样三个重要特征：第一，投资规模大、回收期长、盈利性低，私人资本往往无力进入或不愿意进入；第二，具有公共产品属性，因而社会效益远大于私人经济效益，若由私人部门来供应往往导致供应不足；第三，具备垄断特性，若由私人部门来运营，其必将攫取高额垄断收益，从而损害社会公众利益。因此，这些领域需要由国有企业来主导，以推动基础设施的完善和公用事业发展，保障公共产品和服务达到一个最优供应水平。从国际经验来看，西方发达国家的这些领域也往往由国有企业来承担。比如，美国国内的邮政、铁路、客运、水利工程等领域由联邦政府设立国有企业或类似国有企业的机构来经营和管理。

三是经营自然垄断属性的业务，在保障产品和服务供给水平时，提高行业经营效率。自然垄断性业务主要包括铁路、输配电网、石油天然气管网、自来水管网等，对于这些业务，由于属于关系国民经济命脉的重要领域和关键行业，因而需要国有企业来承担相应责任。政府可以通过对自然垄断领域内的国有企业实施严格监管，在保障产品供应水平的同时，进一步确保企业处于有效经营状态。

四是集中生产资源攻克关键性的核心技术领域，实现技术赶超。当前，我国已成为工业大国，但并非工业强国，在众多的产业部门中，我国基本都在产业链中处于低技术含量、低附加值环节，一些核心技术和关键零部件普遍被发达国家控制。在这样的发展阶段，依照国际经验，在技术赶超中的“天花板效应”非常显著，再沿用传统的依赖各市场主体自发进行的技术引进、吸收和模仿的技术赶超方式必然难以为继。另外，出于保持全球核心竞争优势的战略考虑，发达国家对发展中国家普遍设置了“高技术禁区”，因此，我国要掌握核心技术，只能依赖独立自主的研发；但由于这些技术突破需要聘用大量的科研人员进行大规模的研发投入，需要花费大量时间成本，结果往往还面临非常高的不确定性。因此，突破并掌握航空发动机、大飞机集成技术、高性能芯片、复合材料、精细化工、精密仪器、操作系统、生物新药等核心技术，要求政府通过建立国有企业平台，集中人力、物力、财力努力攻克，推动我国下一步的技术赶超。

五是引领发展战略性新兴产业，推动国家产业转型升级。目前，美国、欧盟、日本等世界主要发达经济体都在加紧布局战略性新兴产业，以抢占下一轮技术发展的先机，把争夺经济科技制高点作为战略重点。从战略性产业自身特性来看，其对资本、技术、知识的要求很高，而且存在巨大的不确定性，风险级别比较高，预计很长一段时期内都难以实现盈利。这就要求国有企业主导战略性新兴产业的发展，以推动我国产业转型升级。从历史经验看，改革开放以后，我国发展起的一些新兴产业，如移动通信、高端装备制造、轨道交通制造、卫星及其运用等，也都是以国有企业为主导力量发展起来的。

六是带动非公有制经济共同发展。国有企业与非公有制企业并非天然对立，也不存在国进民退或国退民进。从现实来看，两者存在很大的互补性，正是国有企业和非公有制企业在各个产业链上密切的分工合作，共同构筑了我国完善的工业体系，也使我国众多产业具备相当的国际竞争力。国有企业，由于是由政府出资设立，降低了经营风险，故而能够在生产经营中更关注长期利益；此外国有企业在资金、人才等方面也具备优势。非公有制企业在两个领域存在明显优势：一是快速地域扩散的产业领域，如产品销售；二是高新技术领域，尤其是需要具备一定规模经济同时又需要保持灵活性的高新技术领域，如当前的互联网领域。因此，国有企业在实现做强做优做大的同时，可以通过不断按照市场经济要求转换经营机制，与其他企业共同投资、交叉持股等方式，带动非公有制经济的进一步健康发展。

二、社会层面

一是实现公共目标。西方的传统工业化道路带来了众多问题，如资源枯竭、环境污染、收入悬殊等等。我国作为社会主义国家，在推进工业化过程中需要实现更多社会目标，不能继续走资本主义的工业化老路，需要走出一条具备中国特色的新型工业化道路。非公有制企业由于以利润为绝对导向，因此存在较大局限性；而国有企业肩负着“营利性”和“公共性”的双重目标，作为国民经济的主体，能够在实现经济发展的同时，兼顾社会公共目标，实现经济效益和社会效益的有机统一。

二是实现就业增长。资本主义生产方式存在资本有机构成不断提高的发展趋势，也由此导致工人阶级失业队伍的不断扩大和日渐贫困。在我国，社会主义制度要求国有企业在提高生产经营效率的同时，努力创造就业岗位；在遭遇经济波动时，努力通过提高效率等方式来缓解危机，与工人阶级共渡难关。

三是促进共同富裕。国有企业推动收入差距的缩小主要通过这样几条渠道来实现：第一，实施按劳分配为主体的收入分配方式；第二，推动区域平衡发展和城乡一体化进程，积极支援贫困地区的发展，通过加大定点扶贫资金投入、结对帮扶、设立贫困地区产业投资基金等方式参与贫困地区脱贫攻坚；第三，在做强做优做大国有企业的过程中，完善国有资本预算制度，提高国有资本收益上缴公共财政比例，将收益更多地用于保障和改善民生，提高城镇低收入人群和人民的生活水平。

四是促进社会主义文化建设。在我国社会主义现代化建设过程中，国有企业不仅创造了巨大的物质财富，也为社会提供了丰富的精神财富。首先，国有企业在改革和发展过程中践行社会主义核心价值观，形成了丰富多彩的企业文化，构成了中国特色社会主义文化体系的重要组成部分；其次，通过广泛开展群体性文化活动，国有企业为传播先进文化理念、提高广大人民群众的文化素质发挥了重要作用；最后，在文化产业中作为骨干力量的国有企业，通过市场化手段为我国社会供应了丰富的精神产品。

三、政治层面

一是主导国民经济命脉和关键领域，保障国家安全。国民经济中，国防军工、能源、信息、金融、粮食储备等领域，属于风险高、作用广、影响深的经济部门，一旦出现问题就可能给社会带来非常严重的损失，甚至危及国家安全。由于私人资本的逐利天性，在社会利益和个体利益发生冲突时，其往往不会顾及社会利益而选择个体利益，甚至出现“道德风险”问题，从而将危机传导并放大到整个社会经济。因此，需要国有企业在关系国民经济命脉的关键行业和重要领域起主导作用，以保障国家安全。从国际经验来看，很多国家（甚至发达国家）在这些领域也普遍采用国有企业经营的方式，例如，英国的劳斯莱斯公司、法国的宇航公司、巴西的淡水河谷公司，其历史上都曾是或当前仍是国有企业。

二是参与全球经济治理的重要载体，推动国家全球战略的重要手段。全球经济一体化促进了技术进步和各国经济发展，当前，任何一国脱离全球化都难以获得发展。另外，一个良好市场的健康发展和有效运作需要一套稳定的制度。然而，在国际上，由于缺乏主权主体，全球国际治理规则只能依赖各国通过协商的方式来制定，如IMF、WTO、世界银行、区域自贸区协定等各种多边或双边组织和协议，其本质上便是全球治理规则的体现。但到目前为止，全球国际治理规则仍存在若干重大缺陷：一是缺乏普遍的、统一的、稳定的并同时获得各国认同的通用性规则；二是目前制定的国际治理规则代表的是美国、西欧等少数发达国家的利益，而发展中国家在规则制定中的话语权不足；三是国际治理规则的强制执行力不足。尤其是近几十年来，全球一体化有加速深化发展的趋势，这导致全球贸易摩擦不断增多、各国之间的矛盾进一步加剧。这在本质上反映出全球治理规则的缺位，意味着其仍处于不断形成和发展进程中。

全球治理体系对跨国企业具有深刻影响，而后者对全球治理体系的制定同样具有重要影响。美国之所以能够在全球治理体系中发挥主导作用，与其拥有一大批如微软、苹果、谷歌、IBM、波音、埃克森美孚、通用等极具国际竞争力的跨国企业息息相关。从目前总体情况来看，我国私有部门在规模、技术、人力资本等各方面与发达国家跨国企业都存在很大差距，很长一段时期内难以与之抗衡；而国有企业在规模、技术等方面存在的差距相对较小，也已经积累起较为丰富的跨国经营经验，从现实可行性看是我国最有可能与发达国家大型跨国企业相抗衡的力量。因此，在全球经济一体化不断加深的趋势下，为保障我国企业、产业、国民经济的利益，我国需要主动参与到全球治理规则的制定中，而这种参与需要借助国有企业这一重要载体。

第四节　我国国有企业的分类

《中共中央 国务院关于深化国有企业改革的指导意见》明确指出分类推进国有企业改革。根据国有资本的战略定位和发展目标，结合不同国有企业在经济社会发展中的作用、现状和发展需要，将国有企业分为商业类和公益类。

一、国有企业分类的意义

在我国经济发展历程中，国有企业发挥了重要的主力军作用，但也应该认识到，由于长期以来存在对国有企业战略定位不清、考核针对性不强也不尽科学等缺陷，国有企业在改革和发展过程中出现了很多问题，如重复投资、经营效率低等，因此，对国有企业进行科学合理的分类具有重要意义。

第一，有利于促进国企改革。自从党的十五大提出要进行国有经济战略型改组、党的十五届四中全会明确了国有经济布局的四大领域以来，国有经济布局调整就一直在推动，但至今为止调整尚未到位。国有经济布局的调整必然涉及具体的企业及其具体的业务，然后才能因业因时制定出国企改革的对应方式和合理进度。由于我国当前的国有经济规模很大，情况又错综复杂，众多的国有企业分布在不同的行业领域，且大多数都存在混业经营现象，这在一定程度上制约了国有企业改革的有效推进。

第二，有利于促进国有企业的发展。在市场中，基于行业特征、市场结构及企业发展阶段不同，企业家往往会选择不同的管理方式、商业模式、发展战略或进行进一步创新，以促进企业发展。然而，当前对于国有企业的管理和考核方式过于单一，并未基于不同国有企业所在的行业、企业自身特征等方面的差异制定差异化的管理和考核机制，不利于国有企业的持续发展。

第三，有利于创造良好的发展环境。国有企业属于全民所有，社会公众广泛高度关注。若国有企业经营得好，取得较多利润，往往被批评为垄断，挤占了民营企业的发展空间；若国有企业经营不佳，又被批评为效率低下。其中的一个重要原因就在于没有做到科学分类、分类发展和分类考核。对于偏重公益性的国有企业设置过重的效益考核指标，会促使其借助垄断地位去取得经济利润；对于偏重商业性的国有企业设置过高的公共目标指标，则容易造成其生产资源错配，引发低效率问题；对于自然垄断行业，应该实行以政企分开、政资分开、特许经营、政府监管为主要内容的改革，根据不同行业特点，实行网运分开，放开竞争性业务，推动资源配置市场化，抑制其借助垄断地位获取高额利润，而不应该设置经济效益考核指标。

二、国有企业分类的依据与原则

对我国国有企业的分类，应该本着实事求是、科学合理的精神来进行，借鉴国内外已有的研究和经验，基于我国基本国情，国企分类工作应该遵循这样几个基本原则：一是科学合理性，分类要做到科学和合理，有助于促进更好地实施管理和推进国有企业分类改革、分类发展。二是可操作性，充分考虑当前国有企业的多元化业务发展等方面的复杂情况，分类尽量不要造成利益调整过大，要有利于改革的顺利推进。三是前瞻性，要有国有企业改革和发展的清晰愿景，充分考虑到我国国有企业未来的经营发展和资本布局情况，尽量降低改革的总成本。

国内外的研究和实践经验表明，国有企业分类一般存在三个维度：一是业务属性，二是资本目标，三是市场结构。在我国，国有经济布局相对会更广泛，在许多竞争性领域也需要维持一定数量的国有企业。因此，基于我国的国有资本布局现状及现实要求，我国的国有企业分类不宜采用市场结构这一维度，而应该采用业务属性和资本目标两个维度。按照国有企业的主营业务范围分类，国有企业的业务性质主要分为商业性和公益性两类；按照资本目标分类，主要分为公益性、特定功能性、投资回报性三类。

三、商业类国有企业

立足国有资本的战略定位和发展目标，结合不同国有企业在经济社会发展中的作用、现状和需要，根据主营业务和核心业务范围，将国有企业界定为商业类和公益类。商业类国有企业以增强国有经济活力、放大国有资本功能、实现国有资产保值增值为主要目标，按照市场化要求实行商业化运作，依法独立自主开展生产经营活动，实现优胜劣汰、有序进退。其中，主业处于关系国家安全、国民经济命脉的重要行业和关键领域，主要承担重大专项任务的商业类国有企业，要以保障国家安全和国民经济运行为目标，重点发展前瞻性战略性产业，实现经济效益、社会效益与安全效益的有机统一。

从改革的角度看，商业类国有企业要按照市场决定资源配置的要求，加大公司制股份制改革力度，加快完善现代企业制度，成为充满生机活力的市场主体。其中，主业处于充分竞争行业和领域的商业类国有企业，原则上都要实行公司制股份制改革，积极引入其他资本实现股权多元化，国有资本可以绝对控股、相对控股或参股，加大改制上市力度，着力推进整体上市。主业处于关系国家安全、国民经济命脉的重要行业和关键领域，主要承担重大专项任务的商业类国有企业，要保持国有资本控股地位，支持非国有资本参股。处于自然垄断行业的商业类国有企业，要以“政企分开、政资分开、特许经营、政府监管”为原则积极推进改革，根据不同行业特点实行网运分开、放开竞争性业务，促进公共资源配置市场化。对需要实行国有全资的企业，要积极引入其他国有资本实行股权多元化。

从监管的角度看，对商业类国有企业要坚持以管资本为主加强国有资产监管，重点管好国有资本布局、提高国有资本回报、规范国有资本运作、维护国有资本安全。建立健全监督体制机制，依法依规实施信息公开，严格责任追究，在改革发展中防止国有资产流失。其中，对主业处于充分竞争行业和领域的商业类国有企业，重点加强对集团公司层面的监管，落实和维护董事会依法行使重大决策、选人用人、薪酬分配等权利，保障经理层经营自主权，积极推行职业经理人制度。对主业处于关系国家安全、国民经济命脉的重要行业和关键领域，主要承担重大专项任务的商业类国有企业，重点加强对国有资本布局的监管，引导企业突出主业，更好地服务国家重大战略和宏观调控政策。

从考核的角度看，对商业类国有企业，要根据企业功能定位、发展目标和责任使命，兼顾行业特点和企业经营性质，明确不同企业的经济效益和社会效益指标要求，制定差异化考核标准，建立年度考核和任期考核相结合、结果考核与过程评价相统一、考核结果与奖惩措施相挂钩的考核制度。其中，对主业处于充分竞争行业和领域的商业类国有企业，重点考核经营业绩指标、国有资产保值增值和市场竞争能力。对主业处于关系国家安全、国民经济命脉的重要行业和关键领域，主要承担重大专项任务的商业类国有企业，要合理确定经营业绩和国有资产保值增值指标的考核权重，加强对服务国家战略、保障国家安全和国民经济运行、发展前瞻性战略性产业以及完成特殊任务情况的考核。

四、公益类国有企业

公益类国有企业以保障民生、服务社会、提供公共产品和服务为主要目标，必要的产品和服务价格可以由政府调控。与此同时，要积极引入市场机制，不断提高公共服务效率和能力。

从改革角度看，公益类国有企业可以采取国有独资形式，具备条件的也可以推动投资主体多元化，鼓励非国有企业参与经营。

从发展角度看，公益类国有企业要严格限定主业范围，加强主业管理，加大资本投入，提高公共产品和服务的质量和经营效率。

从监管角度看，对于公益类国有企业，监管的重点在于提高公共产品和服务的质量和效率，加大信息公开力度，接受社会监督。

从考核角度看，对于公益类国有企业，考核重点在于成本控制、产品质量、服务水平、营运效率和保障能力，根据企业不同特点有区别性地考核国有资本保值增值情况，并引入社会评价。

第三章　国有企业公司治理研究

公司治理是公司制度发挥作用的基础，是现代企业制度建设中的核心问题。进一步完善适应现代企业制度要求和我国基本国情的国有企业公司治理结构及相关机制，对深化国有企业改革、建立中国特色现代国有企业制度、增强企业竞争力、激发国有经济市场活力、强化国有企业市场经济主体地位具有重要意义。

第一节　公司治理理论

公司治理理论是伴随现代公司制企业的形成和发展而形成的，目的就是为建立一套完整的公司治理规则和程序，维持和保证公司的规范高效运行，从而维护公司各方面的利益。

一、公司治理的产生

在公司制企业发展初期，公司规模相对较小，股东的数量也不多，股权结构相对集中。随着现代企业制度的不断加速发展和公司经营范围规模的不断扩大，公司需要通过发行股票和债券来筹措大量的资金，这样，持股人从原来的少数人变为多数人，股权结构逐步分散化、多元化，现代意义上的公司制企业逐渐形成。明确、清晰的财产权利关系，为资本市场的有效运转奠定了牢固的制度基础，也为公司筹集更多资金、分散风险从而扩大规模提供了资本基础。

然而公司制企业也存在缺陷，一是股权分散化，最直接的影响是公司的股东们无法在集体行动上达成一致，从而造成治理成本的提高；二是对公司经营者的监督弱化，特别是大量存在的小股东，他们不仅缺乏参与公司决策和对公司高层管理人员进行监督的积极性，而且也不具备这种能力，监督成为全体股东的一个公共物品，现实的情况就是董事会作为股东的代表来选择经理，也就是出现了伯勒和米斯（Berle and Means，1932）所说的所有权和经营权的分离；三是分散的股权结构，使得股东和公司其他利益相关者处于被机会主义行为损害、掠夺的风险之下。为解决公司制企业存在的上述问题，就需要平衡股东、经理人、债权人和员工等各个企业要素的提供者之间的关系和利益，唯一的途径就是建立一套完整的治理规则，这套治理规则的制定、执行和监督就是公司治理。

二、公司治理的概念及内涵

公司治理的英文是 Corporate Governance，“Corporate” 是指 “公司” 或 “法人”，“Governance” 的词根是拉丁语 “Gubernare”，是 “统治” 或 “掌舵” 之意。在我国，“公司治理” 也被译为 “公司治理结构”“企业治理结构”“企业管治”“公司管治” 等。

经济合作与发展组织（OECD）理事会的《公司治理结构原则》（1999 年 5 月）中给出的定义是：“公司治理是一种据以对工商公司进行管理和控制的体系。公司治理结构明确规定了公司的各个参与者（董事会、经理层、股东和其他利害相关者）的责任和权利分布，以及决策公司事务时所应遵循的规则和程序。”

综上所述，狭义的公司治理是从公司治理的产生来源角度讲的，是指所有者（主要是股东）对经营者的一种监督、约束、激励和制衡的机制，即通过一种制度安排，来合理地界定和配置所有者与经营者之间的权利与责任关系。治理的目标是保证股东利益的最大化，防止经营者对所有者利益的背离。广义的公司治理是从公司的环境和必须要协调的关系角度讲的，是指通过一整套正式或非正式的、内部的或外部的制度，包括程序、惯例、政策、法律及机构，来协调公司与所有利益相关者之间（主要利益相关人士包括股东、管理人员和理事；其他利益相关人士包括雇员、供应商、顾客、银行和其他贷款人、政府政策管理者、环境和整个社区）的利益关系，以保证公司决策的科学性、有效性，从而最终维护公司各方面的利益。

一般性公司治理的实质应当包含两个要素：一是治理的目的不是相互制衡，至少最终目的不是制衡，而是保证公司科学决策、提高生产效率的方法和途径，这是现代公司存在和发展的核心问题，也是公司治理的核心问题。二是治理不仅仅需要建立完备有效的治理架构，更需要若干具体的超越架构的治理机制，这个治理机制是保障企业有效运行的软件部分，既包括企业内部的也包括来自企业外部的。而我国国有企业的公司治理，应当在吸收西方理论优点的同时，结合马克思主义产权理论及国有企业的定位，融入具有中国特色的内容，更多地站在国有利益和社会利益上来看待发展和利益分配的关系，即公司治理的调整优化目的不仅仅在于制衡企业内部权力，更要体现国家宏观价值，要将社会主义核心价值观和中华民族伟大复兴“中国梦”作为企业文化的组成部分融入其中，将承担社会责任，为党、国家和人民服务作为义不容辞的历史使命和责任。

三、公司治理的相关理论

1932 年，美国哥伦比亚大学的两位教授伯利和明斯合著的《现代公司与私人财产权》首次提出了“企业所有权与经营权的分离”，在此基础上产生了委托代理理论。詹森和麦克林认为“代理成本”是企业所有权结构的决定因素。信息不对称存在于股东与董事会之间的委托代理关系，即小股东与大股东之间信息不对称；董事会与经理层之间的委托代理关系，即董事和管理层之间信息不对称；母子公司（包括高层经理与下级经理）之间的委托代理关系。这需要完善企业公司治理制度以预防、监督、控制公司运作风险，并激励经营者创造业绩，实现所有者利益最大化，解决权力的监督与制衡。

还有一种理论就是企业契约理论。该理论由科斯创立，后来哈特等人发展了不完全契约理论，该理论认为企业是一系列契约（合同）的组合，是个人交易产权的一种方式，理论上一个完备的契约需要描述与交易有关的所有未来可能出现的状态以及每种状态下各方的权利和责任。由于完备契约的签订交易费用很大，实际上企业契约都是不完备和有漏洞的，由此便产生了剩余索取权和剩余控制权的问题，即企业所有权问题。这便需要公司治理在剩余索取权和控制权没有在初始合约中详细设定的情况下，决定其将如何使用。

委托代理理论和不完全契约理论主要研究的是公司治理问题的产生机理，进一步为具体构建公司治理和模式的相关理论研究，形成了以“股东利益至上”为基础的单边治理、以“利益相关者”为核心的共同治理两大主流传统治理理论以及最优所有权结构论与大股东治理、中间组织理论与网络治理等新兴治理理论。

（一）“股东利益至上”的单边治理理论

以“股东利益至上”为基础的单边治理理论认为，企业是股东的企业，股东拥有企业的全部所有权，企业的目的是股东利益最大化，从而主张“资本雇佣劳动”即物质资本主导治理模式的稳定性和合理性。单边治理的理论依据是现代企业理论和委托代理理论。“股东利益至上”的单边治理理论主要有两种理论流派：剩余索取权理论、剩余控制权理论。

“股东利益至上”的单边治理理论在以下几个方面受到了质疑：一是虽然股东是公司剩余索取者并由此而承担公司生产经营风险，但是公司往往是有限责任公司，股东只承担一部分而不是全部风险；二是股东虽然持有公司的股票，但大型公司的股权是相当分散的，每个股东只持有公司总体股份的很少份额，由于信息不对称和监督收益与监督成本不对称，可能引致的“搭便车”行为已使股东很难监督经理人员的行为；三是委托人模式所主张的若干企业公司治理机制虽然有利于股东，但对于其他相关利益者是不利，甚至是有害的。

（二）利益相关者共同治理理论

利益相关者理论的萌芽始于 Dodd，但是其成为一个独立的理论分支则得益于 Freeman 的开创性研究。与传统的“股东至上”理论不同的是，“利益相关者”共同治理理论认为公司是一个责任主体，在一定程度上还必须承担社会的责任，企业追求的不能仅限于最大化股东利益，还要考虑其社会价值方面。任何一个企业的发展都离不开各种利益相关者的投入或参与，当这些利益相关者在企业中注入了一定的专用性投资后，他们或是分担了一定的企业经营风险，或是为企业的经营活动付出了代价，就应该参与治理并分享公司控制权和剩余索取权。

现代公司治理理论在实践中不断发展和创新，但其本源是研究公司治理中的主体地位应该由哪个或者哪些主体来承担。由于不同企业生产经营与风险承担的情况不同，难以一概而论，但是其基本原则都应该是按照经营风险承担大小来安排公司治理中各主体的地位和权利。

第二节　国外国有企业的公司治理模式

根据各国国有企业目标和治理的特点，国有企业目标分为三种模式：资本模式、经营模式和公共模式。在这三种不同目标模式下，有着不同的治理。

一、国有企业不同目标模式下的分类治理

（一）资本模式

资本模式是指国有企业目标以资本回报为主，重视资本使用效率，可能兼顾一定的社会目标，国有企业治理和董事会运作没有明显的国有特点，采用与私有或上市公司类似甚至相同的模式，大多数董事（包括董事长）来自私营部门，独立性较强，代表性国家是瑞典、挪威、芬兰、新西兰、澳大利亚、奥地利等。

（二）经营模式

经营模式是指政府要求企业同时实现生产、经营和财务绩效等方面的目标，国有企业治理和董事会运作有一定的国有特点，如董事会由来自公共部门和私营部门的董事组成，代表政府的董事担当了一定的与政府联系的角色，代表性的国家有新加坡、韩国等。

（三）公共模式

公共模式是指国有企业以公共目标为主，兼顾盈利或成本，政府干预较多，国有企业治理和董事会运作有政府较多干预的特点，董事由政府、职工、大客户和经理层代表担任，总经理甚至整个经理层由政府任命，代表国家有法国和意大利，20 世纪 90 年代以前的奥地利也是属于这种模式。

二、国有企业的治理结构及作用

（一）股东会

1. 国家股东与小股东的关系

在 OECD 国家，经过几轮国有企业的大规模改制，基本实现了股份制改革，依据《公司法》，国有企业必须设立股东会作为最高的权力与决策机构。

由于国有企业国家绝对控股的特殊性，国家通常也处于控制董事会构成的地位。进一步而言，国家很有可能还承担其他的政治和政策目标，执行这些政治和政策目标可能会损害小股东的利益。一般情况下，大部分 OECD 国家的国有企业的小股东权利都受到了承认和保护。所有权实体通常“绑住自己的双手”，采取明确的措施或一般政策来防止小股东和其他非控股公司受到损害。事实上，很多 OECD 国家都鼓励小股东参与股东大会，并通过一些特殊的安排使其参与企业的决策过程。

2. 股东权责

在国有企业中，国有股东的所有权权责即为股东权责，主要有：建立董事会提名程序并决定或批准董事任免的权责；对战略、投资等重大事项的监督和知情权；财务和资本运作的监控、审计权等。

（二）董事会

1. 董事会的类型

（1）单层、双层、平行的董事会；

（2）小规模董事会和大规模董事会；

（3）外部董事为主的董事会和内部董事为主的董事会。

2. 董事会的规模

很多国家的国有企业董事会总体规模非常庞大。例如法国，由于1983年《公共部门民主化法》中规定的“三方”董事会结构，国有企业董事会的人数在以前可能达到30人，但从2005年之后，法国重新将董事会人数从30人修改为18人。部分国家对国有企业董事会规模进行了限制，如韩国1983年颁布的《政府投资企业管理基本法》限定董事会规模不得超过15人。

3. 董事会的成员组成

当今国外国有企业董事会的构成呈现三大特征：

（1）国家代表。

国有企业的重要特征之一是其国家代表性。在OECD国家中，国有企业董事会主要在国家代表的规模上有本质差别。国家可以由所有权部分或分部部门的公务员代表，也可以由私营部门的“外部”人员或其他学者、专家等代表。国家代表数可以为零也可以是整个董事会。

（2）员工代表。

不同国家的国有企业董事会在员工代表和其数量上也有差别，绝大多数国家员工代表产生于股份公司的通常运作之中，并且建立在《公司法》的相关规定基础之上，如奥地利、捷克、瑞典、芬兰、挪威、丹麦和德国。有些国家制定了特殊法律条文要求国有企业董事会中员工代表达到一定的数量或比例，如法国规定人数在2人到董事会总人数的1/3之间。

（3）独立董事。

独立程度是确保董事会效益的关键。董事会在履行其职责时必须拥有自主权和独立性，且不受到部长们的日常干预。因此，国有企业董事会独立性程度将部分地依赖于上面描述的国家代表和员工代表的数量和特点。除西班牙、土耳其等少数国家外，许多国家都设有独立董事，且规定了独立董事在董事会中的比例。

4. 董事会的职责

从大多数西方国家国有企业的公司治理情况看，董事会一般具有以下五项权力：第一，确定公司的战略规划，批准经营计划和预算；第二，决定重大投资、筹资、撤资、购并、非盈利交易；第三，确认执行董事、经理层的经营业绩；第四，任命 CEO 及经营班子成员；第五，决定 CEO 及经理层其他成员的薪酬。从权力的性质看，前两项属于战略与决策权力，后三项属于监督与约束权力。按此划分，可分为决策权与监督权合一和决策权与监督权分离两种类型的董事会职责。

（三）监事会

监事会是公司内部设立的专职监督机构，负责监督公司的一切经营活动。监事会以董事会和总经理为监督对象，对董事、经理执行公司职务时违反法律法规或者公司章程的行为进行监督。

从国际上看，监事会的模式可以分为两大类型——德国模式和日本模式，分别与其董事会制度相对应。德国等一些欧洲大陆国家的董事会采用的是双层制，监事会（监督董事会）设立在股东大会之下，但其权力在董事会之上。日本企业的监事会虽然与董事会的地位是平等的，但是由于引进了独立监事及建立了法定监事制度，监事会的独立性较强，监督的效果较好。

在 2000 年之后兴起的国有企业集权化改革中，芬兰等国家废除了国有企业的监督董事会，从而采用了单层制的董事会体系，其实质是将公司治理的模式由内部治理为主逐渐改革为由外部治理为主的模式。

三、国外国有企业的治理机制

（一）董事会与 CEO 的提名任免

1. 董事会成员任命

在国有企业董事会成员任命方面，尤其是在国有企业董事会中国家代表的任命方面，所有权实体并不总是主要的决策机构，也可能牵扯到不同的部委或者其他的政府机构，特别当那些国家实施双重所有制且经常施加强大的政治影响力时更是如此。

许多政府通过有关国有股权的法律或法规，规定董事候选人的合格资格。这些规定或指引与个人的行为品性（如正直、诚信）、教育或专业资格以及其他董事会重视的品质有关，也有可能会与特殊指引或限制性比例有关，如性别、种族、员工代表、国家或股东代表。对董事会规模的限制也十分重要，一些国家建立了完善的适用于国有企业的董事会选任程序。

2. CEO 任命

奥地利、澳大利亚、丹麦、芬兰、德国、新西兰、新加坡和挪威等国家明确了由董事会任命 CEO。另一些国家，虽然国有企业董事会正式负责 CEO 的任命，但是任命过程受到很强的外来因素影响，如需要与相关部委进行协商，或需要得到主管部门的批准，以意大利、日本、韩国、英国等国家为代表。有些国家则明确规定国有企业董事会不负责 CEO 的任命，如比利时、法国、墨西哥和土耳其。CEO 的任免权应该属于董事会。董事会如果没有任免 CEO 的关键权力，那么就很难充分行使其监控职能，并对公司的业绩负责。许多国家认为这种职责的缺失是国有企业治理最重要的问题之一。

（二）绩效考核

瑞典和新西兰对董事会和每个董事会成员都要进行评价。在波兰，国库部每季度、全体股东大会每年要对董事会成员进行一次评价。

一些国家根据对报告制度的要求，由董事会或董事长向所有权实体、行业部门或议会提交报告，国家据此对董事会业绩进行指导和评价。这些国家有希腊、斯洛伐克共和国、法国、澳大利亚等。大部分国家还没有对国有企业董事会系统和定期的考核制度，但是越来越多的国家正在计划建立起这样一套体系，并使其成为提高国有企业董事会专业性的一个重要工具。

（三）激励与薪酬

在很多国家中，只要薪酬水平不足以吸引和留住具有专业知识和经验的董事会成员，那么就很难真正提高董事会的专业水平和商业洞察力。在大多数的 OECD 国家中，董事会的薪酬依然和董事会所担负的责任远不相称。企业董事会薪酬水平在不同所有权模式中存在差异。

薪酬标准经常由企业规模、相关的工作量、风险水平、部门或公司中的工资指标和相关部门的通常实践水平而定。一些国家设置了最高薪酬标准。例如在波兰，最高薪酬标准是有关工业部门平均工资的 6 倍，对于那些非常重要的国有企业来说，可能存在例外情况，即比有关工业部门平均工资的六倍再高 50%。有些国家也考虑了董事会成员的非现金收益和与其所供职位相关的个人地位问题，如澳大利亚。极少数国家的董事会成员，其部分薪酬还与绩效挂钩，如英国的董事会成员，其薪酬也包含绩效奖励。

（四）监督——审计和特殊控制

1. 外部审计

大多数 OECD 成员国的国有企业同样要接受外部审计人员的审计。在英国，国有企业每年年末公布的财务报告都需要有审计人员的签名，且年度报表需要包含审计人员的意见。另外，各国外部审计人员的特点和选择方式是不同的。在一些国家，国有企业由官方“审计总署”进行审计。

2. 特殊的国家控制

在绝大多数 OECD 成员国中，与普通公众公司一样，国有企业除了要提交报告之外，在信息披露和透明度方面还需要向国家的特别控制实体提交报告，这是它们最明显的特征。这些特殊的控制措施是由专业的国家审计实体实施的，一般负责控制公共资金的使用。

这些特殊的国家审计机构名称各有不同，在澳大利亚、芬兰、新西兰、英国和挪威被称为国家审计署，在意大利、比利时、法国和奥地利被称为审计法院，在德国被称为联邦审计法院，在瑞典被称为国家审计局。

（五）报告与问责制度及其信息披露

1. 事前报告

事前报告制度通常是普通《公司法》强制要求的补充，其内容主要是关于目标的制定。在大多数 OECD 成员国中大型国有企业必须报告其经营目标，报告的形式各式各样，典型的模式是国有企业首先提交年度商业计划，并提交相关行业部或财政部批准；随后，每季度、每半年或每年向其所有权实体或财政部、国库部提供定量和定性的报告信息，以监控企业当前的业绩是否与既定目标相符。

2. 同步业绩指标

为了降低较差业绩带来的难以预见的风险，有些国家建立了同步业绩指标监控系统。这些报告可以是月度报告、季度报告或年度报告，很多国家都建立了定期的报告制度。报告的内容，根据所有权实体的目标，制定相应的报告规则，有时候这些报告属于商业机密。报告内容包括主要的财务指标以及有关的定性指标、运营与预算的差距、基于计划和预算的经营业绩情况或者其他任何显著改变国有企业业绩的重大事件。

3. 完善的事后报告制度

事后报告制度披露的内容包括财务报告、董事会或公司治理的报告以及一些国有企业需要提交的特殊报告。

（1）财务报告。

所有 OECD 成员国的国有企业都必须提交年度报告，大多数国家的国有企业也会公布半年报告。在大多数情况下，公众可以获取年度报告，而中期报告的公开性就不是很强。

（2）董事会报告和公司治理报告。

越来越多的 OECD 成员国要求国有企业提交董事会报告。报告内容包括：对公司主要运营活动的回顾；影响国有企业业绩或战略前景的重大事态与环境变化；可能实现的发展；有关董事会成员的信息等。而在一些国家，国有企业还需要提交公司治理报告，这一报告通常包含以下信息：董事会的构成和任命程序、董事可以利用的外部咨询成员、为 CEO 和董事会成员制订并审核薪酬计划的程序、任命外部审计人员的程序、风险管理、理论政策。

（3）特殊报告。

在一些国家中，国有企业必须提供额外的、涉及非财务信息的报告。包括以下几方面：重大事件、经济增加值、私有化项目的进展情况、广告和竞争原则、外部环境分析、机会均等与多元化、环境记录、激励计划账目、职工数量、非政府股东平等对待情况、因政策而引进的特殊报告制度等内容。例如，英国国有企业的年度报告中需要包含的非财务信息有：CEO 的总体看法、董事长的声明、商业发展评估、未来商业战略、公司治理安排和董事会的详细情况（薪酬、经验和责任）。

4. 其他报告和问责机制

在一些国家中，国有企业的年度股东大会可能向公众公开，从而把公众当作最终的股东。在涉及国家支出框架的评估时，或为了满足那些对国有企业业绩进行专门质询或审计的特殊规定时，国有企业可能（有时必须）需要与议会委员会打交道。国有企业也可以通过回答持股部长提出的问题而间接向议会报告。一些规制部门也要对国有企业遵循规制法规的情况进行规制审查。

第三节　我国国有企业公司治理现状

当前，多数国有企业已初步建立现代企业制度，通过进行大量的探索实践，不断创新和发展，取得了积极的效果。

一、国有企业治理演变过程

中华人民共和国成立以后，我国国有企业治理大体经历了三个阶段。

（一）行政管理替代公司治理阶段

改革开放前的传统计划经济时期，各级政府是通过一系列中间管理层次对国有企业实行具体管理，由政府完全掌握企业的剩余索取权和控制权的高度集权制，国有企业是行政机构的附属物，完全按照政府下达的指令性计划组织生产。这种体制保证了国民经济的尽快恢复和发展，保持了社会稳定。

（二）“内部人”主导治理阶段

党的十一届三中全会以来，我国国有企业开始迈出改革的步伐，其主要内容是：扩大企业自主权、简政放权、减税让利、政府向企业分权。党的十二届三中全会通过了《中共中央关于经济体制改革的决定》，提出要探索所有权与经营权适当分离条件下，搞好国有企业的多种经营方式，在推行股份制试点的同时，将开始于农村的家庭联产承包责任制推广于国有大中型企业，并于1988年4月颁布了《中华人民共和国全民所有制企业法》（下称《企业法》），施行厂长（经理）负责制。

（三）公司治理起步阶段

1993年《宪法》确立我国社会主义市场经济地位。同年，党的十四届三中全会提出，国有企业改革的方向，是建立“产权清晰、权责明确、政企分开、管理科学”的现代企业制度，提出了“法人财产权”的概念。国有企业由单纯地对行政主管部门负责，转向对出资人、债权人、市场和其他利益相关者负责，“厂长经理负责制”的“一把手”体制向建立符合市场经济体制要求的公司治理结构转变。

二、国有股权结构与公司治理

公司股权结构的不同对公司治理有着基础性的影响，它会使得股东结构、股权集中程度、大股东身份、导致股东行使权利的方式和效果产生较大的区别，进而对公司治理模式的形成、运作及绩效有较大影响，可以说股权结构决定了公司治理的基本原则，决定了不同环境下公司治理要实现的目标。公司治理则是公司股权结构的具体化，有什么样的股权结构，就需要什么样的公司治理来使得这种结构下股东和其他利益相关者的利益得到保护。不同股权结构下，由于委托人对代理人行为承担的风险和获取的收益不同，对代理人的监控能力和积极性也就不同。因此，只有股权结构合理，才能完善公司治理，进而保证公司取得良好的经营效益。

国内外对公司治理问题的理论研究相当深入，主要围绕与公司内外治理机制相关联的问题，如股权结构、所有制、融资结构、产权制度、董事会制度、激励机制等等，并取得了非常丰富的成果。由于公司治理的结果优劣最直接表现为企业的绩效，因此，理论研究多是从股权结构与企业绩效的关系来分析考察股权结构与公司治理的。

（一）国内外的研究

Berle 和 Means（1932）首先提出了“控制权与所有权分离”的命题，认为股权分散的公司的控制权事实上由管理者拥有，没有股权的经理与分散的小股东之间存在严重的利益冲突，使得公司的经营绩效无法达到最优。

一种理论认为，股权结构对公司治理效率有相关性。另一种理论认为，两者之间并不存在相关性。

我国学术界较早就开始对上市公司高度集中的股权结构及独有的股权分割格局对公司治理绩效进行研究，并取得了一些成果。许小年和王燕对1993—1995 年期间的上市公司进行了实证研究，结果表明，股权集中度和法人股比重对公司绩效具有显著的正向影响，国家股比重对公司绩效有负面影响，而流通股比重对公司绩效无显著影响。据此，他们强调了股权集中和法人股东在公司治理中的积极作用。孙永祥对 1998 年底的 503 家 A 股上市公司进行了实证研究，发现有相对控股股东并且有其他大股东存在的股权结构，最有利于公司的经营激励和监督机制的发挥，因而能促进公司治理绩效的最大化。施东辉则发现国有股和流通股比例与上市公司绩效之间没有显著的相关关系。而法人股的所有权性质也会对公司绩效产生影响，社会法人为主要股东的股权分散型公司绩效要好于法人控股型公司，法人控股型公司的绩效则好于国有控股型公司。

总体而言，股权结构是影响公司治理结果的重要因素，但绝不是唯一的因素。一个国家的政治博弈、经济制度、法律环境和文化等因素，甚至股东的偏好，都是影响公司治理效率的变量。

（二）股权结构模式

通过股权结构与公司治理的一般关系可知，不同的股权结构将导致不同的公司治理机制，进而影响公司绩效。股权结构由股权分布状况决定，不同股权分布状况对公司治理会产生不同的影响。

股权分布状况是按股权的集中程度和控制方式对股权结构安排后股权结构呈现出的状态。股权集中度是衡量公司股权分布状态的主要指标，其衡量的是公司中前几位大股东持股比例之和占总股本的比重，比重越大，股权就越集中，反之，股权就较为分散。从结构上看，股权集中度还包含了控股股东与其他非控股股东之间的股权比较，控股股东所持股份比重越高，公司股权集中度越高。一般而言，可分为高度集中型、高度离散型和相对集中型三种股权结构模式。

1. 高度集中型股权结构

高度集中型股权结构表现为：第一大股东持股比例很高，基本处于绝对控股地位。一方面，极高的持股比重使得控股股东行使权利的积极性很高，积极参与公司的治理，对经营者进行有效的监督；另一方面，小股东因为份额过低而没有能力也缺乏动力行使权利，一般采用“用脚投票”机制。大股东失去了来自其他股东的有力约束和制衡，使其可以对经营者实行高度干预。

2. 高度分散型股权结构

高度分散型股权结构表现为，公司拥有大量股东，单个股东的作用非常有限，不存在控股股东，由此使公司的控制权往往掌握在经营者手中。

3. 相对集中型股权结构

相对集中型股权结构表现为，公司拥有若干个持股比例相近的大股东，其余股份由众多的小股东分散持有。在这种类型的股权结构下，股东之间形成了一种有效的相互制衡机制，解决了股东的激励和约束问题，使各股东适度地参与公司的经营管理，避免了两种结构下的股东行为的非理性。

（三）股权结构与公司治理

作为公司治理的根源与治理的内容主体，股权结构会对公司治理的其他方面产生深刻影响，必须组合成一个有机的结合体，才能有效地达到公司治理的预期成果，而股权结构的突出地位，决定了股权结构治理的先行性，从优化企业股权着手，从根本上进行有效的公司治理，这一点更为关键。

集中型股权结构能使控股股东提高参与公司治理的积极性并能有效监管管理层。股权相对集中，有相对控股股东存在的股权结构对公司治理机制作用的发挥较为有利。

影响主要体现在四个方面：一是对经营激励机制的影响。一般来说，股权集中度越高，越有利于公司经营的激励。股权适度集中，同时有若干大股东存在，会使经营激励更趋合理。二是对兼并重组的影响。股权高度集中的企业不易成为兼并对象，股权分散的企业会使收购方极易标价收购而获得成功。三是对代理权的影响。股权高度集中的企业，代理权往往没有竞争对手，董事会和经理层都会较为稳定。四是对监督机制的影响。股权相对集中、同时有若干大股东存在，才会使股东对公司治理的监督具有实际意义。

通过研究结果表明，股权有一定集中度，有相对控股股东，并有其他大股东存在的股权结构，对公司治理的四种机制作用的发挥，总体而言较为有利。应该把握的核心因素是有效的股权制衡与有效的经营激励。

三、我国国有企业的股权结构与公司治理

国企改革的另一个趋势表现为不拘泥于所有制形式，实现多种所有制

形式互为补充，共赢发展。近年来国有企业产权多元化、资产证券化改造力度加大。目前，全国国有企业公司制改制面达到90%以上，中央企业各级子企业公司制改制面达到92%，2017年内中央企业集团层面将完成公司制改制。截至2016年底，中央企业资产总额的63.8%、营业收入的61.3%、利润总额的70.9%，都集中在上市公司。国有企业在进入资产证券化、股权多元化发展阶段的同时，也应建立新型的，与之相适应的公司治理和现代企业制度。具体说，就是以科学的职权配置形成各治理主体功能互补和权力制约，以周密的程序安排保障各治理主体高效有序运行。

根据我国《公司法》的规定，在股权结构设计中，应该充分注意四条界限：

第一，持股10%，公司累计持有10%股份的股东，有权申请公司解散。第二，持有1/3以上股份，否决性控股，对公司重大事项具有一票否决权。第三，持有1/2以上股份，绝对控股权，除重大事项外具有表决控制权。第四，持有2/3以上股份，完全控股权，可修改公司章程，公司任何事项均具有表决控制权。

从收益、成本的财务角度，存在着两个临界起点。鉴于我国企业会计准则，某一股东持股比例的20%和50%也可作为进行股权结构设计的重要考量，因为持股比例低于20%、高于20%和低于50%、高于50%，股东就会采用不同的会计方法来核算股权投资的成本与收益，这些不同的方法，或多或少会影响到公司治理的绩效。

根据我国的法律法规，国有企业产权结构主要包括国有独资企业、国有独资公司、国有资本控股公司和国有资本参股公司四种类型。

国有独资企业是依照中国的《全民所有制企业法》设立，企业全部注册资本均为国有资本的非公司制企业。企业财产属于全民所有，国家依照所有权和经营权分离的原则授予企业经营管理，企业对国家授予其经营管理的财产享有占有、使用和依法处分的权利。

国有独资公司是依照中国《公司法》设立，企业全部注册资本为国有资本的公司制企业。全部资本由国家投入，公司的财产权源于国家对投资财产的所有权；股东只有一个，国家授权投资的机构或者国家授权的部门是唯一的投资主体和利益主体，承担有限责任，国家仅以其投入公司的特定财产金额为限对公司的债务负责，而不承担无限责任。

国有资本控股公司是按照中国《公司法》成立，国有资本具有控股地位的公司，包括有限责任公司和股份有限公司。出资额占有限责任公司资本总额50%以上或者其持有的股份占股份有限公司股本总额50%以上的股东为控股股东；出资额或者持有股份的比例不足50%的股东，依其出资额或者持有的股份享有的表决权也足以对股东会、股东大会的决议产生重大影响。

国有资本参股公司是指公司注册资本包含部分国有资本，且国有资本没有控股地位的股份公司。

四、我国国有企业公司治理现状

国有企业建立现代企业制度，既是党中央、国务院的明确指示要求，也是建立社会主义市场经济的必然选择。公司制股份制是现代企业制度的有效组织形式，公司治理是公司制股份制的核心。国有企业经过30多年的改革，绝大多数已经完成了改制，改制后的企业尤其是上市公司，按照《公司法》等法律法规的要求，建立了公司治理结构，上市公司董事会还引入不少于3名独立董事。2004年国务院国资委推行了中央企业董事会试点工作。这项改革工作既是1995年现代企业制度试点的传承，也是建立规范的现代企业制度、企业公司治理机制的一次升华。宝钢集团、中国诚通、神华集团、中国国旅、国药集团、中国铁通等6家央企成为首批试点单位，拉开了中央企业董事会试点工作的序幕，此后经过10余年探索与实践，截至目前，98家中央企业中，已有83家按照中央企业董事会试点的制度安排，完成了规范化的董事会建设。

（一）中央企业董事会试点的主要举措

1. 完善公司章程、董事会议事规则等一整套的规章制度

董事会试点及规范化的中央企业依照《公司法》《企业国有资产监督

管理暂行条例》等法律法规，制定或修改公司章程。根据《国务院国有资产监督管理委员会关于国有独资公司董事会建设的指导意见》（以下简称《指导意见》），结合本企业实际，制定有关董事会建设的各项规章制度。其中，有关董事会的职责、组成、下设专门委员会和办公室、重大事项决策制度、会议制度，董事的权利与义务责任、董事会秘书的职责、董事会与出资人的关系、董事会与总经理的关系等内容都纳入了公司章程。

2. 建立并完善董事会、各专业委员会及董事会办事机构

按照《公司法》组建了董事会，建立了董事会内部专业委员会，设立了董事会办事机构——董事会办公室，任命了董事会秘书。董事会内部都建立了包括常务委员会、战略委员会、提名委员会、薪酬与考核委员会、审计委员会、风险控制委员会等各种内部专业委员会，其中战略委员会、提名委员会、薪酬与考核委员会是《指导意见》中要求必须设置的专业委员会，其他委员会的设置权交由董事会决定。

3. 实施并建立外部董事制度

根据《指导意见》，外部董事是指由非本公司员工的外部人员担任的董事。外部董事不在公司担任除董事和董事会专门委员会有关职务外的其他职务，不负责执行层的事务。国资监管机构为了鼓励外部董事在董事会中占多数，对外部董事超过了董事会全部成员半数的试点企业授予多项自主权利，试点中外部董事占半数以上的中央企业占比超过 90%。

4. 设立职工董事职位

根据《指导意见》，职工董事是经公司职工民主选举产生，并经国资监管机构同意，作为职工代表出任的公司董事，职工董事代表职工参加董事会行使职权，享有与公司其他董事同等的权利，承担相应义务。

5. 推行外部董事长制度

目前，部分试点中央企业实行了外部董事担任董事长的制度。外部董事长制度，有利于提高董事会组织运作效率，有利于董事会更好地监督管理经理层，也有利于防止有的专职董事长干预经理层职权的情况，是董事

会试点及规范化工作中的一项重要举措。

6. 推行“双向进入、交叉任职”

为保证企业党组织参与企业重大问题的决策，各企业党委有关成员与董事会成员实行了“双向进入、交叉任职”，力图通过进入董事会的党委成员来反映党委的意见和建议，并把董事会的决策结果反馈给党委。党委要参与重大问题决策，但主要是提出意见和建议，而不是代替董事会决策。

（二）中央企业董事会试点总体评价

总体上看，中央企业董事会试点取得了积极成效，为国有企业公司治理机制优化指明了方向。

一是建设规范董事会的制度体系从无到有，目前基本上已经形成一套制度体系，做到董事会规范运作有章可循、有法可依。

二是引入外部董事制度，外部董事占董事会成员多数，在决策机构形成一定程度的制衡。通过建立外部董事选聘和评价机制、建立外部董事人才库以及加强外部董事培训，形成了一支高素质的外部董事队伍，维护了出资人和企业的利益。

三是不断完善董事会年度工作报告制度，开展了对规范董事会、董事评价工作，建立了国资委与董事会沟通制度，明确授予董事会在公司发展战略和中长期发展规划、投资计划和年度预算方案等方面的职权，逐步落实对经理层的选聘权、考核权和薪酬决定权，国资委对已建立规范董事会中央企业的监管方式开始发生转变。

四是积极探索现代企业制度条件下发挥党组织的领导作用、发挥职工民主管理作用的有效方式和途径，初步厘清董事会、党委会、经理层等方面的职责定位和工作程序，将董事会重大事项决策权与党组织参与重大事项决策有机结合。

从建设规范董事会试点情况看，试点企业发生了较大变化，形成了决策制衡和纠错机制，实现了集体决策和民主决策，党委（党组）会、董事会、监事会、经理层各负其责、协调运转、有效制衡公司治理机制逐步形成。

第四节　我国国有企业公司治理改革方向

完善国有企业法人治理结构是全面推进依法治企、推进国家治理体系和治理能力现代化的内在要求，是新一轮国有企业改革的重要任务。当前，多数国有企业已初步建立现代企业制度，但从实践情况看，现代企业制度仍不完善，部分企业尚未形成有效的法人治理结构，权责不清、约束不够、缺乏制衡等问题较为突出，一些董事会形同虚设，未能发挥应有作用。针对这些问题，国有企业全面贯彻党的十九大精神，深入贯彻习近平新时代中国特色社会主义思想，认真落实党中央、国务院决策部署，统筹推进“五位一体”总体布局和协调推进“四个全面”战略布局，牢固树立和贯彻落实创新、协调、绿色、开放、共享的发展理念，从国有企业实际情况出发，以建立健全产权清晰、权责明确、政企分开、管理科学的现代企业制度为方向，积极适应国有企业改革的新形势新要求，坚持党的领导、加强党的建设，完善体制机制，依法规范权责，根据功能分类，把握重点，进一步健全各司其职、各负其责、协调运转、有效制衡的国有企业法人治理结构。

一、国有企业公司治理优化的基本原则

（一）坚持深化改革

尊重企业市场主体地位，遵循市场经济规律和企业发展规律，以规范决策机制和完善制衡机制为重点，坚持激励机制与约束机制相结合，体现效率原则与公平原则，充分调动企业家积极性，提升企业的市场化、现代化经营水平。

（二）坚持党的领导

落实全面从严治党战略部署，把加强党的领导和完善公司治理统一起来，明确国有企业党组织在法人治理结构中的法定地位，发挥国有企业党组织的领导作用，保证党组织把方向、管大局、保落实。坚持党管干部原则与董事会依法选择经营管理者、经营管理者依法行使用人权相结合，积极探索有效实现形式，完善反腐倡廉制度体系。

（三）坚持依法治企

依据《中华人民共和国公司法》《中华人民共和国企业国有资产法》等法律法规，以公司章程为行为准则，规范权责定位和行权方式；法无授权，任何政府部门和机构都不得干预企业正常生产经营活动，实现深化改革与依法治企的有机统一。

（四）坚持权责对等

坚持权利义务责任相统一，规范权力运行、强化权责对等，改革国有资本授权经营体制，深化权力运行和监督机制改革，构建符合国情的监管体系，完善履职评价和责任追究机制，对失职、渎职行为严格追责，建立决策、执行和监督环节的终身责任追究制度。

二、国有企业公司治理优化的主要目标

2017 年年底前，国有企业公司制改革基本完成。到 2020 年，党组织在国有企业法人治理结构中的法定地位更加牢固，充分发挥公司章程在企业治理中的基础作用，国有独资、全资公司全面建立外部董事占多数的董事会，国有控股企业实行外部董事派出制度，完成外派监事会改革；充分发挥企业家作用，造就一大批政治坚定、善于经营、充满活力的董事长和职业经理人，培育一支德才兼备、业务精通、勇于担当的董事、监事队伍；党风廉政建设主体责任和监督责任全面落实，企业民主监督和管理明显改善；遵循市场经济规律和企业发展规律，使国有企业成为依法自主经营、自负盈亏、自担风险、自我约束、自我发展的市场主体。

三、国有企业公司各治理主体的建设

健全以公司章程为核心的企业制度体系，充分发挥公司章程在企业治理中的基础作用，依照法律法规和公司章程，严格规范履行出资人职责的机构（以下简称出资人机构）、股东会（包括股东大会，下同）、董事会、经理层、监事会、党组织和职工代表大会的权责，强化权利责任对等，保障有效履职，完善符合市场经济规律和我国国情的国有企业法人治理结构，进一步提升国有企业运行效率。

（一）理顺出资人职责，转变监管方式

（1）股东会是公司的权力机构。股东会主要依据法律法规和公司章程，通过委派或更换董事、监事（不含职工代表），审核批准董事会、监事会年度工作报告，批准公司财务预决算、利润分配方案等方式，对董事会、监事会以及董事、监事的履职情况进行评价和监督。出资人机构根据本级人民政府授权对国家出资企业依法享有股东权利。

（2）国有独资公司不设股东会，由出资人机构依法行使股东会职权。以管资本为主改革国有资本授权经营体制，对直接出资的国有独资公司，出资人机构重点管好国有资本布局、规范资本运作、强化资本约束、提高资本回报、维护资本安全。对国有全资公司、国有控股企业，出资人机构主要依据股权份额通过参加股东会议、审核需由股东决定的事项、与其他股东协商作出决议等方式履行职责，除法律法规或公司章程另有规定外，不得干预企业自主经营活动。

（3）出资人机构依据法律法规和公司章程规定行使股东权利、履行股东义务，有关监管内容应依法纳入公司章程。按照以管资本为主的要求，出资人机构转变工作职能、改进工作方式，加强公司章程管理，清理有关规章、规范性文件，研究提出出资人机构审批事项清单，建立对董事会重大决策的合规性审查机制，制定监事会建设、责任追究等具体措施，适时制定国有资本优先股和国家特殊管理股管理办法。

（二）加强董事会建设，落实董事会职权

（1）董事会是公司的决策机构，对股东会负责，执行股东会决定，依照法定程序和公司章程授权决定公司重大事项，接受股东会、监事会监督，认真履行决策把关、内部管理、防范风险、深化改革等职责。国有独资公司依法落实和维护董事会行使重大决策、选人用人、薪酬分配等权利，增强董事会的独立性和权威性，落实董事会年度工作报告制度；董事会与党组织充分沟通，有序开展国有独资公司董事会选聘经理层试点，加强对经理层的管理和监督。

（2）优化董事会组成结构。国有独资、全资公司的董事长、总经理原则上分设，均为内部执行董事，定期向董事会报告工作。国有独资公司的董事长作为企业法定代表人，对企业改革发展负首要责任，及时向董事会和国有股东报告重大经营问题和经营风险。国有独资公司的董事对出资人机构负责，接受出资人机构指导，其中外部董事人选由出资人机构商有关部门提名，并按照法定程序任命。国有全资公司、国有控股企业的董事由相关股东依据股权份额推荐派出，由股东会选举或更换，国有股东派出的董事积极维护国有资本权益；国有全资公司的外部董事人选由控股股东商其他股东推荐，由股东会选举或更换；国有控股企业有一定比例的外部董事，由股东会选举或更换。

（3）规范董事会议事规则。董事会严格实行集体审议、独立表决、个人负责的决策制度，平等充分发表意见，一人一票表决，建立规范透明的重大事项信息公开和对外披露制度，保障董事会会议记录和提案资料的完整性，建立董事会决议跟踪落实以及后评估制度，做好与其他治理主体的联系沟通。董事会设立提名委员会、薪酬与考核委员会、审计委员会等专门委员会，为董事会决策提供咨询，其中薪酬与考核委员会、审计委员会应由外部董事组成。改进董事会和董事评价办法，完善年度和任期考核制度，逐步形成符合企业特点的考核评价体系及激励机制。

（4）加强董事队伍建设。开展董事任前和任期培训，做好董事派出和任期管理工作。建立完善外部董事选聘和管理制度，严格资格认定和考试考察程序，拓宽外部董事来源渠道，扩大专职外部董事队伍，选聘一批现职国有企业负责人转任专职外部董事，定期报告外部董事履职情况。国有独资公司健全外部董事召集人制度，召集人由外部董事定期推选产生。外部董事与出资人机构加强沟通。

（三）维护经营自主权，激发经理层活力

（1）经理层是公司的执行机构，依法由董事会聘任或解聘，接受董事会管理和监事会监督。总经理对董事会负责，依法行使管理生产经营、组织实施董事会决议等职权，向董事会报告工作，董事会闭会期间向董事长报告工作。

（2）建立规范的经理层授权管理制度，对经理层成员实行与选任方式相匹配、与企业功能性质相适应、与经营业绩相挂钩的差异化薪酬分配制度，国有独资公司经理层逐步实行任期制和契约化管理。根据企业产权结构、市场化程度等不同情况，有序推进职业经理人制度建设，逐步扩大职业经理人队伍，有序实行市场化薪酬，探索完善中长期激励机制，研究出台相关指导意见。国有独资公司积极探索推行职业经理人制度，实行内部培养和外部引进相结合，畅通企业经理层成员与职业经理人的身份转换通道。开展出资人机构委派国有独资公司总会计师试点。

（四）发挥监督作用，完善问责机制

（1）监事会是公司的监督机构，依照有关法律法规和公司章程设立，对董事会、经理层成员的职务行为进行监督。提高专职监事比例，增强监事会的独立性和权威性。对国有资产监管机构所出资企业依法实行外派监事会制度。外派监事会由政府派出，负责检查企业财务，监督企业重大决策和关键环节以及董事会、经理层履职情况，不参与、不干预企业经营管理活动。

（2）健全以职工代表大会为基本形式的企业民主管理制度，支持和保证职工代表大会依法行使职权，加强职工民主管理与监督，维护职工合法权益。国有独资、全资公司的董事会、监事会中有职工董事和职工监事。

建立国有企业重大事项信息公开和对外披露制度。

（3）强化责任意识，明确权责边界，建立与治理主体履职相适应的责任追究制度。董事、监事、经理层成员遵守法律法规和公司章程，对公司负有忠实义务和勤勉义务；将其信用记录纳入全国信用信息共享平台，违约失信的按规定在“信用中国”网站公开。董事出席董事会会议，对董事会决议承担责任；董事会决议违反法律法规或公司章程、股东会决议，致使公司遭受严重损失的，依法追究有关董事责任。经理层成员违反法律法规或公司章程，致使公司遭受损失的，依法追究有关经理层成员责任。执行董事和经理层成员未及时向董事会或国有股东报告重大经营问题和经营风险的，依法追究相关人员责任。企业党组织成员履职过程中有重大失误和失职、渎职行为的，按照党组织有关规定严格追究责任。按照“三个区分开来”的要求，建立必要的改革容错纠错机制，激励企业领导人员干事创业。

（五）坚持党的领导，发挥政治优势

（1）坚持党的领导、加强党的建设是国有企业的独特优势。明确党组织在国有企业法人治理结构中的法定地位，将党建工作总体要求纳入国有企业章程，明确党组织在企业决策、执行、监督各环节的权责和工作方式，使党组织成为企业法人治理结构的有机组成部分。充分发挥党组织的领导作用，领导企业思想政治工作，支持董事会、监事会、经理层依法履行职责，保证党和国家方针政策的贯彻执行。

（2）充分发挥纪检监察、巡视、审计等监督作用，国有企业董事、监事、经理层中的党员每年定期向党组（党委）报告个人履职和廉洁自律情况。上级党组织对国有企业纪检组组长（纪委书记）实行委派制度和定期轮岗制度，纪检组组长（纪委书记）坚持原则、强化监督。纪检组组长（纪委书记）可列席董事会和董事会专门委员会的会议。

（3）积极探索党管干部原则与董事会选聘经营管理人员有机结合的途径和方法。坚持和完善双向进入、交叉任职的领导体制，符合条件的国有企业党组（党委）领导班子成员可以通过法定程序进入董事会、监事会、经理层，董事会、监事会、经理层成员中符合条件的党员可以依照有关规定和程序进入党组（党委）；党组（党委）书记、董事长一般由一人担任，推进中央企业党组（党委）专职副书记进入董事会。在董事会选聘经理层成员工作中，上级党组织及其组织部门、国有资产监管机构党委应当发挥确定标准、规范程序、参与考察、推荐人选等作用。积极探索董事会通过差额方式选聘经理层成员。

[案例一]

中国特色现代国有企业制度
铺就新兴际华集团有限公司的“新兴之路”

新兴际华集团有限公司（以下简称“新兴际华”）作为规范董事会建设和落实董事会职权试点的中央企业之一，完善以规范高效董事会为核心的现代企业制度，走上了快速发展的“新兴之路”。成为全球最强最大的铸管生产研发基地，国内最大的钢格板和后勤军需品、职业装、职业鞋靴生产研发基地，在2016年世界500强中位列第318位。

一、坚持“一个结合”，完善治理结构

在治理结构上，坚持加强党的领导和完善公司治理有机结合。

一是党组织地位明确化。坚持党对国有企业的领导这一重大政治原则不动摇，不仅在集团公司层面，同时严格要求所属全资及控股企业落实，将党建工作纳入章程，明确和落实党组织在公司法人治理结构中的法定地位。

二是权责范围清单化。从源头梳理经营管理各环节，列出了5方面39大类108项权力和权限清单，在包括董事会、党委会、经理层在内的公司治理各要素之间，做到没有真空地带、没有重叠交叉。实现了“隐蔽的权力公开化、集中的权力分散化”，特别是在用人、花钱的问题上，做到“用人交给市场、花钱交给制度”。

三是外董作用实效化。充分发挥外部董事“经营老师、决策专家、沟通

桥梁”作用，有效提升科学决策水平，近三年来董事会批准了78个投资项目，目前有33个项目已完成，30个项目已开工，建成项目项项见效。同时及时中止并退出了16个已批准但不再具备推进条件的项目，没有造成损失。

二、实行“三级共建”，深化三级管控体系

在管控体系上，实行集团、二级板块和三级企业“三级共建”，层层扎根、层层贯彻。

一是治理结构层层规范化。集团公司董事会是董事会建设的核心，重点是抓战略、抓方向、抓程序、抓风险控制，推动公司改革发展；二级集团（公司）董事会是集团董事会职能的纵向延伸，抓战略分解、落实，推动板块的专业化管理、集约化经营和结构调整；三级公司董事会是二级集团（公司）董事会职能的基本支撑，抓重点项目的实施和年度预算的落实，推动本企业进步。四个二级集团董事会共有董事34名，其中有24名外部董事或独立董事，占71%，均外部董事大于内部董事；所属141家三级企业有34家企业设立了董事会。

二是业绩考核与薪酬体系层层市场化。将人事权、考核权、薪酬权交给了各级董事会，薪酬执行和兑现情况逐级备案管理，由上级公司董事会统一监督。经营业绩考核结果与薪酬挂钩、与任免挂钩，能高能低、能上能下。凡是业绩考核指标未达70%及格线的企业总经理一律职务归零、一撤到底，从头（工程师或经济师）做起。近年来，各级领导人员中55人因业绩突出得到提拔；33人因业绩不佳被降职或免职。

三是风险管控体系层层精细化。对集团、二级板块、三级企业3个层级开展风险评估，从战略风险、财务风险、市场风险、运营风险、法律风险和廉政风险等6大方面、160项末级风险，按照重要程度和涉及范围由三个层级分别重点掌控，旬跟踪、月提示、季分析、年总结。

三、实现“三个突破”，助力企业改革发展

一是董事会选聘经理层实现新突破。作为董事会职权试点企业，积极落实国资委授予董事会的高管选聘权、业绩考核权、薪酬管理权，采取

“党组织推荐、董事会选择，市场化选聘、契约化管理”的办法，完成了集团公司总经理、经理层副职、全部二级公司经理层的市场化选聘工作，包括6名总经理、31名经理层副职；部分三、四级企业也进行了试点。

二是企业管控模式实现新突破。将资本经营与资产管理经营分开，形成定位清晰且职责明确的“集团公司将定位于战略投资中心，二级公司定位于运营管控中心；三级企业定位于生产经营中心”三级架构，实现向管资本的转型。

三是改革发展目标实现新突破。在不断完善的现代企业制度支撑下，启动新兴际华“第三次创业”，确定了站稳世界500强、提升央企50优、冲刺世界品牌500强，实现“做强做优做大、世界一流强企”的“十三五”发展目标。

［案例二］

招商局集团有限公司按“管资本”要求打造高效总部

招商局集团就国有资本投资运营有关问题进行系统研究，充分学习借鉴兄弟企业试点经验，认真制订试点方案，结合企业因地处香港而市场化程度较高、金融业务占比较高等特点和践行“一带一路”国际倡议的需要等，提出个性化授权建议。

一是积极加强总部能力建设。在坚持党的领导上，集团明确提出“四个绝不”（绝不因为是企业而特殊，绝不因地处香港而例外，绝不动摇党在企业的领导地位，绝不降低党建工作的要求和标准），全面贯彻落实中央要求，完成党建工作进章程，通过修订《党委工作制度》等，明确党委会、办公会、董事会审议事项清单和权责边界，落实党委会前置审议程序，实现了加强党的领导和公司治理结构的有机结合。

二是提升决策水平。集团建立完善了以集体决策为原则，以董事会分级分类授权为核心的决策机制，形成了董事会、经营层有效制衡的决策执行监督机制。2016年顺利召开了10次董事会会议，历次会议各个环节均严格遵守制度要求，尊重程序、不走过场，较好地实现了合规运作和依法行权，董事会的重大决策权得到充分落实，董事会规范运作的机制逐步健全。

三是优化总部职能。按照国有资本投资公司总部的核心职能定位，不断强化总部战略引领（Shaping）、风险管控（Safeguarding）和综合服务（Servicing）的“3S”管理职能，逐步构建精简高效、职责明确、运转快速、协调顺畅的组织架构体系。2015年，集团总部实施“大部制”改革，总部职能部门从13个减少到7个，管理资源和焦点向战略引领和风险管控等关键职能集中。2017年，集团对总部职能进行进一步调整优化，将具有支持性、服务性、事务性的工作职责进行剥离，成立信息中心、审计中心、创新研究中心等共享中心，以提供更加专业的服务，提高效率，增强协同。此项改革完成后，集团总部人员编制减少17%，人员压缩到200人以内，但“权威总部”“价值总部”“创新总部”的定位明显强化，管理效率显著提升。

四是调整管控模式。按照“管资本”要求，根据分类分级管控的原则，对绝对控股公司采用战略管控模式，对相对控股公司采用财务管控模式，建立战略层层分解、权力层层授予、责任层层落实的分级授权经营体系。总部持续加大对二级公司及其董事会的放权和授权力度，2015—2016年总部累计调整下放投资管理、人事管理等方面关键权力39项，二级公司在投资、融资、工资总额等环节的自主权进一步扩大，市场主体地位进一步强化。

五是加强监督防止国有资产流失。高度重视强化企业内部监督体系，充分发挥风控、法律和内部审计职能作用，提升风险管控“三道防线”作用，营造大监督格局，为改革保驾护航。在风控工作上加强集团重点单位重大风险应对管控；在法律工作上关注集团重大法律诉讼案件的风险化解；内部审计方面强化对重要部门和岗位的监督，建立对企业负责人“逢离必审”机制，聚焦任期内的“三重一大”事项和个人廉洁问题。建立审计部门向董事会负责工作机制。定期向董事会及其审计委员会汇报审计工作开展情况以及工作计划，强化审计委员会的监督作用。

第四章　国有企业人事劳动和薪酬制度改革研究

国有企业人事劳动和薪酬三项制度改革是完善现代企业制度的重要组成部分，是改革的重点和难点，也是企业加强和改进管理、转换经营机制的重要基点。根据企业发展需要，不断推进人事劳动和薪酬三项改革深化和创新，建立健全管理人员能上能下、员工能进能出、收入能增能减的机制，有利于充分激发人的活力和创造力，增强企业的市场应变能力，提升企业管理水平和发展水平。

第一节　国有企业劳动用工制度

国有企业用工规模较大，用工构成复杂，存在多种用工形式，在促进社会就业、维护劳动关系和谐稳定中发挥着重要作用。建立科学合理的劳动用工管理模式，有利于充分调动各类用工的积极性与主动性，吸引和稳定核心骨干人才，保持企业的活力和竞争力，促进企业健康、稳定、持续发展。

一、企业劳动用工制度相关理论

用工制度，是指企业在使用劳动并对劳动力进行招收、录用、工作期限、工作分配等方面所实行的有关制度的总称，建立、变更、终止、解除劳动关系的基本制度，包含职工的招收、录用、调配、辞职、辞退等内容。用工制度的实质就是企业单位和职工以一定的方式确立某种性质的劳动关系问题，本质上属于劳动关系范畴，劳动价值论、劳资关系理论、劳动经济学理论和人力资源管理理论对此均有研究。

（一）劳动价值论理论

劳动价值论是马克思关于劳动创造商品价值及商品生产、交换遵循价值规律的理论，主要包括商品及商品的二重性、劳动的二重性、价值规律、价值量与劳动生产率的关系等内容。

商品具有二重性，即价值和使用价值。使用价值是商品的自然属性，是构成财富的物质内容。价值是商品的社会属性，是凝结在商品中无差别的人类劳动。商品是价值和使用价值的统一，二者缺一不可。即商品必须是凝结人类劳动且对人们有用的价值的产品，否则就不可以称之为商品。

生产商品的劳动具有二重性，即具体劳动和抽象劳动。一切劳动，皆一方面是人类劳动力在生理学意义上的耗费，就相同的或抽象的人类劳动这个属性来说，它形成商品价值；另一方面是人类劳动在特殊的有一定目的的形式上的耗费，就具体的有用的劳动这个属性来说，它是生产使用价值。

价值规律是商品生产和交换的基本经济规律，是人类从事一切经济活动都必须遵循的客观规律，是不以人类意志为转移的基本经济规律。其基本内容是：商品价值量是由生产这种商品的社会必要劳动时间决定的，商品交换按照等价交换原则进行。

（二）劳资关系理论

劳资关系是指劳动方与雇佣方（资方）之间的各种权利与义务关系，一般通过劳动契约来建立。劳资关系涉及两个主体，一个主体是劳动方，受雇主雇佣以获取工资；另一主体是资方，通过雇佣获取对方的劳动力，以付出工资为代价。当劳资关系发生矛盾时，还需要第三方（一般是政府）进行协调。

劳资关系是一种极其复杂的社会经济关系，可以看作是劳资双方之间的合作与冲突关系，其好坏关系到资本与劳动力之间能否实现高效结合。坏的劳资关系会诱发大量的交易成本，例如罢工、冲突等，会扰乱社会经济秩序；好的劳资关系则会降低交易成本，提高企业的经济效益。相对成熟的劳资关系理论开始于20世纪40年代前后，其中新古典主义劳资关系、新制度主义劳资关系较为典型。

新古典主义即新保守主义，认为市场是决定就业状况及劳资关系的关键性因素，雇主与雇员之间遵循自由、平等的交换关系。对政府和工会的作用都是否定的，主张实行自由放任的劳动政策，即政府应该当好“守夜人”的角色，减少对裁员、工资、福利等问题的调节；而工会则会干扰雇主与雇员之间的自由交易，具有提高工资、减少劳动力供给的倾向，反而会使劳动力市场失衡。

新制度主义，又称多元论学派，占据现代劳资关系理论的主流位置。认为雇佣关系中存在着固有的矛盾，即雇主与雇员之间的冲突。雇主要求降低劳动力成本、增强灵活性、提高生产率，而雇员希望提高工资、保障安全、就业稳定等，这二者之间的冲突是难以通过劳动力市场解决的。劳动力市场本身就不完善，从而造成劳方和资方谈判力的不平衡，劳方势单力薄，很难与强大的雇主之间形成抗衡。该学派主张冲突的解决需要建立一套各方均能接受的程序和制度，保证各方通过谈判和妥协来达成共识，而政府法定监管和工会就是平衡冲突的重要治理机制。政府可以通过制定相关的政策法规来约束雇主、保护工人；而工会能够形成集体谈判、集体行动的力量，提供发言权，有平衡劳工和管理方之间的谈判能力。当前，美国、英国等西方发达国家的主流观点与新制度主义观点相近。

（三）劳动经济学理论

劳动经济学是以劳动力价格及其影响因素为中心，研究劳动关系及其发展规律是以实现劳动力资源优化配置的科学。研究的内容主要包括劳动力需求、劳动力供给、劳动力价格与劳动力市场运行。

劳动力需求是指雇佣者在一定时期内，在某个工资水平下愿意而且能够雇佣到的劳动力数量。劳动力需求是对物质和服务产品的派生需求，不是雇佣者主观所能决定的，而是由市场价格机制引导，其价格表现为工资水平。边际生产率理论是劳动力需求理论主要的理论基础。按照边际生产率理论，只要边际收益大于边际成本，雇佣者就会增加劳动力需求，直至实现边际收益等于边际成本，实现企业利润的最大化。一般来说，劳动力需求包括企业需求、行业需求与市场需求。劳动力需求的主体是企业，行业需求是企业劳动力需求的总和，而市场需求是各个行业企业劳动力需求的总和。在劳动力需求理论中，有一些基本假设，包括对生产技术的假设（是否变化）、组织目标假设（利润最大化、产量最大化还是人均产量或利润最大化）、市场环境假设（完全竞争、垄断竞争、寡头垄断还是完全垄断)、劳动是否具有异质性等等。

劳动力供给是指劳动力供给主体在特定的条件下愿意并且能够出让存在于主体之中的劳动力使用权。影响劳动力供给的因素，一般来说包括教育制度及供给规模、工资政策及工资关系、工资水平、社会保障制度、社会宏观经济状况、社会文化风俗等多种因素。与劳动力需求分析相似，在分析劳动力供给时坚持的是效用最大化的原理，如果边际效用大于边际收益，则增加供给，否则，则减少供给。当边际效用等于边际成本时，效用实现了最大化，也就达到了最优供给水平。

劳动力的市场影响。可分为微观和宏观两个层面。劳动力对宏观经济的影响研究主要集中在失业与通货膨胀、劳动管制与宏观经济绩效、劳动力与经济增长、失业与劳动力短缺等方面。劳动力对市场的微观影响研究主要集中在薪酬、福利、劳动时间、培训等微观因素对劳动力市场均衡及决策的影响等方面。

非市场因素的影响。劳动力市场经常会受到政府、工会等非市场因素的影响，例如最低工资制度、工资刚性等。按照新古典经济学的理论，非市场因素会扰乱市场，导致市场低效。但是，现实中的市场并不是完全竞争的，存在严重的信息不对称与机会主义行为，因此政府管制要具有一定的合理性。

（四）人力资源管理理论

人力资源管理理论主要是建立在“人本主义”的管理哲学上，其目标是“通过有效地开发和管理人力资源，使组织的绩效和个人的满意度达到最大化”，即谋求雇主与雇员共同利益的最大化①。

现代人力资源管理理论在一定程度上拒绝承认雇佣关系中存在普遍的或不可克服的利益冲突，认为雇主和雇员之间存在多方面的利益共同点。

---

① 杰克逊，舒勒，范海滨．人力资源管理：从战略合作的角度（第8版）[M]．北京：清华大学出版社，2005.

雇主与员工之间的冲突，根源在于企业内部管理不善、缺乏对话。只要通过有效的管理和实践，如工作和组织设计、员工的培训和开发、企业文化塑造等，就可以有效地协调雇主与雇员之间的利益。因此，工会和政府干预都是不必要的约束，这二者都会妨碍企业的管理，使企业偏离应有的管理模式。

激励可以充分调动职工的积极性与创造性，稳定及强化其预期，提高生产效率。因此，需要通过物质与精神手段对职工需求进行满足或承诺，采用正确的激励类型（物质与精神、正激励与负激励、内部与外部激励），确定好激励的程度、时机和频率，采取合理的激励方式，激励职工努力工作，实现企业目标。

每个企业都有自己相对独特的企业或组织文化，体现了整个企业的价值观，具有导向、约束、激励、凝聚等多种功能，有利于形成企业强大的凝聚力，有助于吸引人才、留住人才，提升企业的核心竞争力。

人力资源管理的各要素都处于动态的变化之中，应当用发展的眼光来看待人力资源管理中的各项问题。人与事、人与岗位之间的不适应与适应都是相对的。随着社会经济文化的不断发展，职工对于自己的知识与学习日益重视。通过持续的培训与自我学习，职工可以胜任之前无法承担的岗位及任务。同样，原本适应的职工也可能由于内外部环境的变化而不再胜任。在人力资源管理中，对人员的配置要坚持动态原则，及时了解和调整人员岗位，实现人员与岗位的动态平衡。

二、我国国有企业劳动用工制度历史沿革

我国国有企业劳动用工模式的演进与国企改革进程密切相关，并随进程深入而不断发展。

（一）计划经济体制下的固定工模式阶段（1949—1978 年）

改革开放前，国营企业实行“充分就业”“统包统配”的国家用工制度，即固定工制度。劳动者一旦经国家各级劳动人事部门正式分配、安排

招收录用到国营企业事业单位工作，便终身为国家职工。国营企业实际上对职工做出了不会失业和提供福利保障的承诺。这种“大锅饭”机制解决了“人人都有饭吃”的问题，却使国有企业冗员充斥，管理者和劳动者缺乏积极性，企业的社会负担过重，没有创新和活力，生产效率低下，严重地阻碍了我国经济的发展。

（二）经济体制改革中的市场化用工模式阶段（1979 年至今）

1978 年开启了我国渐进式经济体制改革的进程，在这样的大背景下，国有企业市场化用工制度改革逐步展开，经历了三个阶段。

1. 多渠道用工的固定工制（1978—1984 年）

政府提出在国家统筹规划和指导下，实行劳动部门介绍就业、自愿组织起来就业和自谋职业相结合的“三结合”方针。同时，结合企业扩权改革试点，加强对新招收工人的管理。其中《关于招工考核择优录用的暂行规定》（1983）对招工实行的范围、考核的内容、择优的标准、录用审批等均做出了规定。《关于企业职工要求“停薪留职”问题的通知》（1983）也明确在妥善管理的基础上，允许企业固定工保留工作关系，“停薪留职”从事个体经营活动。这些政策只是通过积极组织和动员各种力量来共同解决社会就业问题，并未涉及国营企业用工模式改革，劳动者对国家和企业的依附关系没有得到深层改变。

2. 内部双轨制用工阶段（1984—1993 年）

随着国企改革的进一步推进，劳动用工制度改革已逐步从传统的计划经济体制用工模式向市场经济用工模式转变，呈现制度转轨的特征，开始实行内部双轨制，即固定工与劳动合同工并存。陆续发布了《关于认真执行改革劳动制度几个规定的通知》《国营企业实行劳动合同制暂行规定》《国营企业辞退职工暂行规定》《国营企业职工待业保险暂行规定》《国营企业招用工人暂行规定》等一系列政策规定。自 1986 年起，国营企业在招用职工时，统一实行劳动合同制，以书面形式明确双方的权责利。但是《国营企业实行劳动合同制暂行规定》明确只在新招收的工人中实行劳动合同制，原有职工仍维持原来固定工制度不变，由此在企业形成了“内部双轨制”的用工模式。1992 年，国家发布《关于扩大试行全员劳动合同制的通知》，着手推行全员劳动合同制工作，明确扩大全员劳动合同制的地区、企业范围、社会保险待遇等内容；《关于实施 < 全民所有制工业企业转换经营机制条例 > 的意见》（1993）对企业用工自主权也提出 10 项可操作性规定。这一时期的改革已涉及企业的产权关系、经营权关系和劳权关系，劳动关系双方的利益主体身份逐渐明晰。

3. 市场化多元用工阶段（1993 年至今）

《中共中央关于建立社会主义市场经济体制若干问题的决定》（1993）、《关于建立社会主义市场经济体制时期劳动体制改革总体设想》（1993）、《中华人民共和国劳动法》（1994）、《关于全面实行劳动合同制的通知》（1994）标志着国企改革进入了以“建立现代企业制度与产权制度、全面深化改革、调整国有经济布局、构建新的国资监管体制”为目标的新阶段，要求国有企业在各地区、各行业全面推行劳动合同制工作。

国有企业劳动关系的确立也由行政手段向契约手段转变，劳动关系的管理也逐步纳入法制化轨道。20 世纪 90 年代后期，国企改革实行减员增效、下岗分流，大量的劳动者解除原有的劳动关系进入劳动力市场，再以临时工、劳务工、合同工等市场化形式重新进入国有企业和其他所有制企业。21 世纪初，国有企业又借鉴了一些外资企业、民营企业的做法，引入了劳务派遣等新的用工形式。

三、我国国有企业劳动用工制度改革方向

加快推进国有企业和用工制度的改革，引导并督促国有企业通过制度创新，建立新型企业用工制度，既能体现国有企业的本质属性，又符合市场化改革的基本方向和现代企业制度的要求，符合劳动立法保护精神，实现劳动群众体面劳动、促进社会公平正义。对于目前国有企业员工管理上

存在的问题，可以探索实行“老人老办法，新人新办法”，推进市场化用工制度。

（一）健全完善合同管理制度

合同管理是市场化用工管理制度的核心，也是国有企业用工制度改革过程中的重中之重。建立健全劳动合同管理制度，完善管理手段，依法做好劳动合同变更、续订、终止、解除等各项工作，对劳动合同实行动态管理。职工劳动合同期满，企业应根据考核情况和企业生产经营需要，择优与职工续签劳动合同。合同管理带来全员聘用制，用人单位对聘期内员工的绩效实施年度考核，根据绩效结果决定员工的续聘和解聘。根据劳动合同和绩效考核的结果，建立员工退出制度，真正做到打开出口，畅通员工退出通道，使员工能进能出。

（二）完善岗位管理制度

岗位管理是市场化用工制度的基础，要严格定岗定编定员，以岗位管理为核心优化劳动组织结构，根据公司生产经营需要和组织的职能职责科学设置岗位，依据战略发展规划和年度的生产经营目标对岗位进行分析，测定岗位工作量，合理确定年度“三定”方案，严格控制人员增长，减员增效，不断改善人员的结构和素质。实行岗位准入制度，明确各类岗位人员的聘用条件，把好人员入口关。加强敏感岗位管理，尽量做到领导人员亲属回避和工作人员定期轮换。通过组织调整、管理提升、信息化工具应用等方式，减少管理层级，简化管理程序，削减管理职数，合理化薪酬分配制度，把管理人员向一线导入，实现单位内部员工队伍结构的合理优化配置。

（三）建立分级分类的企业员工市场化公开招聘制度

切实做到信息公开、过程公开、结果公开。建立健全企业各类管理人员公开招聘、择优聘用、竞争上岗等制度，对特殊管理人员可以通过委托人才中介机构推荐等方式，拓宽选人用人视野和渠道。通过制度手段和内外部监督切实保证招聘工作的公开公正。市场公开招聘员工队伍增量，要严把“入口关”，真正引进符合岗位需要的高素质优秀人才。

（四）构建人才培养体系，健全完善职工培训制度

企业要形成培训与考核、使用、待遇相结合的激励机制。坚持“先培训后上岗”的制度，大力开展职工岗前培训，完善培训内容和体系的建立，提高培训质量。加强职工在岗、转岗培训，提高职工素质，增强职工创新能力，使职工在国企内不断成长，竞争力不断提升。

第二节　国有企业领导人员管理

国有企业领导人员管理工作，是企业人事制度的核心。建设一支高素质的国有企业领导人员队伍，关系国有企业改革发展全局。国有企业领导人员作为党管干部原则的重要体现，与我国干部管理工作密切相关。

一、我国国有企业领导人员管理体制的历史沿革

（一）改革开放之前

中华人民共和国成立后，我国国有企业推行“生产行政工作上的厂长负责制”。1961 年颁布的《国营工业企业工作条例（草案）》规定，在国营工业企业中实行党委领导下的行政管理上的厂长负责制，主要是把党的集体领导和个人负责结合起来，党政主要领导一般由一人兼任，规定党委是企业的领导核心，由企业党委讨论并决定企业的重大问题。所有干部都按照党政机关干部的单一模式进行集中管理，国有企业领导人员同样如此，具有高度的集权性、组织性和政府性。

（二）改革开放后的探索

改革开放以来，中央决定逐步恢复党委领导下的厂长负责制和企业民主管理制度，《关于加快工业发展若干问题的决定（草案）》（1978）、《国营工厂厂长工作暂行条例》（1982）、《国营工业企业暂行条例》（1983）、

《全民所有制工业企业厂长工作条例》（1986）、《全民所有制工业企业职工代表大会条例》（1986）和《中华人民共和国全民所有制工业企业法》（1988）等明确提出，建立健全党委领导下的厂长分工负责制。

国有企业实行党委集体领导、职工民主管理、厂长行政指挥。除国务院另有规定外，厂长由政府主管部门根据企业的情况决定采取政府主管部门委任或者招聘方式产生，或者通过企业职工代表大会选举方式产生。厂长领导企业的生产经营管理活动，决定企业行政机构的设置；任免或者聘用、解除企业的中层行政领导干部；提请政府主管部门任免或者聘任、解聘副厂级行政领导干部。

（三）建立社会主义市场经济体制和现代企业制度以来

中央明确建立社会主义市场经济体制以来，根据《公司法》（1994）、《中共中央组织部关于在现代企业制度百家试点企业中加强和改进党的工作意见（试行）》（1996）、《关于国有企业改革和发展若干重大问题的决定》（1999）等，国有企业加快建立现代企业制度，深化企业内部人事制度改革，完善选人用人机制，逐步建立符合企业特点的现代企业人事制度。

企业党组织发挥政治核心作用，坚持党管干部原则，根据干部管理权限，管理有关企业经营管理人员。推进双向进入、交叉任职，企业党委成员按照法定程序进入董事会、监事会。把党管干部原则和董事会依法选择经营管理者以及经营管理者依法行使用人权结合起来，把组织考核和引入市场机制、公开向社会招聘结合起来，适应现代企业制度要求创新选人用人机制。2003年国务院国资委成立后，在中央企业开始进行国有独资公司建立和完善董事会试点等工作，并探索推进董事会依法选聘经营管理者。

二、我国国有企业领导人员管理现状

（一）国有企业领导人员构成

根据《中央企业领导人员管理暂行规定》，中央企业的领导人目前包括：设立董事会企业的董事长、副董事长、董事（不含外部董事、职工董事），总经理（总裁）、副总经理（副总裁）、总会计师；未设立董事会企业的总经理（总裁、院长、所长、局长、主任）、副总经理（副总裁、副院长、副所长、副局长、副主任）、总会计师；企业党组（党委）书记、副书记、党委常委（党组成员），纪委书记（纪检组组长）。国有企业领导人员参照此规定执行。

（二）国有企业领导人员的管理

国有企业领导人员可以采用组织选拔、公开招聘、竞争上岗等方式；任用中央企业管理人员，可以采取委任制、聘任制、选任制。

企业领导人员的综合考核评价，以年度考核评价为基础，任期考核评价为重点。考核标准主要包括政治素质、业务能力、工作实绩、勤勉尽责和廉洁自律等。考核采用企业内部民主测评、上级管理部门评价、监事会评价等多维度测评相结合。

中央企业负责人的薪酬由基本年薪、绩效年薪、任期激励收入构成，同时将“五险一金”等福利保障待遇一并纳入薪酬体系统筹管理。

三、改进国有企业领导人员管理机制

国有企业领导人员是党在经济领域的执政骨干，是治国理政复合型人才的重要来源，肩负着经营管理国有资产、实现保值增值的重要责任。国有企业经营管理者素质高低，企业领导班子建设状况如何，直接影响到国有企业的前途命运，建设坚强有力的国有企业领导班子和高素质的经营管理者队伍，是保证国有企业改革发展的关键因素。

按照“对党忠诚、勇于创新、治企有方、兴企有为、清正廉洁”的要求，全面加强国有企业领导班子建设。坚持党管干部原则和发挥市场机制作用相结合，把在实践中成长起来的优秀人才选拔到国有企业重要领导岗位上来。对国有企业领导人员既要从严管理，又要关心爱护，树立正向激励的鲜明导向，让他们放开手脚干事，甩开膀子创业。

加强和改进国有企业领导人员管理，要在坚持党管干部原则的前提下，突出“分类分层”管理。要坚持党管干部原则与董事会依法产生、董事会依法选择经营管理者以及经营管理者依法行使用人权相结合，创新党管干部原则有效实现形式，广开推荐渠道，依规考察提名，依法履行程序，根据不同企业类别和层级，实行选任制、委任制、聘任制等不同选人用人方式。积极探索职业经理人制度，扩大选人用人视野，实行内部培养和外部引进相结合，合理增加市场化选聘比例，推行企业经理层任期制和契约化管理，严格任期管理和目标考核，加快建立市场化退出机制。

完善国有企业领导人员考核评价体系。根据企业特点，改进考核内容、考核方法和成果运用。坚持和完善对企业领导班子的定期考核制度，实行年度考核和任期考核，推进分类考核。对董事会成员，完善年度和任期考核制度，逐步形成符合企业特点的考核评价体系及激励机制。实行以国有资产保值增值和重大投资经营决策责任为主要内容的考核。对经理层成员，实行以经营目标责任为主要内容的考核，并按岗位分工落实个人责任。对党委成员，实行以企业党建责任制为主要内容的考核，并按党内分工落实个人责任。

完善国有企业领导人员激励机制。对国有企业领导人员实行与选任方式相匹配、与企业功能性质相适应、与经营业绩相挂钩的差异化薪酬分配方法。对党中央、国务院和地方党委、政府及其部门任命的国有企业领导人员，合理确定基本年薪、绩效年薪和任期激励收入。对市场化选聘的职业经理人实行市场化薪酬分配机制，可以采取多种方式探索完善中长期激励机制。

坚持统筹兼顾，合理确定企业负责人薪酬水平。无论对组织任命的国有企业负责人，还是对市场化选聘的职业经理人，都要在综合考虑有关群体工资水平的基础上，合理确定其薪酬水平，推动形成企业负责人与企业职工之间的合理工资收入分配关系，调节不同企业负责人之间的薪酬差距，促进社会公平正义。

四、探索推进职业经理人制度[①]

（一）国外职业经理人制度有关情况

1. 国外职业经理人制度的产生与发展

职业经理人制度最早产生于美国。20 世纪 30 年代，美国兴起“经理革命”，即经理人替代公司所有者成为决策者，公司控制权转移到职业化的经理阶层。随着资本主义市场经济的快速发展，美国相继出现了股份制、债券等多种筹资形式，投资主体多元化、分散化的现代公司制企业开始出现。股权分散化导致投资者之间难以达成一致决策，他们更加需要通过职业化、专业化的代理人进行决策和平衡，因此具有较高专业素质和职业素养的经理人成为公司竞相追逐的资源，这极大地促进了职业经理人制度在美国的快速发展，“经理控制型”企业制度模式和“经理控制型企业”开始广泛形成。

20 世纪 60 年代起，职业经理人市场兴起，职业经理人制度基本成熟。随着“经理革命”的完成，发达国家大部分企业都开始采用“经理控制型”制度，尤以美国公众化公司的 CEO 体制最为典型。公司治理理论、委托代理理论、契约理论、人力资本理论、战略人力资源管理理论等研究成果大量涌现。猎头公司、培训机构等中介组织在职业经理人市场中扮演了越来越重要的角色，职业经理人市场逐渐成熟。许多优秀的公司在实践中形成了一套较为规范的职业经理人选拔、任用、考核、培养、激励、约束机制和规则。职业经理人群体得到了社会的广泛认可，涌现出越来越多优秀的职业经理人。

2. 职业经理人制度的主要理论观点

一是职业经理人内涵界定方面。职业经理人与企业所有者是依据契约建立的委托代理关系。杰森（Jensen）和莫克林（Meckling）指出职业经

---

① 重点参考了国务院国资委企业领导人员管理一局和中智人力资源管理咨询有限公司《中央企业建立职业经理人制度研究》等相关研究成果。

理人是“由于企业内部所有者和高层管理者之间的契约安排所产生的企业管理人员”。[①] 职业经理人将经营管理企业作为一项职业。钱德勒认为“以管理作为其终生职业并已经成为负责经营大型多单位企业的人就是职业经理”。[②] 马克斯·韦伯认为，“经理人员并不是掌管企业的所有者，而是通过正式考试或者教育和训练而获得的技术资格上岗，他们是专职的职业人员，他们遵守相关的不受个人情感影响的各项规章制度，而且这些规章制度普遍适用于各种情况”。职业经理人拥有较高的知识储备与能力素质。明茨伯格界定经理一般担任十种角色，即挂名首脑、领导者、联络者、信息接受者和传播者、发言人、企业家、故障排除者、资源分配者和谈判者等。因为承担的角色较多，所以对职业经理人的素质提出了较高要求。[③] 心理学和管理学围绕职业经理人的素质模型进行了大量研究，一般认为职业经理人应该具有丰富的经营管理知识、正直守信的道德情操、较强的领导力以及主动性、责任感等个性特征。职业经理人处于企业的最高端，具有稀缺性、价值性的特点。彼得·德鲁克认为“经理人是对其他人的工作负有重大责任的人，也是企业中最昂贵、折旧最快、最需要经常补充的一种资源”。[④] 萨伊认为，“职业经理是把经济资源从生产率较低和产量较少的领域转移到生产率较高和产量较大的领域的人。职业经理人产生的根本原因是企业在发展壮大过程中资本占有与经营才能的不对称，职业经理人作为一种特殊的人力资本是对企业家内部人力资源供给不足的有效补充”。[⑤]

二是职业经理人选聘方面。选聘方式上，战略人力资源管理权变理论

---

① Jensen M C, Meckling W H. The theory of the firm: managerial behavior, agency costs, and ownership structure[J]. Journal of Financial Economics, 1976 (10).

② 小艾尔弗雷德·D. 钱德勒. 看得见的手——美国企业的管理革命[M]. 北京：商务印书馆，1987.

③ 亨利·明茨伯格. 经理工作的性质[M]. 北京：中国社会科学出版社，1986.

④ 彼得·德鲁克. 卓有成效的管理者[M]. 上海：上海译文出版社，1999.

⑤ 萨伊. 政治经济学概论[M]. 北京：商务印书馆，1963.

的代表人物 Delery 和 Doty（1996）认为，选聘职业经理人应该与企业战略相适应。[①] 采用激进型战略的企业（例如开发新产品、扩大市场份额）往往应该采用基于内部选拔的方式；而采用防守型战略的企业（例如已经在考虑出售部分资产、压缩人工成本），应该采用更加灵活的人力资源雇佣政策。选聘标准上，素质模型理论的代表人物博雅茨认为，职业经理人的素质模型应该与雇佣企业的战略、文化和岗位任职资格相匹配，应该能够体现知识技能、领导力、管理潜能、个性等方面[②]。选聘手段上，美国劳工部提出，严格、精细化的心理测量技术是甄选合格职业经理人的有效手段。采用评价中心技术虽然成本较高，但是信度和效度很高，是甄选出合格职业经理人最有效的手段之一。

三是职业经理人薪酬激励方面。职业经理人作为一种特殊的人力资本，是职业经理人形成过程中所进行的教育、培训等人力资本投资的收益，这种收益（即薪酬水平）主要是由市场供求关系决定，在职业经理人相对短缺的市场，薪酬水平就会高，反之亦然。关于薪酬组成，整体薪酬理论（total rewards）认为，薪酬不应该只是金钱的概念，它应该是一个整体的回报。不仅包括传统意义上的现金收入、福利待遇、股票期权，也应该包括工作挑战性、办公环境，甚至还应该包括市场声誉等隐性因素，而且现金收入以外的因素激励作用会更大。关于激励方式方面，传统激励理论认为薪酬必须与绩效挂钩。为提升职业经理人和企业所有者利益一致性，舒尔茨（Stulz）认为最有效的手段就是让职业经理人拥有适当的持股权，这样可以缓和其与股东之间的利益冲突。此外，针对"如何规避职业经理人依据'剩余控制权'影响企业长期利益"，西方理论研究提出了薪

① Delery, J. E. and D. H. Doty(1996). Modes of theorizing in strategic human resource management: tests of universalistic, contingency, and configurations performance predictions. Academy of Mangement Journal 39(4).

② Richard E. Boyatzis. The competent manager: A model for effective – performance[M]. New York: John Wiley&Sons, 1982.

酬追索制度：如果职业经理人对企业所有者造成了利益损失，可以索取职业经理人的部分薪酬，以达到合理约束职业经理人的目的。

3. 关于国外职业经理人制度的简要分析

一是优势方面。职业经理人制度有利于优化公司治理结构。分权和制衡是公司治理结构的关键，也是公司制运作的基础。职业经理人制度有效实现了各种利益的制衡，职业经理人的契约化管理使得股东会、董事会、经理层之间的委托代理关系层层细化、层层有效，配合中长期激励和内外部监督约束，使得企业的所有者与经营者的利益保持一致，从而使得公司治理结构实现了股东会、董事会、经理层各司其职，以确保决策及执行机制有效运行。职业经理人制度有利于提升企业业绩。所有权和经营权分离，企业的经营管理工作由职业经理人承担，其本质是管理分工的进一步细化，使得更加专业的人从事管理专业的工作，总体上改进了经营管理效果，促进了企业业绩的提升。职业经理人制度有利于促进经理层的发展。完善的职业经理人制度通过建立系统的教育培训机制，有效地加快了职业经理人的素质提升，充分的授权加速了职业经理人的经验积累，“能上能下”的契约管理不断激发职业经理人的成长动力，较高的薪酬、社会地位及名誉，进一步激发其人力资本潜力，促进了职业经理人的人力资本积累。

二是不足方面。企业所有者与职业经理人签订的“劳动合同”属于典型的“专业性服务契约”，具有三个重要特征：一是签约之初的认识不对称。即由于职业经理人的经验、能力以及个性特征是隐性的，被聘任前企业所有者较难作出全面、客观的判断。二是履约之中的信息不对称。即企业所有者让渡经营权之后，一般不直接参与企业日常经营管理，导致对企业经营情况、职业经理人勤勉尽职情况的了解，处于明显的信息劣势地位。三是履约结果的损害不对称。如果企业经营失败或出现重大资产损失，职业经理人最多丢掉工作，但企业所有者有可能血本无归。上述固有缺陷，容易导致职业经理人与企业所有者因利益诉求不一致而形成高昂的委托代理成本、职业经理人的道德风险及逆向选择的潜在“机会主义”风险、职业经理人“水土不服”可能会影响企业绩效的风险，等等。

（二）国内非公有制企业职业经理人制度发展情况

1. 外资企业职业经理人制度

外资企业职业经理人制度经历了持续的本土化过程。国外跨国公司刚进入中国时，通常会从总部选派拥有一定工作成就的高管来统领中国业务。随着对中国经济和中国市场的介入不断加深，外方对驻华高管的派出又经历了两个阶段的转变：一是从母公司直接委派转变为聘请我国港澳台地区或新加坡等地的境外人士；二是在华设立大中华区，特别是本土职业经理人的国际化水平大幅提高，大量外资企业在公关、法律、市场、研发等业务部门甚至公司高管团队中启用本土优秀人才，培育了一大批具有外资从业背景的本土化职业经理人。

外资企业在职业经理人选聘方面，通常采取猎头公司、人才中介机构推荐的方式；在薪酬分配和激励方面，注重与国际接轨；在高管人才培养方面，注重设置职业通道，建立相对健全的培养培训体系；在职业经理人退出方面，完全基于市场原则，对需要裁撤的业务部门或业务板块，基本上是整建制的裁员。

2. 民营企业职业经理人制度

民营企业在职业经理人方面，选聘方式完全市场化，一般采取业内推荐、朋友引荐、委托猎头公司和人才中介机构推荐等方式。薪酬待遇较高，大型和相对成熟的民营企业外聘高管人员时，一般较青睐于外资企业的职业经理人，因此需要支付高于外资企业的薪酬待遇。具有较高的流动率，民营企业职业经理人心理不稳定，对职业发展的期望过高，也是高流动性的重要原因。

家族化的民营企业带有一定的封闭性，互信机制尚未真正建立，难以实现所有权与经营权的分离。民营企业大多存在“影子治理”，职业经理人难以真正融入，推行规范化管理也阻力重重。职业经理人与老板的理念冲突较难调和，很多民营企业的老板或创始人信奉自己的经验，外来的职业经理人很容易与老板在公司文化、管理理念上发生冲突。有的民营企业家把职业经理人当作“高级打工者”，认为职业经理人是企业不同发展阶段的助推器，在完成阶段件使命后，就要自动剥离。

相对而言，创业型民营企业的职业经理人制度较为成熟和完善，公司治理规范，在一定程度上避免了创始人与职业经理人之间的控制权冲突；市场化程度很高，对选聘职业经理人的目的有明确认知，选聘渠道多样化，选人用人视野广泛。职业经理人流动灵活、退出机制畅通，基于契约化管理和业绩考核，能上能下、能进能出。

国有、集体企业改制为多元投资主体的公司制和股份合作制企业后，企业逐步建立起规范的公司治理结构，以此为基石，职业经理人制度逐步产生、成形，重点是打破原有职工的干部身份，实行劳动合同制，同时配套采取目标责任制、年薪制、职业经理人评价等措施。改制企业的职业经理人制度是在渐进式改革中实现了渐进式发展，原企业管理者通过“转身份”仍留在企业管理层，防止了外聘职业经理人可能引发的“水土不服”，同时也相对保持了企业的稳定运行。

（三）国有企业推进职业经理人制度

党的十八届三中全会明确提出，“建立职业经理人制度，更好发挥企业家作用”，这是推动国有企业完善现代企业制度重大举措。探索在国有企业建立职业经理人制度，必须牢牢把握社会主义市场经济改革方向，坚持从我国国情和国有企业的企情出发，突出问题导向，抓好顶层设计，加快建设高素质职业经理人队伍，积极实施职业经理人市场化选聘和契约化管理，完善职业经理人市场化选用育留机制，逐步形成系统配套、科学有效的职业经理人制度体系。

1. 指导思想

探索在中央企业建立职业经理人制度，必须准确把握国有企业市场化改革方向，坚持党管干部原则和市场化机制相结合，创新党管干部原则的有效实现形式，以深化规范董事会建设为契机，以职业经理人市场化选聘、契约化管理为主线，突出问题导向，抓好顶层设计，以改革创新精神解决体制机制障碍，逐步建立健全市场化选人用人机制、科学合理的薪酬激励机制、权责统一的监督约束机制、注重实效的培养开发机制，形成系统规范、科学有效的职业经理人制度体系，打造一支德才兼备、富有活力、业绩突出的职业经理人队伍，更好地发挥企业家作用，促进中央企业治理体系和治理能力现代化。

2. 基本要求

探索在中央企业建立职业经理人制度，总的要求是：把握方向、抓住主线，实事求是、改革创新，规范起步、试点先行，注重协同、统筹推进。

（1）把握方向、抓住主线。就是要坚持市场化的改革方向，突出竞争导向和实绩导向，大力推进职业经理人市场化选聘、契约化管理，推动职业经理人的有序流动和市场认可。

（2）实事求是、改革创新。就是要结合国情、企情，按企业规律办事，用改革创新的办法和扬长避短的思维，将职业经理人制度的内在活力与党管干部原则的特有优势紧密结合起来，转化成中央企业的人才发展优势和市场竞争优势。

（3）规范起步、试点先行。坚持高标准、规范化设计中央企业职业经理人制度体系，做到形似神也似；坚持顶层设计与摸着石头过河相结合，采取试点方式推动改革落地、规避创新风险，总结完善可推广、可复制的经验和模式。

（4）注重协同、统筹推进。在中央企业推进职业经理人制度建设要采取“拧螺丝”的办法[①]，注重循序渐进、统筹考虑，强化与企业人事制度整体改革的协同配套，确保改革取得扎实成效。

① 所谓“拧螺丝”的办法，具体来说就是：当需要用四个螺丝钉来固定一个平面时，不能先拧紧一个螺丝钉，再去拧其他三个。因为一旦拧紧了一个，其他三个都不太容易对齐，所以要循序渐进、统筹考虑，每一个螺丝钉先拧几环，然后轮番固定，通过不断地平衡、调整，最终将螺丝钉全部拧紧。

3. 模式选择

中央企业建立职业经理人制度，主要有增量改革模式、存量改革模式两条实现路径，可根据实际情况，择优选择。

（1）增量改革模式。即从市场上择优选聘部分职业经理人嵌入企业经营班子，实行市场化选聘、契约化管理。该模式的主要特点是“双轨制”，原经理层成员仍然按照体制内的方式管理。优点是：实施的难度相对较小，不会造成现行管理模式动荡，但“一企两制”方式，将造成不同经理层成员待遇差别大，不利于发挥经营班子的整体功能。

（2）存量改革模式。即推进现行经理层职业化，全部实行市场化选聘、契约化管理。该模式的主要特点是“整体转身”，但需要有效解决“能下”“能出”问题，而且若全部经理层成员都是职业经理人，那今后组织选拔企业负责人，是否能从职业经理人队伍产生，则面临新的困惑。

第三节　国有企业薪酬制度

薪酬制度是企业和员工劳资关系的重要制度安排，既关系企业对员工的评价和激励，也关系员工对企业的认可和付出的努力。建立科学合理的薪酬制度，关系企业的市场竞争力和可持续发展。

一、企业薪酬制度一般理论

（一）工资决定理论

1. 古典经济学派的工资决定理论

古典经济学派认为，工资是劳动力价格的体现，等于维持这种劳动力所需的生活资料的价值。最早对劳动力价值进行论述的英国经济学家威廉·配第指出，工资是维持工人生活所必需的生活资料的价值。亚当·斯密、大卫·李嘉图等在这基础上做了进一步的阐述，认为对于需要靠劳动力过活的工人，他们的工资水平至少必须能够维持他们的生活。在大多数情况下，工资还得稍稍超过足够维持生活的程度，否则劳动者就不能赡养其家室而传宗接代了。

2. 马克思主义的工资决定理论

马克思认为，工资只是劳动力价格的特种名称，工资是劳动力价值或价格的转化形式。劳动力商品的价值，是由生产和再生产劳动力这种特殊商品所需要的社会必要劳动时间决定的。“工资是由那些决定其他一切商品价格的规律决定的。”这就是说，作为劳动力商品价格的工资的形成与决定，必须遵循市场法则，只有在市场规律的作用下才得以决定。工资的形成与决定受到供求规律和竞争规律共同的制约和影响。决定劳动力的价格即工资的竞争来自三个方面：卖主之间的竞争，这种竞争将降低工资水平；买主之间的竞争，这种竞争将提高工资水平；买主和卖主之间的竞争，这种竞争的结果将取决于竞争双方的对比关系。买主和卖主竞争的优劣势，取决于劳动力商品的供求状况及供求的改变，而劳动力商品供求关系的改变，将引起工资水平的上涨或下跌，即引起劳动力商品的价格波动。“劳动力的价值，是由生产、发展、维持和延续劳动力所必需的生活资料的价值决定的。”工资水平的波动是以劳动力价值为基础的。劳动力价值的决定与工资水平的决定，具有与其他一般商品价格决定不同的特点。劳动力价值决定受着纯生理的要素和历史、社会的要素影响和制约。随着资本积累过程的不断推进，工人之间的竞争就增长得更迅速，就是说，资本增长得越迅速，工人阶级的就业手段即生活资料就相对缩减得越厉害。工资水平的决定将取决于劳动力供给者的竞争实力，取决于联合的谈判力量。

3. 新古典经济学派的工资决定理论

19 世纪后期，美国经济学家约翰·贝茨·克拉克提出的边际生产力理论认为，由于边际报酬递减规律的作用，可变要素的边际收益产品随着可变要素的不断增加，最初上升，而超过某一点后，开始下降；在这种情况下，任何一个以利润最大化为目标的企业使用可变要素的原则都是边际成本与相应的边际收益相等，这个原则也是企业确定劳动力价格的原则。后来，剑桥学派的领袖人物阿尔弗雷德·马歇尔融合了古典经济学派有关分配理论的思想和边际学派的边际理论，以供给均衡价格论为基础，建立起供给均衡工资理论。认为工资同其他商品的价格一样，是由供给价格与需求价格两个方面共同决定的，其中决定需求价格的是劳动的边际生产力，而决定供给价格的包括了劳动力的生产成本和劳动的闲暇效用。马歇尔的这种以市场机制为工资决定基础的分配理论为此后的西方工资理论打下了基础，许多工资决定理论就是在此基础上展开的，包括其中影响力比较大的集体谈判工资理论。

4. 制度经济学派的工资决定理论

与新古典学派相反，制度学派否定了市场性因素对工资起决定作用的说法，而从制度因素角度来解释工资的决定，认为现实中的劳动力市场通常呈现出二元分割的格局，同时处于一种不完全竞争的状态，工资水平的高低并不是简单地由供给和需求双方作用决定，还包括各种影响市场供需变化的制度性因素，这些制度性因素弱化了供给力量在工资决定中的作用。制度学派认为，劳动者工资率取决于两方面，一是劳动者所处的产业或部门，二是劳动者所拥有的人力资本。

（二）薪酬激励相关理论

1. 需要层次理论

马斯洛（Maslow）的需要层次理论是最著名、最经典的激励基础理论。该理论有两个基本观点：一是人的行为由需要推动，一旦需要满足即失去“动力”，只有需要还未满足时才有激励作用；二是人的需要分五个层次，依次为：生理需要、安全需要、归属与爱的需要、自尊需要和自我实现需要，只有低一层次需要得到满足时，才能产生高一层次需要。阿德弗（Alderfer）重组了马斯洛的需要层次理论，并进行了实证研究，提出ERG理论，认为人有三种核心需要：生存需要（E）、关联需要（R）和成长需要（G）。多种需要可以同时存在，如果高层次需要不能得到满足，那么满足低层次需要的愿望会更强烈。多种需要可以同时作为激励因素。但由于个人偏好不同，具体的需要层次结构也会呈现多样性的特征。需求层次结构也会随所处的社会环境和人生状态变化而变化。麦克里兰（McClelland）在批判吸收马斯洛理论的基础上提出成就激励理论，将人的社会性需要归纳为三个层次，即成就需要、权力需要与合群需要。员工由薪酬而产生的心理感受均会影响这三种需要的满足。需要层次理论表明，薪酬在满足员工低层次需要的同时，有助于员工追求高层次需要，具有良好的激励效果。基本工资必须设定在足够高的水平，为满足员工的基本生活需要提供经济支持。过高的风险工资会阻碍员工满足自己低层次需要，激励作用有限。同时也应注意薪酬对于员工高层次需要满足的意义。

2. 双因素理论

赫茨伯格（Herzberg）提出的双因素是指激励因素和保健因素。激励因素与工作本身相关，保健因素与工作条件和工作关系相关；缺乏保健因素将阻碍员工表现组织期望的行为，激励因素才是激励员工的主要手段。按照双因素理论，员工基本工资和福利属于保健因素，应当相对稳定，保障员工基本生活；员工绩效工资属于激励因素，必须在考核的基础上保持其在总薪酬中占据一定比例，才能激发员工工作动力，提高工作绩效。

3. 期望理论

行为科学家弗隆（Vroom）提出的期望理论，可以用公式表示为：激发力量 = 期望 × 效价。基本观点是：一个人把目标的价值看得越大，估计其能实现的概率越高，激励作用就越强。期望理论说明，激励效果取决于奖酬和潜在绩效之间的关系，绩效奖励的水平越高，激励效果越好。组织应当明确工作的任务与职责并且将薪酬与绩效联系，有意识地提供相应的培训和资源，使员工相信自己可以达到绩效标准。基于期望理论，企业向员工提供的奖励必须是对员工有吸引力的、可达到的。应该注意，不同员工的效价范围和权重取值不同，企业应尽可能采用大多数员工认为效价最大的奖励。适当调整期望概率与实际概率的差距以及达成目标的难易程度，拉开企业期望与非期望行为间的差异，也有助于增强激励效果。

4. 激励过程综合理论

波特（Porter L. W.）和劳勒（Lawler E. F.）在期望理论的基础上导出的激励过程综合理论认为，工作绩效是一个多维变量，受以下5个因素的影响：个人能力和素质；外在的工作条件与环境；个人对组织期望意图的感悟和理解；对奖酬公平性的感知；个人努力程度。个人工作努力程度的大小取决于对内在外在薪酬价值（特别是内在奖酬价值）的主观评价，以及对努力—绩效关系（即期望值）和绩效—奖酬关系（即工具值）的感知情况。激励过程理论表明，激励是一个环环相扣的复杂管理过程。企业制订薪酬激励策略时绩效评价必须与期望的绩效目标紧密衔接，基于绩效的回报一定要紧随已产生的绩效。绩效目标要富有挑战性并且详细具体，奖励金额要与完成目标的难易程度相匹配。同时，企业要重视薪酬体系的公平性。员工对内在外在薪酬价值的主观评价和对产生分配结果的过程的主观评价对激励效果起着非常重要的影响。

5. 激励相容理论

美国经济学家哈维茨（Hurwiez）创立的激励相容理论认为，在市场经济中，每个理性经济人都会有自利的一面，其个人行为会按自利的规则行为行动；如果能有一种制度安排，使行为人追求个人利益的行为正好与企业实现集体价值最大化的目标相吻合，这一制度安排就是"激励相容"。现代经济学理论与实践表明，贯彻"激励相容"原则，能够有效地解决个人利益与集体利益之间的矛盾冲突，使行为人的行为方式、结果符合集体价值最大化的目标，让每个员工在为企业多做贡献中成就自己的事业，即个人价值与集体价值的两个目标函数实现一致化。参与者理性实现个体利益最大化的策略，与机制设计者所期望的策略一致，从而使参与者自愿按照机制设计者所期望的策略采取行动。美国经济学家威廉·维克里（William Vickrey）和英国经济学家詹姆斯·米尔利斯（James Mirrlees）引入"激励相容"的概念，开创了信息不对称条件下的激励理论——委托代理理论。威廉·维克里和詹姆斯·米尔利斯指出，由于代理人和委托人的目标函数不一致，加上存在不确定性和信息不对称，代理人的行为有可能偏离委托人的目标函数，而委托人又难以观察到这种偏离，无法进行有效监管和约束，从而会出现代理人损害委托人利益的现象，造成两种后果，即逆向选择和道德风险，这就是著名的“代理人问题”。为解决此问题，委托人需要做的是如何设计一种体制，使委托人与代理人的利益进行有效“捆绑”，以激励代理人采取最有利于委托人的行为，从而委托人利益最大化的实现能够通过代理人的效用最大化行为来实现，即实现激励相容。

（三）薪酬管理基本模型

企业在薪酬管理的过程中，常常应用到一些工具和模型来进行薪酬体系的对标、设计和评估。在薪酬对标阶段，常利用“四同模型”来保证薪酬水平核定的准确；在薪酬体系设计过程中，常使用“4P”“Y 型”等模型来建立科学合理的薪酬体系；通过岗位价值评估来确定岗位的薪酬是薪酬管理过程中至关重要的一个环节，常见的评估方法有海氏（Hay Group）三要素评估法、因素计点法，在对薪酬体系进行评估的过程中，岗位体系评估、薪酬水平对标设置中均会应用到一些。薪酬水平对标、薪酬模式选择时常使用宽带薪酬法。

1. 薪酬对标“四同”模型

按照“行业分类可比、业务地域可比、业务规模可比、股东背景可比”的要求，选择适当的标杆企业进行对标，然后根据对标的结果来进行薪酬体系的合理化设计。

2. 薪酬设计“4P”模型

第一个 P：Position 岗位薪酬；第二个 P：Person 能力薪酬；第三个 P：Performance 绩效奖励；第四个 P：Price 市场薪酬。

3. “Y 型”模式

在企业员工的职业发展通道中，同时设置管理序列和专业序列，除了在管理层级上提供薪酬提升机会，同时在专业序列上提供薪酬提升机会，为员工薪酬激励设置更多的上升通道。

4. 海氏系统法

海氏系统法是美国工资设计专家Hay在1951年开发出来的，实质上是一种评分法，认为所有职位的付酬因素都可以抽象为三种具有普遍适用性的因素，即知能水平、解决问题能力和风险责任，为此设计了三套评价量表，最后将所得分值加以综合，算出各个工作职位的相对价值。其逻辑关系是：投入—过程—产出，即投入智能来解决问题，完成应负的责任。

5. 因素计点法

据统计资料表明，在英国有50%的企业使用此方法进行岗位评价，美国有60%～70%的公司采用这种方法。因素计点法是通过若干因素来评定各个职位的价值大小，由于其具有较高的准确性与适当的成本，是被广泛使用的岗位评估方法。因素计点法的设计核心是选择劳动报酬要素，并为这些要素设计一个结构化的量表。在因素计点法的设计过程中，报酬要素的选取、各要素权重的确定以及要素分级是最为关键的三个环节。因素计点法的常见基本步骤为：确定要评价的职族、搜集职位信息、选择报酬要素、界定报酬要素、确定要素等级、确定要素的相对价值、确定各要素及各要素等级的点值、编写职位评价指导手册等。

6. 宽带薪酬

这是一种新型的薪酬设计体系。按照美国薪酬管理学会的定义，宽带薪酬结构就是指对多个薪酬等级以及薪酬变动范围进行重新组合，从而变成只有相对较少的薪酬等级以及相应较宽的薪酬变动范围。宽带薪酬模式打破了传统薪酬体系结构中职位等级的观念，强调个人的绩效水平和能力拓展。宽带薪酬是一种真正的鼓励和发挥自身优势的以人为本的薪酬制度。

二、国外企业薪酬制度主要模式

（一）谷歌的薪酬模式

一是薪酬体系。谷歌推出以绩效为导向的富有竞争力的全面薪酬，包括工资、津贴、奖金、福利、保险、股票期权等。在对员工的短期、中期和长期激励上，各自发挥着不同的作用。对外，谷歌整体薪酬保持着市场上的强大竞争力；对内，充分考虑不同岗位、职级以及员工工作表现的差异性，建立了全方位的以业绩为导向的薪资理念。

二是薪酬管理。谷歌针对不同的员工实施不同的薪酬激励。薪酬激励体现在：绩效激励，确保薪酬的公平性，不仅提供良好的绩效激励，同时促进人才的征召和挽留；股权激励，美国的500强企业里，有90%通过实施股权激励之后，生产效率提高了1/3、利润提高50%；对贡献的回报，谷歌公司坚守要对贡献杰出者给予慷慨回报的理念，设立了创始人大奖计划；长期激励计划，谷歌的薪酬计划不仅针对那些非凡的贡献，同时谷歌还制订实施了新的长期激励计划，作为传统的股票权计划的补充；丰厚的福利吸引和留住人才，福利是企业薪酬的重要组成部分，对增强企业凝聚力起到了巨大的基础作用。

（二）IBM的薪酬模式

一是薪酬体系。IBM同样推出以绩效为导向的富有竞争力的全面薪酬，包括工资、津贴、奖金、福利、保险等。提供了除基本工资以外的非常全面的福利政策，包括了住、行、生活健康、节假日各方面所涉及的保险或者补贴，希望以其诱人而全面的薪酬政策留住企业内的优秀员工。

二是薪酬管理。在薪酬调整方面IBM则更加人性化，除了将薪资调整量化为具体的指标外，还采取了一系列的浮动人本方法。IBM内部，部门经理会根据三大原则决定薪资调整幅度：员工过去3年个人业务承诺计划（PBC）成绩的记录；员工是否拥有重要技能，并能应用在工作上；员工对部门的贡献和影响力。同时IBM在调整薪资方面有着一项名为“双向沟通”的制度，员工对薪资制度有任何问题都可以询问自己的直属经理，进行面对面沟通，或向人力资源部查询。

（三）GE的薪酬模式

一是薪酬体系。GE的高管薪酬体系包括基本年薪、短期激励、长期激励及高管福利。在这四大模块中，GE 区别性地采用了不同的支付方式，并分别衔接公司、个人等多维度的绩效考核项目，旨在为员工创造结构多元的全面薪酬体系。

一是薪酬管理。长期以来 GE 形成了一套严格的管控和治理体系、有效的董事会制度、合理的管理者激励方案，这些都是股东获得良好回报和形成诚信的治理氛围的有效保证。另外，GE 提供富有竞争力、结构多元的高管薪酬，以吸引全球顶尖的管理人才，其高管薪酬的管理理念包括关注长期业绩、综合绩效考核、兼顾平衡风险等。GE 以为股东创造长期价值为核心，对其高管薪酬的管理提出以下原则：注重可持续的长期绩效；注重面向未来的激励机会；对业绩实施谨慎评价；着眼于公司整体业绩；考虑激励的长期风险；聘请薪酬顾问进行市场对标。

三是薪酬设计。在基本年薪、短期激励、长期激励及高管福利模块中，GE 采用了不同的支付方式，并分别衔接公司、个人等多维度的绩效考核项目，旨在为员工创造结构多元的全面薪酬体系。其中基本年薪和短期激励通过现金的形式发放，长期激励通过股票期权兑现；高管福利主要以养老金、年金福利为主要实现方式。

四是薪酬结构。无论是公司 CEO 还是其他披露薪酬的高管人员，基础薪酬在高管人员薪酬包中的比例均非常小，长期激励一直在高管的总薪酬中占有非常大的比重。为了控制公司在薪酬及激励支出方面的长期风险，GE 将较大部分的薪酬以福利的形式在未来发放。GE 的长期激励体系十分完备，并且根据激励对象的职责及重要程度运用了差异化的长期激励工具。GE 的长期激励计划包括期权与限制性股票的组合、绩效股票单位、长期业绩奖励及递延薪酬，其中，绩效股票单位仅授予 CEO，旨在使公司 CEO 更加关注公司的长期业绩；期权与限制性股票的组合及长期业绩奖励主要用于奖励 GE 全球范围内除 CEO 以外的高管人员；递延薪酬则覆盖到中层管理层人员。

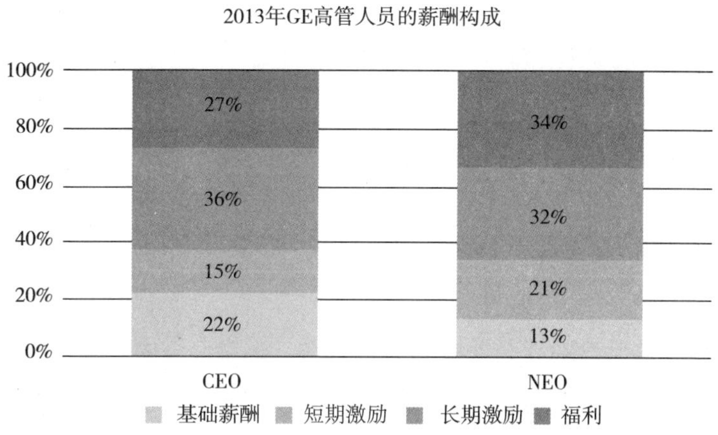

图 4－1　GE 高管人员薪酬构成比例图

（四）丰田的薪酬模式

一是薪酬结构。丰田美国工厂的工资包括三个部分：基本工资、绩效奖金与业绩红包。基本工资是丰田根据行业工资水平与当地条件，每半年调整一次，三年的“成长期”结束，所有成员与小组领导的基本工资都是一样的；绩效奖金，表示完成预定改进所获得的额外收入，这是一种将绩效与酬劳联系在一起的额外收入；业绩红包，每半年发一次，主要是由销售业绩决定，管理人员会根据其制订的个人发展计划享受业绩红包奖励。

二是薪酬管理。丰田的目标是让员工懂得自己所处的位置，为此丰田提供了一个“薪酬文件团队信息库”给员工，包括了薪酬系统相关问题的内部文件，丰田每两年回顾一次自己的薪酬在汽车行业的排名，并形象地体现在“薪酬文件库”中。在激励方面，丰田公司通过提供稳定的就业机会、完善的人才培养体系、无处不在的奖励机制、丰富多彩的员工活动、良好的工作环境以及完善成熟的交流体系来实现全面回报性质的激励方法，让员工从多个维度感受激励效果。

（五）三星的薪酬模式

一是薪酬结构。三星采用年薪制，60% 基本职位工资 +40% 能力报酬。人事组向各事业部门发放“人事评价指南”。根据部门及所属产业的特性进行考核并计分。人事评价结果与年薪有直接关系。

二是年薪管理。三星采用按能力区分人才，凭业绩回报人才，设置赏罚分明的人事原则，建立完备的人事体系，合理利用分红制和生产奖金制进行员工激励。

综上所述，国外知名企业在企业管理中重视并落实“以人为本”，建立了与市场、业绩挂钩的全面的报酬管理体制，该类型体制明确薪酬福利政策，建立灵活有效的薪酬结构，给予员工及时有效的薪酬福利政策的沟通反馈，以全面回报的薪酬模式落实薪酬的发放。这不仅增强了员工对企业的认同，更树立了良好的企业形象，同时可以有效地激励人才、吸引人才，调动各个岗位员工的创造性和活力，最大限度地发挥人力资源优势。在薪酬调整方面，国外企业同样建立了可量化的公平公开机制，结合市场薪酬水平的变化趋势、组织的发展状况、经营管理模式的调整以及战略重心的转移对现行薪酬体系进行调整，同时，根据职位变动、个人业绩、个人能力等对员工个人的薪酬水平进行合理调整，保持薪酬体系的稳定性和对员工的激励性。

三、我国国有企业薪酬制度情况

（一）改革开放以来国有企业薪酬制度演进概述

1. 关于收入分配

1978 年，十一届三中全会提出“克服平均主义”。1984 年，十二届三中全会提出深化分配制度改革，进一步贯彻落实按劳分配的社会主义原则，并作出了若干具体规定。十二届三中全会后，开始改革国有企业工资管理体制，试行企业工资总额同经济效益挂钩制度。1987 年，十三大明确指出，社会主义初级阶段的分配方式不可能是单一的，必须实行按劳分配为主体的多种分配方式和正确的分配政策。1992 年，十四大首次提出在分配制度上要兼顾效率与公平。2009 年，十七大针对收入分配领域存在的突出问题强调，要逐步提高居民收入在国民收入的比重，提高劳动报酬在初次分配中的比重；初次分配和再次分配都要处理好效率和公平的关系，再分配更加注重公平。2013 年国务院批转《关于深化收入分配制度改革的若干意见》，提出劳动报酬增长要和劳动生产率的提高同步，逐步形成合理有序的收入分配格局。

2. 关于工资总额

1985 年在全国实施了工资总额同经济效益挂钩的办法。1997 年，为了促进适合市场经济的企业工资管理的构建，规定试点国有企业在地区工资指导线的范围内、在与经济效益挂钩的基础上可以自由调整工资总额。2008 年，国资委在部分企业试行工资总额预算管理，将年度工资总额预算纳入企业全面预算管理体系中，建立以工资总额预算目标为中心的管理体系，管理方式探索由直接管理转向间接调控。2010 年，国资委印发《中央企业工资总额预算管理暂行办法》，进一步规范和完善了工资总额预算管理体系。2015 年，国资委指出，严格落实工资总额和效益挂钩机制，企业工资总额增幅不得超过效益增幅，效益下降的企业工资总额必须下降；利润总额下降超过 10% 以上，职工平均工资降幅原则上不得低于 3% 。

3. 关于高管薪酬

1994 年国有企业经营者年薪制实行办法公布，1997 年 100 家企业导入年薪制。2004 年，以《中央企业负责人薪酬管理暂行办法》为起点，基本确定了央企负责人薪酬整体框架，企业负责人薪酬由基薪、绩效薪金和中长期激励单元三部分构成。基薪根据企业经营规模、经营管理难度、所承担的战略责任和所在地区企业平均工资、所在行业平均工资、本企业平均工资等因素综合确定；绩效薪金与经营业绩考核结果挂钩，根据考核结果，由企业一次性提取，分期兑现。其中，绩效薪金的 60% 在年度考核结束后当期兑现，其余 40% 延期兑现。2005 年 4 月，国资委下发《企业国有产权向管理层转让暂行规定》，规定中小型国有及国有控股企业的国有产权可以向管理层转让。2014 年《关于深化中央管理企业负责人薪酬制度改革的意见》提出："坚持国有企业完善现代企业制度的方向，健全中央管理企业负责人薪酬分配的激励和约束机制；坚持分类分级管理，建立与中央企业负责人选任方式相匹配、与企业功能性质相适应的差异化薪酬分配方法；坚持统筹兼顾，形成负责人薪酬与职工之间的合理工资收入分配关系。”

4. 关于中长期激励

2006 年，《国有控股上市公司（境外）实施股权激励试行办法》《国有控股上市公司（境内）实施股权激励试行办法》相继出台，股权激励制度进一步在国有境内上市企业中放开。为进一步规范实施股权激励，国务院国资委于 2008 年出台了《关于规范国有控股上市公司实施股权激励制度有关问题的通知》，从实施条件、业绩指标、激励收益、规范管理等方面进行指导。2010 年，国务院国资委出台了《关于在部分中央企业开展分红权激励试点工作的通知》，分红权激励在中央企业正式进入实际实施阶段。

与国有企业改革相适应，国有企业的薪酬从计划经济下的国家统一等级工资发展成为适应市场经济要求、工资总额范围内企业自主分配、具有企业特色、体现国企特点的薪酬体系，进一步与市场经济接轨。

（二）国有企业薪酬的总体水平及结构特点

1. 国有企业薪酬的总体水平

2003—2013 年，中央企业职工平均工资的平均增长率为 14%，其他类型企业职工平均工资的平均增长率为 16%。

中央企业行业间人均工资差异逐渐减小。

2003—2013 年，中央企业职工工资与经济效益总体相适。

2. 国有企业薪酬的结构特点

目前，国有企业员工的薪酬普遍由职务工资、级别工资、岗位工资、技能工资、绩效工资、年功工资等构成，各类呈现如下特点：职务工资主要体现工作职责，一个职务对应一个工资标准；级别工资主要体现工作实绩和资历，每一职务层次对应若干个级别，每一级别设若干个工资档次；

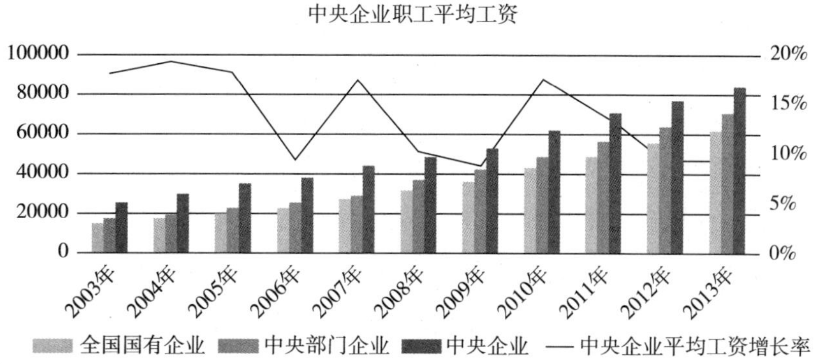

图 4－2　中央企业职工平均工资

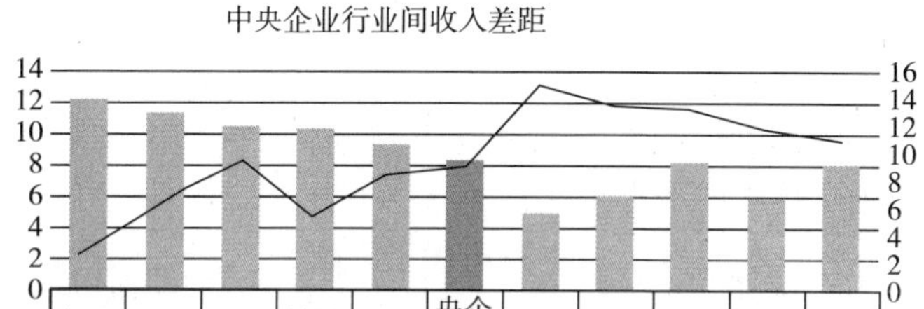

	交通运输	服务	电力	科研设计	通信	央企平均水平	建材	境外	电子	农林牧渔	建筑
人均工资	12	11.2	10.3	10.1	9.1	8.3	4.9	6.1	8.2	5.9	8
——人均工资增幅%	2.9	6.5	9.6	5.4	8.5	9.2	14.8	13.4	13	11.5	10.9

图 4－3　中央企业行业间收入差距

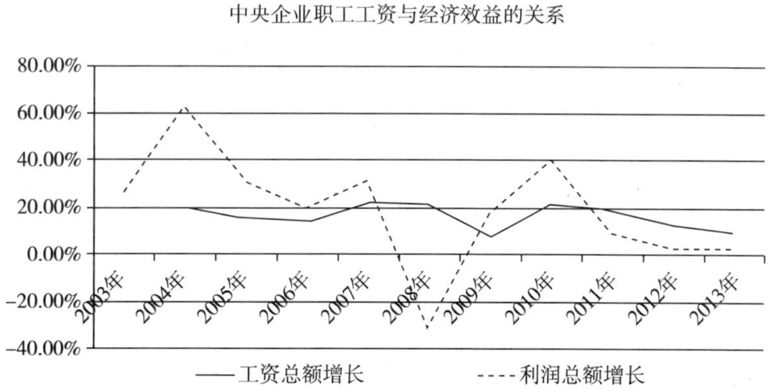

图 4－4　中央企业职工工资与经济效益的关系

岗位工资以岗位权利、责任、技能等要素确定岗位系数，作为支付岗位工资的依据，主要体现岗位的价值；技能工资可分为不同的档次和等级，主要体现劳动技能；绩效工资是以对员工绩效的有效考核为基础，将工资与考核结果相挂钩，主要体现员工贡献；年功工资主要是体现企业职工逐年积累的劳动贡献的一种工资形式。各类薪酬通过不同的组合，形成适用于不同类型员工的薪酬激励模式：职务工资与级别工资构成职级工资制，岗位工资和技能工资构成岗位技能工资制；岗位工资和绩效工资构成岗位绩效工资制。高管或下属企业负责人多采用由基本年薪、绩效年薪及任期激励组成的年薪制。年薪制呈现低固定、高浮动的特点，浮动的绩效年薪与企业经营业绩挂钩。

（三）国有企业薪酬制度存在的主要问题

1. 市场化改革不到位

薪酬分配还不能完全市场化，不能真正体现贡献多少、效益大小，不能真正体现绩效与收益的正相关关系。难以反映实际绩效的重要原因是员工绩效考核体系缺乏规范化和定量化。员工绩效考核体系存在着许多不完善的地方，绩效管理体系指标相对模糊，定量指标缺乏综合性、系统性。

2. 激励作用发挥不足

对资本要素参与分配比较重视，而对技术要素、劳动要素参与分配的重视程度不够。对员工尤其是经营者和企业核心骨干的长期激励不足，还没有建立起科学、合理、有效的利益共享机制。主要经营管理者和技术骨干的薪酬不能完全反映其在市场中的真正价值。

四、我国国有企业薪酬制度的改革和完善

2015 年 9 月，中共中央、国务院公开发布了《关于深化国有企业改革的指导意见》，提出：实行与社会主义市场经济相适应的企业薪酬分配制度。企业内部的薪酬分配权是企业的法定权利，由企业依法依规自主决定，完善既有激励又有约束、既讲效率又讲公平、既符合企业一般规律又

体现国有企业特点的分配机制。建立健全与企业经济效益和劳动生产率挂钩的工资决定和正常增长机制。推进全员绩效考核，以业绩为导向，科学评价不同岗位员工的贡献，合理拉开收入分配差距，切实做到收入能增能减、奖惩分明，充分调动广大职工积极性。

（一）建立以市场化为基础的国有企业薪酬及人工成本决定机制

在人工成本管理中引入市场化对标管理机制，通过全方位的系统化、市场化对标，提高人工成本管理合理性，建立以市场化为基础的人工成本决定机制。考虑集团企业下属企业跨行业、跨地域的多元化特点，关注不同产业、不同竞争模式下的市场水平，提高对标管理的精细化水平，有效提高薪酬的竞争力、合理性。

（二）建立企业领导人员分类分层管理的差异化激励模式

分类分层管理就是根据不同企业类别和不同岗位特点，分类选拔、分类考评、分类培养和分类监管，建立健全类别化、差异化的管理机制。实行与社会主义市场经济相适应的企业薪酬分配制度，对国有企业领导人员实行与选任方式相匹配、与企业功能性质相适应、与经营业绩相挂钩的差异化薪酬分配办法；对党中央、国务院和地方党委、政府及其部门任命的国有企业领导人员，合理确定基本年薪、绩效年薪和任期激励收入；对市场化选聘的职业经理人实行市场化薪酬分配机制，可以采取多种方式探索完善中长期激励机制。

（三）加强基础管理，完善岗位体系与职业发展体系

国有企业应结合企业实际开展“三定”改革：系统地考虑战略、外部市场、内部人员的要求、组织职能划分不清等因素，对组织体系进行重新审视与梳理，建立合理科学的组织体系；根据企业现有组织架构和部门职能，通过价值链分析与对标管理，对现有岗位设置不合理现象进行调整，优化岗位体系；根据岗位设置，对现有岗位人员编制情况进行综合分析，从总量、结构、数量三个方面确定各岗位的人员编制情况。通过“三定”方案的调整，在企业内部建立合理的人员结构，为提高劳动生产率、促进

薪酬激励改革打下良好的管理基础。建立科学合理的职业发展通道，在传统管理序列单一通道基础上，加强双通道管理。对现有岗位体系进行分析，明确现有岗位的定位和方向，设置科学合理的通道层级，并将各岗位序列对应至通道层级中，形成各序列内部的岗位发展通道等级体系。在职业发展通道基础上，完善相应的任职资格体系，为员工的职位晋升设置明确的标准。同时，进一步完善职业发展通道的流动规则，形成职业发展的动态管理，建立员工能上能下的动态管理机制。

（四）完善绩效考核体系，加强绩效与薪酬的联动

全面推进全员业绩考核工作，建立科学合理的考核管理体系。在绩效考核指标设置上，要考虑公司整体战略指标的分解，形成层层联动，建立全企业整体的目标责任体系。充分考虑不同企业、不同层级、不同类型员工的差异性，科学合理设置具有针对性的考核指标。对经营层更关注经营业绩指标的完成情况，指标设置应侧重量化指标；对专业人员更偏重结果考核，对职能人员更偏重过程性考核；对管理人员更偏重与组织考核挂钩，对员工更偏重个人业绩完成。在考核结果上，应打破平均主义，合理拉开差距，区分高绩效与低绩效员工，要通过全员业绩考核，促进企业深化内部制度改革，真正建立起管理者能上能下、员工能进能出、薪酬能高能低的有效激励约束机制。加强绩效考核“PDCA”管理，建立对考核体系的持续优化机制。

（五）探索和丰富中长期激励机制

完善国有企业中长期激励机制需要重点结合企业的分类、企业实际情况进一步细化。一是分类原则。对于国有控股上市公司，进一步完善现有国有控股上市公司股权激励、员工持股政策，进一步推动国有控股上市公司实施股权激励和员工持股，实现激励和约束的统一；对于承担战略性新兴产业项目的投资公司，探索以项目跟投、市场化收益提成为主的激励机制；对于功能性、公益类的企业，积极探索以专项奖励为主的现金激励机制，加大对经营管理人员、核心技术人员、核心业务人员等的激励力度；

对于市场化完全竞争类企业，以先试先行为主要思路，积极探索股权、期权为主的激励机制；对于高新技术企业、科技服务企业、科技型企业，以进一步完善股权和分红激励政策为主要方向，进一步完善科技型企业股权、分红权、科技成果入股等激励机制。二是激励与约束相统一原则。强化与激励相统一的业绩考核约束，中长期激励业绩考核管理是企业实施或者兑现激励的必要条件，重点从企业资格门槛要求设置、业绩考核指标和目标设置等方面加强约束。三是人才聚焦原则。中长期激励避免“福利化”，以高管、经营管理人员、业务骨干和技术骨干为主，在充分保障股东利益的前提下，按照收益与贡献对等的原则，根据《公司法》等有关法律、法规和规范性文件的规定，制订中长期激励方案。四是公平、公正、公开原则。完善中长期激励实施流程和审批流程，积极推动企业按照“聚焦核心、自愿参与、风险共担”的原则开展中长期激励。

［案例一］

中国中化集团公司按照市场化要求，持之以恒推进“三项制度”改革

实行“三项制度”改革以来，中化集团主动对标市场，结合企业实际积极开展探索与实践。特别是2017年以来，结合集团自身改革与管理创新工程的开展，采取多种举措，进一步实现了“干部能上能下、员工能进能出、收入能增能减”的改革目标。

一、以考核与培养为基础的干部能上能下机制

在干部考核方面，中化集团始终坚持“能者上、劣者下”的干部选拔任用原则，搭建了以绩效考核、民主测评、人才盘点为主要手段，定量考核与定性评价相结合的系统化干部综合考评体系。其中绩效考核采取强制分布形式，避免“大锅饭”；民主测评按照得分进行排序，对反向测评得分较高的干部进行约谈提醒和诫勉谈话；人才盘点以集团七项领导力模型

为基础，通过集团、经营单位两级盘点会议，按能力与业绩两个维度对干部进行分类。2017年上半年，根据综合考评结果，淘汰关键岗位人员10名，占关键岗位干部的3.7%。随着集团“6S”管理体系的全面铺开，集团将进一步优化经理人考评模式，加强任期考核与审计监督，强化末位淘汰的“ROE”（Replacement on Evaluation）机制，让“创造价值、追求卓越”的干部得到充分认可，让“得过且过，不思进取”的干部感到坐立难安。

在干部培养方面，为满足改革发展关键时期对干部队伍的迫切要求，推动年富力强、有激情有活力的干部脱颖而出，中化集团于2017年发布了《关于加强和改进优秀年轻领导人员培养选拔工作实施方案》，并设计和实施了中化“新动力”工程，该工程通过对45岁以下关键岗位干部、30—40岁关键岗位干部后备，以及30岁左右年轻储备干部设置分梯次、针对性的培养项目，采用EMT学习、轮岗交流、导师引领、专项研讨等复合培养手段，提升年轻干部能力，为关键岗位队伍输入源源不断的新动力。2017年上半年，有33名年轻干部通过“新动力”工程补充进关键岗位队伍，平均年龄36岁，进一步优化了关键岗位队伍的年龄结构。

二、以能力与业绩为基础的员工能进能出机制

中化集团始终坚持以人才作为第一资源，通过对标市场吸引优秀人才，构建企业核心竞争力。在人才引进方面，集团按照“以能力为导向，海纳百川、唯才是用”的原则，从外部对标先进企业引进了大量优秀经理人及核心骨干，有效地充实了人才储备。在丰富队伍的多样性的同时，通过文化建设、价值宣贯等方式，持续提升了组织凝聚力。中化集团选人用人始终秉承业绩导向，员工绩效考核中A类员工比例不超过20%，C/D类员工比例不低于10%，考核结果作为员工选拔任用的重要依据。对考核结果不胜任及违背公司价值观的员工，坚决按照法定程序予以淘汰。以近两年为例，集团主动淘汰员工的人数分别为775人和1041人，分别占各年度集团员工人数的1.9%和2.6%，对员工队伍的战斗力形成了有效保障。

三、以市场与价值为基础的收入分配机制

近年来，中化集团经过不断探索，形成了“在坚持国有企业属性的前提下，无限接近市场化”的收入分配机制建设思路，加强集团工资总额管理及员工激励体系建设。

在工资总额管理方面，中化集团作为有限多元化企业，多年来在薪酬资源配置中一直突出强业绩导向，秉承“业绩升、薪酬升，业绩降、薪酬降”的市场化分配理念，坚持对下属企业的工资总额分类管理。以2016年为例，集团下属二级单位中，薪酬资源增长最多的单位同比增长超过10%；但同时，受外部市场环境、去库存要求等因素影响，3家经营单位薪酬资源同比下降超过10%，其中1家单位触发了薪酬资源下降的保底线“-20%”。2017年，集团进一步创新工资总额分配模式，结合集团对各事业部从“管运营”到“管资本”的管理重心变化，无缝对接组织绩效考核要求，并充分考虑事业部所在行业特点及宏观环境。该分配模式以投入回报、成长性及安全流动性等业绩维度作为衡量年度总额增减幅的主机制，兼顾战略目标、管理提升与预算达成，进一步体现了资源分配中行业规律与企业特点相统一。

在员工激励体系建设方面，中化集团在坚持“以岗位价值为基础，以业绩考核为核心，以能力评价为导向”的激励理念基础上，近年来进一步探索激励机制创新，达成有效激励。为释放改革动力，充分发挥激励在价值创造中的“指挥棒”作用，组织开展中化集团激励机制建设专题研讨交流班，并结合研讨成果于7月形成中化集团激励体系优化方案。根据方案，中化集团将发布《关于加强中化集团多元化激励体系建设的指导意见》，选取试点单位推行GPS（超额利润分享）机制，通过建设短中长期兼顾、物质激励与精神激励并重的激励体系，在员工激励的市场化、差异化、个性化上做好文章，使创造价值、带来业绩的员工真正感受到被激励，以此激发员工队伍活力，更好地服务于集团改革发展。

[案例二]

中国通号卡斯柯公司深化“三项制度”改革，全面提升人才队伍核心竞争力

卡斯柯信号有限公司（以下简称“卡斯柯公司”）是中国铁路通信信号集团公司（以下简称“中国通号”）的二级控股企业，成立于1986年3月，是中国铁路第一家中外合资企业。公司致力于轨道交通信号行业的技术发展，产品覆盖铁路、地铁、有轨电车等多领域，在地铁细分列控领域排名国内第一，获得“中国软件业务收入百强”“上海市科技小巨人”“轨道交通创新力企业50强”“中国最具影响力IT转型服务商”等一系列荣誉。公司2015年资产总额、营业收入、利润总额分别为27.4亿元、21.36亿元、3.61亿元，净资产收益率48.11%，研发投入始终不低于当年销售收入的10%，拥有员工1328人。卡斯柯公司始终将人才的吸引、保留和培养作为重点工作，大力推进“三项制度”改革，构建“三化”人才管理体系，充分激发企业人力资源活力，有力支撑公司长远发展。

一、选贤用能“市场化”，凝聚引才合力

卡斯柯公司以“去行政化、走市场化”为导向，所有员工自上至下全部采用完全“市场化”的选人用人方式。一是构建与市场接轨的引才机制，广纳天下英才。建立专场招聘、猎头推荐、产学研联盟定向引进等引才渠道，参考国内外市场上同行业的薪酬水平，以市场化岗位、协议薪酬制吸引高端人才加盟。对高级管理人员完全按照职业经理人模式管理，薪酬待遇、管理措施完全市场化，考核合格就续聘，不合格就解聘。近三年累计引进中高端人才123人。二是建立完善的内部竞聘制度，择优聘用。杜绝“空降兵”、领导直接任命等形式，以“同级转岗”“开放竞聘”“储备直推”三连环方式开展内部竞聘，岗位面向全体人员公开，优选人才，近三年内部竞聘上岗23人，纳入后备人才储备库8人。

二、职业通道“双轨化”，变静态人才管理为动态规划

卡斯柯公司根据技术、管理不同人才的发展规律，建立“纵向可进退、横向可交流”的职位职级体系。设计“技术＋管理”两个序列，为员工构建起“双通路”发展的“竞争跑道”，改变以往技术人员均朝着行政管理单一通道竞争的弊端，确保技术岗位与管理岗位享受对等、同级待遇，引导技术人员在发展中不局限于“学而优则仕”的单一路径，促使其能够沉下心来专注技术研究，向专家型、工匠型方向发展。管理人员的晋升不采取直线上升方式，必须拥有向外派遣或岗位轮换的工作经历，杜绝在某固定岗位达到一定年限就向上晋级的现象，近三年来通过交流锻炼后提任的干部共计25人次。

三、考核导向“数字化”，打造全员绩效文化

卡斯柯公司实施以岗位价值为基础、数字业绩为导向、绩效表现为依据的“薪效联动”机制，强化“按劳分配，多劳多得，奖惩分明”的理念。一是于年初将当年战略重点工作层层分解，从最高管理层到基层员工逐级签订绩效合约，确保目标具体量化可考核，责任落实到人、落实到岗。年底以岗位问责为基础，以绩效目标完成情况为导向开展考核，对年度考核排名后5%比例的员工进行岗位再培训、调岗或降级处理，对连续两年考核排名末尾者解除劳动合同关系，真正做到“能者上、庸者下”。近三年来因考核不合格调岗7人、降级处理6人、解除劳动合同13人。二是建立“双挂钩”的薪酬体系，员工整体薪酬与企业预算完成情况直接挂钩，个人薪酬与绩效考核结果直接挂钩，彻底打破“大锅饭”“论资排辈分奖金”的现象，根据绩效评估结果进行差异化薪酬支付，同职级员工之间考核后的薪酬调整幅度最大达到50%。

四、构建“三能”常态机制，提升企业人力资本竞争力

卡斯柯公司构建起完全市场化的“内部管理人员能上能下、员工能进能出、工资能增能减”机制，充分调动各级员工的工作热情，创新发展屡结硕果。一是打破传统国企用人“眼睛向内”的弊端，“五湖四海选人才，

不拘一格降人才”，真正选聘出市场需要、能力突出、素质过硬的各类人才。二是树立“以价值和贡献论英雄”的理念，彻底扭转员工“干多干少一个样、干好干坏一个样”的思想状态，激发出“多争取任务、多干出成绩、多维度激励”的正能量。三是打造出一支市场化模式运作的经营管理技术团队，集聚了大量优秀人才，尤其汇聚了284人的高端研发团队，用人才优势助推企业快速发展。目前卡斯柯公司已拥有100多项具有完全自主知识产权且与国际先进水平相当的系统技术和产品，已申请专利294件，获专利授权151件（含81件发明专利），授权软件著作权176件，软件产品登记139件。2016年凭借优异的产品业绩和创新能力斩获2016年度上海“明星软件企业（经营型）”“明星软件企业（创新型）”及三项“优秀软件产品”五项大奖。

第五章　国有企业混合所有制改革研究

发展混合所有制经济，是国有企业改革的一项重大举措和重要任务。国有资本、集体资本、非国有资本等交叉持股、相互融合的混合所有制经济，是基本经济制度的重要实现形式。引入非国有资本，有利于转换经营机制，有利于国有资本放大功能、保值增值、提高竞争力，有利于各种所有制资本取长补短、相互促进、共同发展。

第一节　发展混合所有制经济有关理论分析①

从微观层面来看，混合所有制经济指的是，通过产权结构的调整，不同所有制性质的产权主体多元投资、交叉渗透、互相融合而形成的企业。从宏观层面来看，混合所有制经济是一个国家在特定社会经济制度下，各种不同所有制经济之间的有机结合，体现了所有制结构的开放性和多元性，其中占主体地位的所有制形式，决定了整体所有制结构的性质。微观混合所有制经济是宏观混合所有制经济的基础，同时又受到宏观混合所有制经济的影响和制约。

一、混合所有制经济相关概念界定

（一）混合所有制经济的主要特征

混合所有制经济的特征，集中表现在产权主体的开放多元化和公、私经济的深度融合两个方面。

一方面，产权主体的开放多元化是指混合所有制经济在符合基本制度的前提下，可以吸收来自不同所有制性质、不同领域的市场参与主体，使得产权主体由单一形式转变为多元化形式。同时，产权主体的具体参与方式也呈多元化，可以通过资本、技术、劳动等有形或无形资产参与合作。由于混合所有制经济具有产权主体开放多元化的特征，国家可以充分调动更为广泛的资源实现发展目标，有利于调动各方面投资的积极性，有利于

① 本节内容重点参考了国务院国资委产权管理局《混合所有制企业国有产权管理问题研究》等研究成果。

提升市场的活力和效力。

另一方面，混合所有制经济基本特征还体现为公、私经济的深度融合。市场经济具有高度竞争性，既表现在市场主体间的激烈竞争，又表现在制度安排间的竞争。混合所有制经济在制度安排的竞争中具有独特优势，拥有生命力。这一优势就体现在它具有“公”和“私”两种经济成分的混合优势。混合所有制经济下的公、私经济混合，不是简单的资本合作，而是在产权融合的基础上，实现体制机制层面上的有机结合。混合所有制经济通过公、私经济在体制机制上的深度融合，将倾向于政府调控力的国有经济与倾向于市场吸引力的私有经济相结合，可以实现公私两方面积极性的有机整合，既可以保证国家经济政策的基本方向和国有资本的市场影响力，又可以提升社会资本的市场参与度，提升总体经济绩效，从而比单一经济成分的所有制形式具有更强竞争力。

（二）混合所有制经济的基本形式

混合所有制经济大体可以划分为国有企业与民营企业或外资企业合作、国有企业与企业外部的国内外自然人合作、国有企业内部员工持股等类别。在具体的表现形式中，股份制成为当前混合所有制经济最主要的表现形式。

1. 股份制

股份制是指通过入股方式把分散的、属于不同所有者的生产要素集中起来，共同使用、自主经营、自负盈亏、按股分红的一种经济形式，是现代企业的一种资本组织形式。股份制拥有两个以上的利益主体，并且各利益主体的权利和义务与其各自提供的生产要素份额相对应。股份制以法人产权制度为基础，是现代企业制度的基础。股份制能够把分散的私人资本转化为集中的社会资本，把不同地区、不同行业、不同所有制结构的经济活动融为一体，促进经济活动和企业经营管理的高度专业化。因此，股份制一经产生就得到迅速发展，其高效性和有效性已经得到证明。

从混合所有制经济与股份制之间的关系来看，二者既有联系，也有区别。首先，股份制已经成为我国混合所有制的主要表现形式，公有制经济与私有制经济通过交叉入股、深化合作推动了我国混合所有制经济的发展。其次，股份制和混合所有制之间也存在区别。股份制企业不仅包括公有制和私有制之间的合作，还包括公有制内部之间、私有制内部之间等多种合作类别，而我国的混合所有制经济则强调的是公、私经济之间的混合。因此，不能简单地将二者同等看待。

2. 非股份制的其他形式

在混合所有制经济的发展过程中，除股份制外，还包括有限责任公司制、合伙制、合作联营、股份合作制等形式。

有限责任公司，简称有限公司，是指根据《中华人民共和国公司登记管理条例》规定登记注册，由五十个以下的股东出资设立，每个股东以其所认缴的出资额对公司承担有限责任，公司法人以其全部资产对公司债务承担全部责任的经济组织。有限责任公司包括国有独资公司以及其他有限责任公司。有限责任公司是企业实行公司制的一种重要组织形式，其优势在于设立程序简便、组织结构简单、资本要求低、便于控制等方面。但是，由于不能公开发行股票，筹集资金范围和规模相对较小，一般适合于中小企业。与其他公司形式相比，有限责任公司具有以下基本特征：有限责任公司的各股东对公司承担有限责任，仅以其认缴的出资额为限，对公司债权人不负直接责任；有限责任公司的资本不必划分为均等的股份，只需计算出出资比例；有限责任公司具有封闭性，即公司被禁止向公众发行股票以筹集资金，股东转让出资受到来自法律或章程的程序性或实体性限制；有限责任公司的设立程序简便，组织机构简单灵活，可设董事会、监事会，也可以只设 1 名或 1 至 2 名执行董事、执行监事行使董事会、监事会的职权；有限责任公司既是一种资本的联合，又是一种人的集合，具有资合与人合的统一性等特征。与股份公司一样，有限责任公司同样是发展混合所有制经济的重要形式，并能够弥补股份制形式的不足，完善混合所有制经济体制机制建设。

合伙制是指由两个或两个以上合伙人通过签订合伙协议，共同出资、合伙经营、共负盈亏、共担风险，组成的非公司制企业，但并不具备法人资格。合伙制企业包括自然人、法人和其他组织依法设立的普通合伙企业和有限合伙企业。其中，普通合伙企业由普通合伙人组成，合伙人对合伙企业债务承担无限连带责任；有限合伙企业由普通合伙人和有限合伙人组成，普通合伙人对合伙企业债务承担无限连带责任，有限合伙人以其认缴的出资额为限对合伙企业债务承担责任。此外，根据《中华人民共和国合伙企业法》，我国的普通合伙人中还包括特殊的普通合伙企业，有效地解决了专业服务机构合伙人因其他合伙人故意或重大过失产生的债务而承担无限连带责任的不合理现象。同时，法律规定国有独资公司、国有企业、上市公司以及公益性的事业单位、社会团体不得成为普通合伙人。合伙制治理机制灵活，能更好地适应变化迅捷的外部竞争环境，并能对重大经营决策、利润分配、日常经营管理等方面形成较为完整的控制，是一种理想的组织形式。与公司制企业相比，合伙企业一般规模较小，层级结构相对简单，对资金要求不高，企业费用较低，入伙与退伙也较为自由。正是由于合伙制企业设立程序简便快捷、出资形式灵活多样、经营管理直接便利等优势，我国的合伙制企业从20世纪80年代开始快速发展，不仅在工商业、建筑交通业、饮食服务业等行业较为普遍，而且在会计、律师、保险代理等专业性行业也具有重要意义。

合作联营是指生产要素的所有者在明确划分各自财产所有权的基础上，自愿按照一定的原则结合起来，使用共同占有的生产资料、共同劳动的一种经济形式。合作联营本身没有固定的所有制模式，在多种所有制基础上，都可以按照合作方式经营，是混合所有制经济发展初期的一种常见形式。合作联营制的主要特征包括两个方面：首先，合作联营是将共有权、合有权和法人所有权统一起来的一种产权组织形式；其次，合作联营实现了分散的生产资料所有权与生产资料共同占有、共同使用的有机统一。合作联营制生产资料的所有权是分散的，分属于合作经济的各个成员，但合作联营制这种组织形式把分散的资产集中起来，以合作企业为代表形成了一个独立的资产，适应了生产社会化发展对财产社会化使用的要求，从而保证了生产资料的使用效率。此外，合作经济的分配实行了按劳分配与按股分配相结合，即合作经济的纯收入由其成员分享，一方面按投入生产资料的份额来分配，即按资分配；一方面按其所付劳动来分配，即按劳分配。同时，合作经济成员共担风险、共担损失。这一形式也成为我国在20世纪80年代普遍采用的组织形式，对我国改革开放和市场经济的发展起到了重要推动作用，形成了我国混合所有制的雏形。

股份合作制是指以合作制为基础，结合股份制方式，以劳动者的劳动联合和资本联合相结合的组织形式。在股份构成上，以企业职工股份为主，并兼而吸收有其他股份，如法人股、国家股等股份。基于合作制与股份制的有机结合，股份合作制兼具二者的特点，但又没有股份制的规范严格，非常适合中小企业。股份合作制的基本特征：一是全员入股、合资合劳。由全体职工成为企业的股东，职工既是劳动者又是所有者，共同出资、共同劳动、共担风险，从而实现了资本和劳动的直接结合。二是企业实行民主管理，职工拥有参与决策和管理的权利。最高权力机构是职工股东会，采取一人一票的民主决策机制，保证职工股东享有平等的表决权。三是企业内部实行按劳分配与按资分配相结合的分配制度，由全体职工共同分享劳动成果，共享税后利润。在我国，股份合作制从20世纪90年代初快速发展，迅速发展成为我国农村和城镇经济发展中的重要形式。

二、有关理论分析

（一）混合所有制经济的客观必然性

混合所有制经济的产生是社会经济发展到一定阶段的客观产物，有其客观必然性。马克思主义政治经济学认为，社会的基本矛盾表现为生产力与生产关系、经济基础与上层建筑之间的矛盾；社会发展的原动力是生产力的进步，当生产力与生产关系发生矛盾、生产关系严重束缚生产力发展时，经济基础和上层建筑就或快或慢地发生变化，制度变迁就不可避免。结合现实来看，单一的公有制或私有制均难以在日益复杂的经济系统内实现最优的效果，越来越多的领域需要二者的有机融合，客观上提出了对混合所有制经济的需求。公有制和私有制的共存和融合符合经济社会发展的客观规律，混合所有制企业的产生也具有其内在必然性。

混合所有制经济能够综合公有制和私有制的不同优势。无论是从纯粹的市场经济向混合经济转变，还是从计划经济向混合经济转变，其最终均是将市场与政府有机结合，将二者的优点保留在混合所有制企业内，弥补各自的劣势，实现经济安排的再优化。从其预期效果来看，就是通过市场机制保持企业运行活力和张力，通过政府调节保证政策方向和弥补市场缺陷，以熨平经济波动，实现经济的长期稳定增长。换言之，为实现平稳增长目标，混合所有制经济一方面针对市场失灵和政府失灵的双重后果，将“看得见的手”与“看不见的手”的综合优势有机结合于企业内部；另一方面，混合所有制经济淡化了公有制与私有制之间的对立，将政府目标与市场绩效相结合，扩充了企业的投资主体，充分体现了其在经济安排上的优势性。

（二）混合所有制经济的核心问题是产权管理

产权问题是混合所有制经济相关理论中的核心问题。产权形式可以划分为共有产权、国有产权和私有产权。共有产权指在共同体内的每一个成员都能享有这些权利，但排除了外部成员对共同体内权利的分享。由于每个成员都能分享共同权利，且相关监督乏力，因而共有产权内的“搭便车”现象难以避免。国有产权指国家拥有的权利，然后再按可接受的政治程序来决定可以使用这些权利的群体。因此，国家必须选择代理人来行使权利。作为权利的行使者，代理人对资源的使用与转让以及最后成果的分配，都不具有充分的权能，因而对经济绩效和对其他成员的监督都经常激励不足。同时，国家对代理人进行充分监察的费用极其昂贵，再加上国家在选择代理人时具有从政治利益而非经济利益考虑的倾向，因而国有产权下的外部性也相对较大，产权实体往往为了追求其政治利益而偏离利润最大化动机。私有产权是把资源的使用与转让以及收入的享用权都界定给了一个特定的个人。私有产权所有者在进行任何一项行动决策时，都会反复和慎重考虑现期成本与未来收益之间的关系，选择能带来最大收益的方案，进而决定使用资源的安排。在共有产权和国有产权下不可避免的诸多外部性，就在私有产权下被加以内化，因而产生了对更高效率追求的激励，但也会因过度逐利导致社会福利的损失。因此，现代西方产权理论认为，如何在混合所有制经济中进行产权管理，就成为重要问题。

其中，对国有产权的管理及其效果也是研究的重点。相关理论研究对国有产权形成了两种观点，即“掠夺之手”和“帮助之手”。“掠夺之手”认为国有产权对于公司治理结构以及公司业绩都有消极影响。这是由于，一方面，作为国有股东的政府，既要考虑经济目标，又要权衡政治目标，因而国有产权会产生较强的政府行政干预，扭曲资源的利润最优化配置，降低公司效率。另一方面，根据不完全合约理论，某一缔约方权力越大，其承诺可信度就越低，导致政府和企业之间出现信任困境，损害公司管理层和普通职工的工作积极性。“帮助之手”则认为，国有股权可以帮助企业经营发展。这是由于，一方面混合所有制公司中的政府作为税收征集者，发挥着大股东的作用，可以监督公司管理人员，防止内部人控制现象产生。同时，研究强调国有股权带来的政府监督，是在公司治理结构不完善、对管理人员缺乏有效外部监管机制情况下的次优选择。另一方面，国有股东的引入可以保护公司免遭政府的恶意侵害。转型经济中的法律法规健全程度相对不高，公司的政府股东会防止一些不合理的法律纠纷，减少公司的资产损失。我们认为，国有产权的作用并不是绝对的好或坏，而是要根据经济发展的具体情况，通过建立归属清晰、权责明确、保护严格、流转顺畅的现代产权制度，不断调整国有产权的比重和对经济的控制强度，优化各种所有制经济之间的产权设计安排，以实现国有产权在提升绩效、推动经济发展方面的积极作用。

（三）发展混合所有制经济的环境条件

多种所有制经济的并存和发展是混合所有制经济发展的基本条件。在单一所有制经济下，公有制和私有制截然对立、保持封闭，不存在合作与交流，只能存在唯一合法的所有制形式，难以形成混合所有制经济。因此，混合所有制经济的发展必须建立在多种所有制并存的基础之上。多种所有制的并存，使得经济活动中本已存在的积极因素获得认同，激发了潜在的经济活力。同时，多种所有制之间的地位和关系也决定了混合所有制经济的发展程度。在混合所有制经济中，占据主导地位的所有制形式决定总体经济性质，影响着社会资源的组织和分配原则和方式；而处于次要地位的所有制形式被给予的地位和认可程度，也决定了其参与混合所有制经济的深入程度，以及对整个经济发展的贡献程度。

市场经济的发展是混合所有制经济发展的重要条件。市场作为各种经济成分充分发挥作用的舞台和平等竞争的场所，对于混合所有制经济具有重要作用。一方面，混合所有制经济的形成和发展有赖于市场中的私有制经济发展和深入参与；另一方面，只有通过健全的市场经济，生产要素才能实现自由流动和重新组合，发挥混合所有制的优势。因此，形成平等、开放、竞争、有序的市场环境，有利于不同所有制经济之间实现相互投资、相互渗透和相互融合，加速混合所有制经济的形成和发展，并不断创新混合所有制经济的实现形式。

混合所有制经济的发展既具有共性，也因具体的发展阶段和时代背景而带有个性，只有明确具体发展特征，才能抓住混合所有制经济的发展机遇。例如，美国在20世纪30年曾将国家经济与私人经济相混合，发展混合经济。但由于发展阶段和时代背景的差异，其与我国的混合所有制经济存在明显差异。首先，提出背景不同。美国的“混合经济”是为应对经济危机、强化政府对市场经济的干预而提出的经济政策，是国家垄断资本主义时期的重要经济思想；我国的混合所有制经济是针对传统单一国有制结构的弊端和经济转轨中存在的问题，适应建立完善的社会主义市场经济体制而提出的经济政策。其次，研究角度不同。“混合经济”侧重的是国家和市场功能的结合，强调的是指令成分和市场成分的双重混合；我国的混合所有制经济则侧重于所有制结构的多元化，并强调公有经济和私有经济的有机融合。再次，演进机制不同。“混合经济”是从私有经济的基础出发，引入国有经济成分，提高国家对市场经济的干预能力，进而形成市场与计划相配合、公私相混合的经济结构；我国混合所有制经济是以公有制经济为基础，逐步提高非公经济比重，提高市场对经济的决定性作用，形成以公有制为基础的混合所有制经济结构。最后，经济特征不同。在“混合经济”中，私有经济占据主体地位，公有经济只是为了弥补市场失灵，处于辅助性地位；在我国混合所有制经济中，公有制经济是主体，在关键行业和领域占据支配地位。

第二节　西方国家发展混合所有制经济的比较分析①

研究分析国外发展混合所有制经济的有关情况，对我国发展混合所有制经济和深化国有企业改革，具有积极借鉴意义。本节主要对新加坡、日本、英国、法国、美国和俄罗斯等国发展混合所有制进行比较分析。

一、推行分类改革，完善监管体系

从主要国家发展混合所有制经济的经验来看，多数国家采取了明确的分类改革措施，对全部经济领域进行了清晰的划分，区分了不同领域对私有制经济的开放程度，并相应地建立了配套监管体系。

在分类改革方面，各国大体按照经济社会功能的不同加以划分。法国政府在分类改革的基础上，启动了国企改革，将全部领域分为公益、垄断

① 本节内容重点参考了国务院国资委产权管理局《混合所有制企业国有产权管理问题研究》等研究成果。

性和竞争性两类。其中，对于公益和垄断性的国有企业，政府仍采取国家独资或国家控股的方式，实行较为严格的管理，例如在卫生、教育、印刷、铸币等公益领域和邮电、核电、航天航空、国防军工等涉及国家安全的垄断领域。对于竞争性行业，政府采取国家参股方式，通过国家拥有的股份对企业重大决策产生影响，而并不对具体的经营活动进行干预，并可根据具体情况出售股份或退出，例如在能源、交通运输等领域。对于涉及公共服务的领域，政府采取合同方式对职责和目标加以强化，建立跟踪机制，并确保服务内容的效率和透明度。美国在全部行业分类管理中，也基本分为两类：对于邮政、电力、供水、铁路等公共服务和基础产业部门实行集中管理、直接经营，对于其他竞争性、半竞争性行业放开竞争，由企业自主经营。同时，依据竞争招标原则，在《联邦活动资产注册改革方案》下，国有企业向联邦管理与预算办公室提交活动清单，全部活动分为政府内部工作和商业活动两类，将可以由私人部门完成的工作逐步转移给私人部门，政府逐渐退出。此外，俄罗斯为矫正过度私有化的问题，对经济领域做了区别划分，将能源、银行、运输、贸易等多个领域的企业定为国家战略企业，限制其私有化进程，并逐步调整和恢复国有经济在其中的控制能力，到2012年俄罗斯国有经济在石油开采、银行和交通运输领域的比重分别达到45%、49%和73%。

在建立监管体系方面，法国将国有企业所有权机构和监察机构进行分离，由国家参股局掌管所有权，国家监督署负责监察工作，并在国企内部设立监督机构，形成了有效的监管体系。与法国完善的监管不同，由于美国对联邦政府企业缺乏统一的监管机构，无法实施系统性监管，因而这类企业成为美国混合所有制经济发展的一大问题。

二、保证国家控制权，维护国家利益

在发展混合所有制经济的过程中，如何保证国家的控制权、维护国家利益，是各国普遍关注的重要问题。其中，俄罗斯在保持国家对经济的控制权方面既有教训，也有经验。

俄罗斯在 20 世纪 90 年代实行全盘私有化，实施了“大私有化”和“小私有化”两类改革。“大私有化”是指大中型企业通过先改造成股份公司，然后再出售股份公司股票的方式实现私有化；“小私有化”是指小型企业通过出售、租赁等方式实现私有化。在这一轮私有化进程中，大量国有资产被低估贱卖，改革对经济发展的贡献甚微，政府对国家安全的控制能力大幅削弱。面对过度化改革问题，俄罗斯开始恢复国家对经济的控制能力，提出在部分重要公司保留国家使用特别权力参与股份（金股）管理。通过保留这一金股，国家可以对涉及国计民生的重要企业保持影响力，包括对公司领导实施任命。“金股”这一管理方式的出现使俄罗斯既可以进一步推进混合所有制经济进程，又可以保证国家对经济的控制。

除了俄罗斯强化国家的控制权外，其他国家也对重要领域加强了控制，例如法国政府对生物技术、通信拦截设备与技术、数字系统安全、国防安全技术等领域的企业拥有并购否决权等；新加坡虽然对政府控股公司给予了相当大的经营自主权，但政府始终是政府控股公司唯一的出资人，并对政府控股公司的人事权和收益分配权严格控制。

三、完善公司治理，推进国有企业改革

由于国有资本的特殊性，国有企业除了以追求价值为目标外，还必须兼顾其特殊的社会责任。为此，在发展混合所有制经济的过程中，如何建立有效的公司治理机制，既提高国有企业的运行效率，又保障国家的政策目标，就成为推进国企改革的重要内容。从各国的实践来看，新加坡对淡马锡公司的改革值得借鉴。

淡马锡公司是由新加坡财政部负责监管、以私人名义注册的一家控股公司，其主要业务集中于资产经营和管理，涵盖了通信、金融、航空、科技、地产等主要行业。在国有资本运作过程中，新加坡有效地实现了三个层次的划分和两种分离。三个层次是指政府部门、法定机构和政府控股公

司、国联公司；两种分离是指政府部门与法定机构、政府控股公司的分离，法定机构与政府控股公司的分离。其中，法定机构是指通过法律程序设立、由政府各部委负责管理的代行政府职能的半官方机构，在功能和运营方式上兼具公共性与经营性，主要以合理的价格提供公共服务，承担一定社会目标；政府控股公司是指由政府出资控股，专门经营管理国有资本的市场化公司；国联公司是指与政府投资有联系的公司。

淡马锡公司作为新加坡的政府控股公司处于第二个层次，代行国家所有权，负责管理国家拥有的股份，通过参股控股国联公司，实现了对经营性国有资产的管理，隔断了政府与企业之间的直接联系，使企业免受不必要的行政干预。同时，新加坡政府通过任命公司高层领导等方式保证对国有资本的控制力，而淡马锡公司通过资本控股引导企业经营方向，在政府和企业实体之间起到了纽带作用。从内部治理来看，淡马锡公司强化了董事会建设，强调了成员的学历、专业能力、商业经历、领导能力、道德品行等方面，特别强调公司领导要有商业经验，并鼓励子公司从外部聘请优秀的经理人。同时，淡马锡公司通过薪酬委员会设计了全面的激励考核体系，将企业发展战略、全面预算管理和业绩考核三个系统紧密衔接起来，形成多方位、分层面的综合考核制度。此外，为了保护国有资产，淡马锡公司逐步形成了完善的内外部监管机制。内部监管方面，淡马锡公司建立了以强大董事会为核心的企业治理结构，实施了政府注资审批制度、子公司业务控制制度、业绩考核制度、定期业绩分析制度等，并在公司权力、投资、财务等方面建立了制衡机制。外部监管方面，实行政府监管和公共监督相结合，政府通过直接派人参加董事、财务报告、项目审批制度、不定期调查等方式保证政府监管；通过建立透明的公共监督机制，发挥社会公共监督的作用，对腐败和贪污“零容忍”。

四、鼓励私人企业，留足发展空间

发展混合所有制经济的一个重要目标是在保证国家经济方向的前提

下，激发私有制经济的活力，提高社会经济的运行效率。因此，需要积极鼓励私人企业，留足发展空间。

鼓励私人企业，首要是营造公平的市场竞争环境。例如，新加坡强调各类企业在同等条件下公平竞争，政府控股公司在参与市场经济活动的过程中不享受特殊的优惠或保护政策，并与其他企业履行相同的职责或享有相同的权利。此外，日本一直以来都比较注重政府与企业的伙伴式关系的培养，奉行“官不与民争利”的原则，凡是私人能够经营好的经济领域，都鼓励私人参与经营。

同时，对于混合所有制经济的发展领域也要逐次放开，留足发展空间。从各国的发展经验来看，在分类改革的基础上，各国均逐步划分出了可以向私有制经济开放的领域，并伴随实现形式的丰富和国家管理水平的提高扩大开放领域。例如，美国从 20 世纪 80 年代开始的私有化改革，将国家限制的领域逐步放开，并计划进一步推动电力、煤气、国防等领域的改革。因此，私有制经济在整个经济活动中一直保持着较大比重。由此可见，在保证国家控制权的基础上，逐次放开私有制经济的发展领域，有利于调动经济中的活跃因素，提升市场效率。

五、保障社会福利，缓解社会问题

各国在推进私有化改革、建设混合所有制经济的过程中，均不同程度地出现社会问题，使得政府有必要加强对社会福利的保障，以缓解社会问题的激化。例如，俄罗斯在 20 世纪 90 年代大幅推进私有化改革后，社会贫富差距大幅增加，社会矛盾激增；英国在私有化过程中也出现了公共服务投入不足、物价持续上涨、企业大量裁员、政府转移支出增加等严重的社会问题。为此，各国在发展混合所有制经济过程中，加强了对国有资产的评估，防止因资产的贱卖转移导致社会财富的分配失衡，并鼓励员工和国民参与入股，保证出售公平性。同时，通过服务合约、政府监管等方式，确保公共服务的供给和物价稳定，通过完善的补偿计划和员工培训计划，安抚企业和员工。

第三节　我国经济体制变迁中混合所有制经济的表现形式

中华人民共和国成立以来，我国国有企业改革发展历经了不同发展阶段，对此可以有不同的划分标准。本节以混合所有制经济为维度，将国有企业改革角度分成四个阶段，不同阶段混合所有制经济的占比、表现形式均有所不同。①

一、第一个阶段

第一个阶段是从1949年中华人民共和国成立至1978年十一届三中全会召开前。从多种经济成分（包括混合所有制）逐步走向单一公有制经济，这一过程中混合所有制（尤指国家和私人合作的国家资本主义经济）是股份形式的资本混合和经营层面的偏国营，属于一个过渡形式，也逐渐走向了消亡。

1949—1952年的国民经济恢复时期，我国实施“公私兼顾、劳资两利、城乡互助、内外交流”的基本经济政策，国营成分逐渐上升。这一时期，多种经济成分共存，混合所有制经济主要表现为国家和私人合作的经济，目的是为了恢复国民经济并把资本主义工商业改造成社会主义经济成分。

根据1952年底的过渡时期总路线也就是“一化三改”，即在一个相当长的时间内，逐步实现国家的社会主义工业化，并逐步实现国家对农业、手工业和资本主义工商业的社会主义改造，到1956年，“三大改造”基本完成，社会主义革命以和平方式进行，对工业化产生积极作用，极大地支

① 李绍荣，周毅．中国的经济体制变迁与混合所有制改革[J]．学术前言，2014(4):72－78.

持了工业发展。之后，经过“大跃进”、农村人民公社化运动和“文化大革命”，公有制经济进一步增强。截至1978年，在全国工业总产值中，全民所有制企业占77.6%，集体经济占22.4%，个体私营经济几乎不存在，生产资料所有制结构已成为单一的公有制。在计划经济体制中，所有的经济活动几乎全由政府进行计划和安排，经济缺乏活力、效率低下，国家经济几乎到了崩溃的边缘。

二、第二个阶段

第二阶段是从1978年党的十一届三中全会至1997年党的十五大召开前。

党的十一届三中全会以来，在认真总结以往所有制问题的经验教训的基础上，确立了以公有制为主体、多种经济成分共同发展的方针，逐步消除所有制结构不合理对生产力的羁绊。在保持公有制主体地位的同时，个体、私营、外资等非公有制经济从无到有，从允许存在到定位为“有益补充”和“重要组成部分”；非公有制经济得到发展，多种经济成分并存。但由于对非公企业的发展处于摸索阶段，且非公经济力量不大，没有大范围地发展混合所有制，公有制企业和非公有制企业之间并没有太多交叉。

1981年党的十一届四中全会《关于建国以来党的若干历史问题的决议》提出，社会主义生产关系的变革和完善必须适应于生产力的发展状况，有利于生产的发展；国营经济和集体经济是我国基本的经济形式，一定范围的劳动者个体经济是公有制经济的必要补充。1984年党的十二届三中全会《中共中央关于经济体制改革的决定》指出，要积极发展多种经济形式，进一步扩大对外的和国内的经济技术交流。随着对所有制形式认识的深化、实践的探索，非公经济通过市场（商品经济）得到极大发展，经济活力不断上升，所有制结构从1978年以前的单一公有制逐步形成以公有制为主体、多种所有制成分共同发展的局面。1992年党的十四大确定了建立社会主义市场经济体制，在所有制结构上，以公有制包括全民所有制和集体所有制经济为主体，个体经济、私营经济、外资经济为补充，多种经济成分长期共同发展，国有企业、集体企业和其他企业通过市场平等竞争。1993年十四届三中全会《中共中央关于建立社会主义市场经济体制若干问题的决定》指出，坚持以公有制为主体、多种经济成分共同发展的方针，在积极促进国有经济和集体经济发展的同时，鼓励个体、私营、外资经济发展，并依法加强管理。随着产权的流动和重组，财产混合所有的经济单位越来越多，将会形成新的财产所有结构。

经过了20年对非公有制经济的探索，不仅理论更加成熟，而且非公经济不断发展壮大，此时混合所有制的发展有了理论基础和实践基础，以股份制为代表的混合所有制成为重要表现形式。

三、第三个阶段

第三阶段是从党的十五大到党的十八届三中全会召开前。公有制和非公有制经济开始实施大范围的混合，混合所有制形式开始快速增长。

党的十五大报告确立了以公有制为主体、多种所有制经济共同发展的社会主义初级阶段的基本经济制度，提出混合所有制经济概念，指出公有制经济不仅包括国有经济和集体经济，还包括混合所有制经济中的国有成分和集体成分。公有制的主体地位主要体现在：公有资产在社会总资产中占优势；国有经济控制国民经济命脉，对经济发展起主导作用。公有制实现形式可以而且应当多样化。

党的十五届四中全会进一步提出，国有大中型企业尤其是优势企业，宜于实行股份制，要通过规范上市、中外合资和企业互相参股等形式，改为股份制企业，发展混合所有制经济，重要的企业由国家控股。党的十六大明确提出，除极少数必须由国家独资经营的企业外，其他企业积极推行股份制，发展混合所有制经济。党的十六届三中全会要求进一步增强公有制经济的活力，大力发展国有资本、集体资本和非公有资本等参股的混合所有制经济，实现投资主体多元化，使股份制成为公有制的主要实现形式。党的十七大提出，以现代产权制度为基础，发展混合所有制经济。

公有制和非公有制开始实施深度的混合，一些混合所有制企业在资本混合下从偏国营逐渐转向混合经营，非公有成分的地位在不断上升。

四、第四个阶段

第四阶段是从2013年党的十八届三中全会召开至今，为深化混合所有制改革阶段。

党的十八届三中全会指出，公有制经济和非公有制经济都是社会主义市场经济的重要组成部分，都是我国经济社会发展的重要基础。国有资本、集体资本、非公有资本等交叉持股、相互融合的混合所有制经济，是基本经济制度的重要实现形式，有利于国有资本放大功能、保值增值、提高竞争力，有利于各种所有制资本取长补短、相互促进、共同发展。允许更多国有经济和其他所有制经济发展成为混合所有制经济。国有资本投资项目允许非国有资本参股。允许混合所有制企业实行企业员工持股，形成资本所有者和劳动者利益共同体。贯彻落实中央精神，国务院及有关部委先后印发了《关于国有企业发展混合所有制经济的意见》《关于鼓励和规范国有企业投资项目引入非国有资本的指导意见》《关于国有控股混合所有制企业开展员工持股试点的意见》等，积极稳妥推进国有企业混合所有制改革，发展混合所有制经济。

在实践中，发展混合所有制经济坚持因地施策、因业施策、因企施策，宜独则独、宜控则控、宜参则参，不搞“拉郎配”，不搞全覆盖，不设时间表，成熟一个推进一个，规范操作程序。健全国有资产交易规则，完善资产交易程序、机制和流程，切实做到规则公开、过程公开。发展混合所有制经济，已经成为国有企业转换经营机制的重要途径，正在有力有序、积极稳妥推进。

第四节　积极稳妥发展混合所有制经济

混合所有制改革是国企改革的重要突破口。国有企业推进混合所有制改革，有利于实现各种所有制资本取长补短、相互促进、共同发展，有利于放大国有资本功能、提高国有资本运营效率，有利于国有企业转换经营机制，形成有效制衡的企业法人治理结构，激发企业活力。

一、国有企业发展混合所有制经济的目标原则

（一）发展混合所有制经济的目标

发展混合所有制经济的根本目的是，壮大而不是削弱国有经济的影响力、控制力和竞争力；加强而不是破坏中国特色社会主义的制度基础；提升而不是降低国家竞争力。这是实行混合所有制经济必须坚持的基本原则，也是判断实行混合所有制经济成效的基本标准。推进国有企业混合所有制改革的出发点和落脚点在于，国有资本、集体资本、非公有资本等交叉持股、相互融合的混合所有制经济，是基本经济制度的重要实现形式。多年来，一批国有企业通过改制发展成为混合所有制企业，但治理机制和监管体制还需要进一步完善；还有许多国有企业为转换经营机制、提高运行效率，正在积极探索混合所有制改革。当前，应对日益激烈的国际竞争和挑战，推动我国经济保持中高速增长、迈向中高端水平，需要通过深化国有企业混合所有制改革，推动完善现代企业制度，健全企业法人治理结构；提高国有资本配置和运行效率，优化国有经济布局，增强国有经济活力、控制力、影响力和抗风险能力，主动适应和引领经济发展新常态；促进国有企业转换经营机制，放大国有资本功能，实现国有资产保值增值，实现各种所有制资本取长补短、相互促进、共同发展，夯实社会主义基本经济制度的微观基础。在国有企业混合所有制改革中，要坚决防止因监管

不到位、改革不彻底导致国有资产流失。

积极稳妥发展混合所有制经济，主要有以下几个层面的意义：第一，有利于优化国有经济布局，进一步发挥国有资本带动力。国有企业可以通过兼并重组、产权转让、增资扩股等多种形式，逐步从不具竞争优势或不需要保持国有资本发挥控制力的一般竞争行业退出，推动国有资本进一步向支柱产业、优势产业和前瞻性战略性产业及龙头企业集中，通过资本有序流动优化国有经济布局。混合所有制经济对潜在投资主体没有身份限制，国有企业可以通过社会化融资，扩大资金来源，改善资本结构，加速发展壮大，提高国有经济的控制力和影响力，实现国有资本放大功能。通过多种形式引进非公资本参与国企改革，可以使处于困境的国有企业获得增量资本，引进更为灵活的经营机制，实现放开搞活，提高国有经济活力和带动力。第二，有利于改善公司治理结构，实现政企分开。真正的政企分开是以产权结构的多元化为前提的，在国有企业改革中积极发展混合所有制经济，可以优化企业股权结构，实现投资主体和产权多元化，为完善公司法人治理结构、建立市场化的选人用人机制创造条件。建立在混合所有制基础上的公司法人治理结构，可以使企业受到来自不同性质所有制投资主体的约束和监督，减少政府对企业经营的直接干预，使企业可以按照市场化原则决定发展战略和选择经营者，从而建立起科学、高效的现代企业制度，提高决策的科学性，防止“内部人控制”问题产生，实现政企分开。第三，有利于公有制经济和非公有制经济良性互动，提高国家竞争力。公有制经济和非公有制经济都是社会主义市场经济的重要组成部分，都是我国经济社会发展的重要基础，在国有企业改革中大力发展混合所有制经济，有利于破除“国进民退”和“国退民进”争论，打破企业在所有制身份上的界限，实现“公平进入、公平竞争、共同发展”，打造更多具有国际竞争力的民族企业，提高国家竞争力。通过发展混合所有制经济，吸收非公有制资本参与国企改革，可以把国有企业资源集中优势和民营经济竞争活力有效结合起来，提高企业发展的质量和效益，同时也可以为非公有制经济发展腾出更大空间，引导公有制经济和非公有制经济在产业分布和产业链分工上协调配合，实现各种所有制经济取长补短、良性互动。

（二）发展混合所有制经济的原则

第一，政府引导，市场运作。尊重市场经济规律和企业发展规律，以企业为主体，充分发挥市场机制作用，把引资本与转机制结合起来，把产权多元化与完善企业法人治理结构结合起来，探索国有企业混合所有制改革的有效途径。

第二，完善制度，保护产权。以保护产权、维护契约、统一市场、平等交换、公平竞争、有效监管为基本导向，切实保护混合所有制企业各类出资人的产权权益，调动各类资本参与发展混合所有制经济的积极性。

第三，严格程序，规范操作。坚持依法依规，进一步健全国有资产交易规则，科学评估国有资产价值，完善市场定价机制，切实做到规则公开、过程公开、结果公开。强化交易主体和交易过程监管，防止暗箱操作、低价贱卖、利益输送、化公为私、逃废债务，杜绝国有资产流失。

第四，宜改则改，稳妥推进。对通过股份制、上市等途径已经实行混合所有制的国有企业，要着力在完善现代企业制度、提高资本运行效率上下功夫；对适宜继续推进混合所有制改革的国有企业，要充分发挥市场机制作用，坚持因地施策、因业施策、因企施策，宜独则独、宜控则控、宜参则参，不搞“拉郎配”，不搞全覆盖，不设时间表，一企一策，成熟一个推进一个，确保改革规范有序进行。尊重基层创新实践，形成一批可复制、可推广的成功做法。

（三）混合的内容

发展混合所有制经济，关键要处理好“混”与“合”的关系。“混”是基础、是手段，是物理变化、是量变。“合”是方向、是目标，是化学反应、是质变。

1. 混的内容

混资本：把国有资本、集体资本和非公有资本，按照参股、控股、并购等形式混合起来。

混资源：包括生产资源、技术资源、管理资源、市场资源、信息资源、品牌资源等。

混人员：体现在三个层面。在决策层面，由各种资本所有者按照股权比例，派出各自代表，组建企业董事会；在经理层面，按照公司章程和协议规定，对企业高级管理者进行市场化选聘；在员工层面，与原有员工通过充分协商，调整劳动合同，必要时调整岗位。

混文化：把国企和非国企的各自优秀文化进行有机整合，使混合所有制企业既继承国企重视政治责任、社会责任的优良传统，又吸收非国企高效的市场化文化和创新意识。

2. 合的内容

合出有效治理结构。混合所有制企业要实行彻底的政企分开、政资分开、所有权与经营权分离，使之成为真正的市场主体，具体体现在企业的决策权、执行权和监督权要实现有效分离、有效制衡。决策权由股东（大）会和董事会负责，执行权由经理层负责，监督权由监事会负责，同时企业党组织要发挥好保证监督作用。对经理层的具体经营管理，其他治理主体不得干预。

合出高效运营机制。决策要市场化，完全按照商业原则进行商业判断、灵敏反应、快速决策。生产经营要市场化，根据市场形成的产业链和价值链，组合配置企业各类生产要素。管理要市场化，遵循优胜劣汰的市场法则，实行精细化管理，不断创新企业管理方式、手段和商业模式。考评和激励要市场化，根据企业高管和各级员工的实际贡献，确定薪酬收入、进退去留。

合出职业经理人制度。经理人应完全由董事会负责选聘、管理、考核和奖惩。选聘可以采取公开招聘、竞争性选拔、猎头公司推荐等方式。管理实行任期制契约化，董事会和经理人通过平等协商，确定经理人的聘任方式、任期期限、任期目标和奖惩措施。激励方式可以更加灵活，在规范经理人业务消费、职务待遇和薪酬水平的基础上，可采取股票期权、限制性股票等中长期激励政策。考核和激励要紧密挂钩，由董事会严格考核、奖惩兑现，对达不到董事会考核要求的，董事会可以依法解除经理人的契约合同，做到能上能下、能进能出。

合出新型劳动关系。真正实行合同化管理，既继承国企在保障员工合法权益、规范执行国家社保政策、严格落实《劳动法》等方面的有效做法，也积极引进非国企在严格考核管理、根据考核结果决定员工流转进退等方面的管理方式。通过严格、规范、有效的合同管理，使原国企员工进入混合所有制企业后能够加快转变观念，同时也防止员工合法权益缺乏保障。

（四）混合的关键点和难点重点

发展混合所有制经济，需要高度关注可能产生的矛盾和问题。一要防止国有资产流失。这是改革的底线。要防止在混合决策时国资流失，重大改革事项不能由一个人或少数人说了算；要防止在审计评估时国资流失，不能让有利益关联的评估机构参与财务审计和资产价值评估；要防止在市场交易时国资流失，充分利用资本市场，由市场决定交易对象，让市场发现国资价格。对一些地方采取下指标、设比例、定进度的方式，盲目求快求多发展混合所有制经济的做法，要及时提醒，防止由于大面积、大规模、大跨度地搞混合造成国资流失。二要防止为“混”而“混”。对一些公益性、战略性、带有自然垄断性的行业与企业，现在还必须保持国有绝对控制力，不能一味求混；对一些完全市场化、类似日用商品等的行业领域，国企不能为混而硬性进入。三要防止“混”而不“合”。很多企业搞重组并购，都发生过因无法融合而失败的教训，值得借鉴。要加强战略融合，在董事会层面形成为各方所接受的企业发展战略。要加强管理制度融合，以公司章程为依据，全面梳理和建立健全企业管理的制度体系和业务流程。要加强企业文化融合，形成为管理层和各级员工都认可和遵循的企业理念、价值观，重塑员工的思维方式和行为习惯。四要防止“混”后冲突。要在充分遵循资本追求利益最大化原则的前提下，通过合理的制度安排，确保国有资本能够履行应尽的政治责任、社会责任，避免国有资本和非国有资本在利益诉求上发生矛盾和冲突。可以采取市场化、合同化的方式，如政府采购、签订公共服务合同等手段，使混合所有制企业提供产品服务，获得应有收益。五要防止单纯“圈”钱。既要防止“圈”社会公众的钱，也要防止“圈”国企的钱，还要防止“圈”非国企的钱，使混合所有制有效促进各种所有制资本取长补短、相互促进、共同发展。

需要把握的关键环节主要有：一要做到有法可依、有章可循、有据可查。要健全与发展混合所有制经济相适应的法律法规体系，围绕保护混合所有制产权、规范国有资本出资人制度、规范政府对国企授权、保证市场公平、调整保护劳动关系等方面出台或修订一批法律法规，做到“有法可依”。要出台有利于发展混合所有制经济的相关政策，制定改革方案和细则，界定国企功能，明确可以混合的国企清单，做到“有章可循”。要实行第三方监督机制，在清产核资、财务审计、资产评估、产权定价、职工权益保障等领域引入第三方机构，采取公开竞争性方式聘请中介机构，建立健全混合中的工作纪实制度，做到“有据可查”。二要运用市场定价。通过资本市场发现资产价格，建立资产合理定价机制。综合考虑各种溢价因素、兼顾各股权方利益，按照资本市场定价规律，通过权益融资和固定收益率等多种方式折现资产未来收益，确定资产现实价格。要防止大股东主导资产价格，更要杜绝搞内外串通、利益输送、侵蚀各类资本所有者权益。三要自下而上混合，至少应先加快推进股权多元化。国有企业特别是中央企业发展混合所有制，比较现实可行的是从二、三级子公司做起。要舍得拿出优良资产混合，对市场化程度较高、主营业务突出、核心竞争力强、经营机制灵活、经济效益较好的二、三级子公司，要积极引入战略投资者和财务投资者。如果不能一步到位引入非国有资本，也要加快引入其他国有资本，先实行股权多元化。

在具体推进国有企业发展混合所有制经济方面，要注意解决好以下重点难点问题：一是审慎选择外部投资者。在选择外部投资者时，要在优势互补、利益共享的前提下，以确保国有资产保值增值为目标，以企业整体发展战略为指引，引入优质资源，增强企业综合盈利能力。二是建立完善的法人治理结构。建立完善的法人治理结构，实现混合所有制企业与集团公司战略同步，通过董事会席位和公司治理条款，保证集团下属公司的实际控制，有效放大国有资本的影响力。加强与股东的战略合作，切实整合内部资源，形成“相互配合、利益共享”的战略合作关系。三是完善相关制度。加快自然垄断的行业改革步伐，为自然垄断行业推进混合所有制经济创造条件；对负债率较高、资产证券化率较低的中央企业，采取补充资本金等方式，降低企业负债；非上市国有企业，要确定国有产权界定、评估、招股、处置等相关环节的操作细则；做好员工持股，避免员工持股造成企业内部分配损害普通员工利益，明显失公，并引发社会矛盾。四是加强党的领导。在发展混合所有制经济过程中，应加快实践探索，特别是在国有股权不占控股地位的情况下，如何加强党的领导、如何发挥党组织的领导作用，需要在深化改革实践中不断总结经验，及时推广。

二、国有企业发展混合所有制经济的主要做法和经验

党的十八大以来，各地区、各有关部门和国有企业积极稳妥发展混合所有制经济，在电力、石油、天然气、铁路、民航、电信、军工等重点行业，推动了两批 19 家中央企业开展混合所有制改革试点，截至 2016 年底，中央企业集团及下属企业中混合所有制企业占比达到 68.9%，省级国资委所出资企业及各级子企业中混合所有制占比达到 47%。通过与社会资本实现较大范围的融合，国有资本功能不断放大，国有经济的作用充分发挥。

（一）主要做法

一是探索完善有效制衡、平等保护的法人治理结构。试点企业以上市公司为突破口，改变旧有管理模式，依据公司法和公司章程行使股东权利，形成依法合规的股东行权方式和机制；依法落实试点上市公司董事会

的权利责任，切实履行决策权、高管选聘权、业绩考核权和薪酬管理权，使董事会成为公司治理的核心；明确试点上市公司股权董事的行权规范，在集团公司层面建立股权董事管理制度，加强对所提名选任的董事的考核评价；进一步落实试点上市公司的监事会职权，充分发挥监事会在公司治理中的作用。

二是探索完善职业经理人制度和市场化的劳动用工制度。试点企业在高管人员中推行职业经理人制度，以契约关系为基础，建立市场化的选聘、激励、约束、流动退出机制和配套的培养、评价、绩效管理体系，实现职业经理人能上能下、能进能出；探索职业经理人管理与党管干部原则有机结合的机制，党委管方向、管原则、管程序；全面推行劳动合同管理，完善和落实市场化的劳动用工制度。

三是探索建立市场化的激励和约束机制。各试点企业注重激励约束机制与国资委经营业绩考核办法的衔接；积极开展工资总额备案制试点，在试点企业建立以效益为导向的激励约束机制；探索建立全方位的综合对标体系，在对标基础上建立和完善适应市场化要求的薪酬体系，实现薪酬能高能低、能增能减；探索在试点上市公司实施面向董事（除独立董事外）、高管人员和业务骨干的中长期股权激励。

四是探索建立和完善员工持股制度。在试点非上市公司中，探索面向高管层和业务骨干的“岗位激励股”员工持股计划，建立和完善“岗位激励股”定价、持股、流转、退出等一系列科学合理、可操作性强的制度规范；“岗位激励股”以岗定股、股份流转封闭运行。股份不得对外转让，若有调动、离职、解聘、退休或能力不足等情况，持股人必须将所持股权依据审计后净资产转让给公司指定受让人或控股股东。试点企业有分拆上市、引入战略投资者等资本运作情形，由控股股东按审计后净资产价格收购“岗位激励股”持股人所持股份，或由持股人按上市基准日审计值与评估值的差异补差价。

五是探索建立对混合所有制企业的有效监管机制。试点企业形成以管资本为主，重点管好资本投向、资本流转和资本回报的产权管理制度体系。通过完善试点企业公司章程，将国有资产监管的相关要求内化于公司章程之中，强化试点企业内部监督和风险防范体系建设，建立和完善母子公司监事会有效联动的工作机制，强化合规经营，提升风险防范能力。

六是健全企业党组织充分发挥领导作用的有效机制。试点企业高度重视充分发挥企业党组织核心作用，进一步建立健全混合所有制企业基层党组织，努力推进党建工作全覆盖。明确混合所有制企业党组织的主要职责，探索党组织在混合所有制企业经营管理中发挥作用的有效途径，加强党组织队伍建设，建设素质优良、结构合理、数量充足、专兼职结合的党务工作者队伍，落实党组织党风廉政建设主体责任和监督责任，保证权力运行依法合规，积极开展思想政治工作和企业文化建设。

（二）主要经验

一是以促进发展为目的。通过企业股份多元化改造，以存量资本吸收大量社会资本，进行多方位的联合重组，形成有利于参与市场竞争的治理结构和运行机制，建立现代公司法人治理结构，融合不同所有制优势，通过改革实现企业的跨越式发展。

二是以产权改革为基础。通过产权多元化改革使国有企业更有动力、更富效率，既保证了集团在战略决策、固定资产与股权投资等层面的绝对控股，也提高了子企业在精细化管理、技术改造等环节的积极性，实现了以少量国有资本撬动大量社会资本，以小搏大。

三是以转换机制为核心。深化国企改革的主线就是推进国有企业与市场经济深度融合，探索出一套既符合市场经济发展规律，又符合企业发展实际的“央企市营”改革思路，其核心就是市场化，主要是促进企业转换经营机制，规范公司治理，实现用人制度市场化、内部机制市场化、企业经营市场化，增强企业活力，使企业真正成为市场竞争的法人主体。

四是以资源整合为主线。从国际经验看，解决过剩问题必须由大企业整合市场，通过兼并重组、优化存量、减量发展，提高行业集中度，让过剩产能退而有序，实现产业结构调整的正循环。

五是以创新转型为支撑。一方面，通过发挥科技优势，改造传统产业、发展新兴产业，推动转型升级，引领行业走低碳绿色发展的道路；另一方面，注重原始创新与集成创新相结合，围绕核心技术创新进行联合重组，聚焦产业高端，抢占技术制高点，重点突破一批制约行业、企业发展的共性关键性基础性技术，提升产业层级。

六是以规范操作为前提。改革必须坚持底线、坚守红线。确保混合所有制改革的全过程公开透明、操作规范，有效保护各类出资人权益，切实防止国有资产流失。

七是以管理提升为抓手。管理提升能够帮助企业更好地解决成本与效益问题，进一步解放和发展生产力。中央企业在混合所有制改革中需要不断创新管理方法、管理措施和管理工具，建立起一整套符合集团特点的管控模式。

八是以包容文化为纽带。中央企业“混改”中以“包容文化”为纽带，坚持“规范运作、互利共赢、互相尊重、长期合作”的十六字混合原则，寻求各方最大公约数，并把文化认同写进每一个联合重组协议，形成“注重集团利益远远大于局部利益”的高度认同感。

九是以企业家精神为内动力。企业家是企业发展最宝贵的资源，以市场认可的薪资水平和待遇吸引民营企业，留用有能力、有业绩、有职业操守的企业家，特别是那些具有创新精神的复合型管理人才，在企业经营管理中，给予这些优秀企业家合理的职位、权限及薪酬，保障市场化的运行和考核机制，激发企业家创新精神。

十是以加强党建为保障。建立健全党的组织、全面落实从严治党，是国有企业推进混合所有制改革的必要前提。在混合所有制改革中，国有企业要始终坚持把规范法人治理结构与发挥党组织的领导作用有机结合，创新党组发挥领导作用的途径和方法。

三、分类分层推进国有企业混合所有制改革

（一）分类推进国有企业混合所有制改革

1. 稳妥推进主业处于充分竞争行业和领域的商业类国有企业混合所有制改革

按照市场化、国际化要求，以增强国有经济活力、放大国有资本功能、实现国有资产保值增值为主要目标，以提高经济效益和创新商业模式为导向，充分运用整体上市等方式，积极引入其他国有资本或各类非国有资本实现股权多元化。坚持以资本为纽带完善混合所有制企业治理结构和管理方式，国有资本出资人和各类非国有资本出资人以股东身份履行权利和职责，使混合所有制企业成为真正的市场主体。

2. 有效探索主业处于重要行业和关键领域的商业类国有企业混合所有制改革

对主业处于关系国家安全、国民经济命脉的重要行业和关键领域，主要承担重大专项任务的商业类国有企业，要保持国有资本控股地位，支持非国有资本参股。对自然垄断行业，实行以政企分开、政资分开、特许经营、政府监管为主要内容的改革，根据不同行业特点实行网运分开、放开竞争性业务，促进公共资源配置市场化，同时加强分类依法监管，规范营利模式。

（1）重要通信基础设施、枢纽型交通基础设施、重要江河流域控制性水利水电航电枢纽、跨流域调水工程等领域，实行国有独资或控股，允许符合条件的非国有企业依法通过特许经营、政府购买服务等方式参与建设和运营。

（2）重要水资源、森林资源、战略性矿产资源等开发利用，实行国有独资或绝对控股，在强化环境、质量、安全监管的基础上，允许非国有资本进入，依法依规有序参与开发经营。

（3）江河主干渠道、石油天然气主干管网、电网等，根据不同行业领

域特点实行网运分开、主辅分离，除对自然垄断环节的管网实行国有独资或绝对控股外，放开竞争性业务，允许非国有资本平等进入。

（4）核电、重要公共技术平台、气象测绘水文等基础数据采集利用等领域，实行国有独资或绝对控股，支持非国有企业投资参股以及参与特许经营和政府采购。粮食、石油、天然气等战略物资国家储备领域保持国有独资或控股。

（5）国防军工等特殊产业，从事战略武器装备科研生产、关系国家战略安全和涉及国家核心机密的核心军工能力领域，实行国有独资或绝对控股。其他军工领域，分类逐步放宽市场准入，建立竞争性采购体制机制，支持非国有企业参与武器装备科研生产、维修服务和竞争性采购。

（6）对其他服务国家战略目标、重要前瞻性战略性产业、生态环境保护、共用技术平台等重要行业和关键领域，加大国有资本投资力度，发挥国有资本引导和带动作用。

3. 引导公益类国有企业规范开展混合所有制改革

在水电气热、公共交通、公共设施等提供公共产品和服务的行业和领域，根据不同业务特点，加强分类指导，推进具备条件的企业实现投资主体多元化。通过购买服务、特许经营、委托代理等方式，鼓励非国有企业参与经营。政府要加强对价格水平、成本控制、服务质量、安全标准、信息披露、营运效率、保障能力等方面的监管，根据企业不同特点有区别地考核其经营业绩指标和国有资产保值增值情况，考核中要引入社会评价。

（二）分层推进国有企业混合所有制改革

引导在子公司层面有序推进混合所有制改革。对国有企业集团公司二级及以下企业，以研发创新、生产服务等实体企业为重点，引入非国有资本，加快技术创新、管理创新、商业模式创新，合理限定法人层级，有效压缩管理层级。明确股东的法律地位和股东在资本收益、企业重大决策、选择管理者等方面的权利，股东依法按出资比例和公司章程规定行权履职。

探索在集团公司层面推进混合所有制改革。在国家有明确规定的特定领域，坚持国有资本控股，形成合理的治理结构和市场化经营机制；在其他领域，鼓励通过整体上市、并购重组、发行可转债等方式，逐步调整国有股权比例，积极引入各类投资者，形成股权结构多元、股东行为规范、内部约束有效、运行高效灵活的经营机制。

鼓励地方从实际出发推进混合所有制改革。各地区要认真贯彻落实中央要求，区分不同情况，制定完善改革方案和相关配套措施，指导国有企业稳妥开展混合所有制改革，确保改革依法合规、有序推进。

（三）鼓励各类资本参与国有企业混合所有制改革

鼓励非公有资本参与国有企业混合所有制改革。非公有资本投资主体可通过出资入股、收购股权、认购可转债、股权置换等多种方式，参与国有企业改制重组或国有控股上市公司增资扩股以及企业经营管理。非公有资本投资主体可以货币出资，或以实物、股权、土地使用权等法律法规允许的方式出资。企业国有产权或国有股权转让时，除国家另有规定外，一般不在意向受让人资质条件中对民间投资主体单独设置附加条件。

支持集体资本参与国有企业混合所有制改革。明晰集体资产产权，发展股权多元化、经营产业化、管理规范化的经济实体。允许经确权认定的集体资本、资产和其他生产要素作价入股，参与国有企业混合所有制改革。研究制定股份合作经济（企业）管理办法。

有序吸收外资参与国有企业混合所有制改革。引入外资参与国有企业改制重组、合资合作，鼓励通过海外并购、投融资合作、离岸金融等方式，充分利用国际市场、技术、人才等资源和要素，发展混合所有制经济，深度参与国际竞争和全球产业分工，提高资源全球化配置能力。按照扩大开放与加强监管同步的要求，依照外商投资产业指导目录和相关安全审查规定，完善外资安全审查工作机制，切实加强风险防范。

推广政府和社会资本合作（PPP）模式。优化政府投资方式，通过投资补助、基金注资、担保补贴、贷款贴息等，优先支持引入社会资本的项目。以项目运营绩效评价结果为依据，适时对价格和补贴进行调整。组合引入保险资金、社保基金等长期投资者参与国家重点工程投资。鼓励社会资本投资或参股基础设施、公用事业、公共服务等领域项目，使投资者在平等竞争中获取合理收益。加强信息公开和项目储备，建立综合信息服务平台。

鼓励国有资本以多种方式入股非国有企业。在公共服务、高新技术、生态环境保护和战略性产业等重点领域，以市场选择为前提，以资本为纽带，充分发挥国有资本投资、运营公司的资本运作平台作用，对发展潜力大、成长性强的非国有企业进行股权投资。鼓励国有企业通过投资入股、联合投资、并购重组等多种方式，与非国有企业进行股权融合、战略合作、资源整合，发展混合所有制经济。支持国有资本与非国有资本共同设立股权投资基金，参与企业改制重组。

探索完善优先股和国家特殊管理股方式。国有资本参股非国有企业或国有企业引入非国有资本时，允许将部分国有资本转化为优先股。在少数特定领域探索建立国家特殊管理股制度，依照相关法律法规和公司章程规定，行使特定事项否决权，保证国有资本在特定领域的控制力。

探索实行混合所有制企业员工持股。坚持激励和约束相结合的原则，通过试点稳妥推进员工持股。员工持股主要采取增资扩股、出资新设等方式，优先支持人才资本和技术要素贡献占比较高的转制科研院所、高新技术企业和科技服务型企业开展试点，支持对企业经营业绩和持续发展有直接或较大影响的科研人员、经营管理人员和业务骨干等持股。完善相关政策，健全审核程序，规范操作流程，严格资产评估，建立健全股权流转和退出机制，确保员工持股公开透明，严禁暗箱操作，防止利益输送。混合所有制企业实行员工持股，要按照混合所有制企业实行员工持股试点的有关工作要求组织实施。

［案例一］

中国东方航空集团公司积极推动东航物流混合所有制改革

2016年9月，中央把东航集团列为首批“混改”试点单位，这是对东航集团的高度信任，是党和国家交给东航集团的重大使命，东航集团有信心有决心有责任把这一光荣使命完成好，“尽快在国有企业改革重要领域和关键环节取得新成效”。

一、基本情况

东航物流是东航集团所属三级全资子公司，注册资金11.5亿元，2016年总资产52.16亿元，营业收入58.83亿元，利润总额5.67亿元；主要经营航空货运物流、航空地面操作代理、货站仓储等传统航空物流业务；在册员工共6428名。

东航物流“混改”是一次牵涉到重大国有资产保值增值、重大结构调整、重大人员职业发展的改革事项。本着“三个有利于”（一是有利于进一步激发各类生产要素的活力，实现国有资本的保值增值；二是有利于推进航空领域的供给侧结构性改革，打造世界一流的航空物流国家队；三是有利于建立市场化体制机制，推进企业治理体系和治理能力的现代化），明确“三步走”的总体方案，坚持稳中求进，协调推进改革。

第一步，股权转让。集团成立东航产业投资公司，受让东航股份持有的东航物流100%股权，从而将物流从股份公司体系内脱离出来。

第二步，增资扩股。引进非国有资本投资方和核心员工持股方，股权结构是：东航所代表的国有资本持股比例为45%；非国有资本持股比例为45%；核心员工持股方持股比例为10%。2017年4月18日，物流增资项目在上海联合产权交易所公开挂牌；2017年6月19日，东航集团与联想控股、普洛斯、德邦快递和绿地集团等非国有资本以及持股员工代表签署了公司章程、股东协议和增资协议等三项“混改”重要文件；2017年7月

6日，东航物流完成工商变更，并正式挂牌，以新体制新模式投入运营。

目前，东航物流“混改”前两步的各项任务已圆满完成。

第三步，改制上市。积极创造条件，实现企业上市。这是物流“混改”的远期目标。

二、主要做法

在东航物流“混改”的过程中，东航集团主要抓了三方面工作：

一是加强党建。贯彻落实全国国有企业党的建设工作会议精神，坚持党的领导，加强党的建设，明确党委发挥领导作用；把加强党的领导和完善公司治理统一起来，明确和落实党组织在公司法人治理结构中的法定地位，将党建工作总体要求写入公司章程；坚持“四同步、四对接”，确保党的领导、党的建设在改革过程中得到体现和加强。

二是改革体制。按照现代企业制度，建立规范的股东会和董事会；按照同股同权的要求，给予参与“混改”的各类资本股东法定的话语权，依法保护各类股东权益。在“混改”后的东航物流董事会中，东航集团拥有绝对多数席位，非国有资本和核心员工持股方享有充分的独立表决权。东航以“管资本”为主，按照现代法人治理结构，通过股东会和董事会行使权益，不具体参与决策东航物流经营活动。

三是创新机制。“三项制度”改革是“混改”的重点。“混改”后，东航物流按照市场化原则，所有员工“脱马甲”，脱离国有企业员工身份，打破大锅饭，真正实现“管理人员能上能下、员工能进能出、收入能增能减”；在中高层管理人员中推行混合所有制企业职业经理人制度，建立市场化的激励和约束机制。科学合理地建立完全市场化的薪酬管理体系，建立完善中长期激励机制。

三、主要成效

从目前来看，东航物流“混改”通过上述做法，企业活力进一步增强，呈现出积极向上的发展势头，主要有四个方面的成效：

一是放大国有资本。东航集团在东航物流累计投入16.7亿元，由于前几年经营亏损原因，截至 2016 年底，东航物流账面净资产为 6.33 亿元。通过本次“混改”，有效带动了 22.55 亿元的非国有资本投入，切实放大了国有资本的带动力和影响力，推动国有航空物流龙头企业的良性发展；同时，东航物流“混改”也促进了非国有资本与国有资本的优势互补，使得各种经济主体共享国家改革的红利。

二是降低财务杠杆。“混改”前，截至 2016 年 12 月底，东航物流资产负债率为 87.86%。“混改”后，按照挂牌增资 8 亿元测算，东航物流资产负债率将降低到 75%左右，达到全球一流航空物流企业 2016 年资产负债率平均水平（FedEx 为 70.07%，UPS 为 98.93%，DHL 为 70.17%），企业财务杠杆有效降低，有利于东航物流轻装上阵。

三是探索改革路径。东航物流“混改”是国家“混改”项目，也是东航集团近年来推动国有企业改革的重点项目，具有开创性，没有任何先例可循，东航集团借国家“混改”试点的东风，本着先行先试原则，探索改革难题的解决路径，既为集团进一步深化国企改革奠定基础，也为其他中央企业开展“混改”工作积累可复制、可推广的改革经验。

四是促进产业升级。东航股份和东航物流都是东航集团的核心支柱产业。东航物流通过“混改”，有效提升了自身产业整合能力、经营能力和可持续发展能力，未来将逐步完善和构建成领先的航空物流产业生态圈。同时，物流“混改”又促进东航集团形成航空客运与航空物流“双轮”驱动的产业发展模式，通过适当的产业对冲，平抑单一产业的周期性波动，使得集团产业收益整体平稳有序。

[案例二]

中国医药集团总公司探索推进混合所有制改革

中国医药集团总公司（以下简称“国药集团”）面对激烈的市场竞争，通过不断吸收非公有制资本，实现股权多元化，积极稳妥推进混合所有制改革，混合所有制企业户数、资产总额、营业收入占集团总数的比重均超过85%。积极探索完善混合所有制经济的新体制新机制，着力解决公司治理不完善、选人用人不灵活、激励约束不配套问题，推动完善劳动分配、有效监管和发挥党组织领导作用的措施。

一、以多种方式与非公资本混合

一是有序引入非公资本。国药集团先后在医药商业、医疗器械、医药会展等业务板块有计划、有步骤、有选择地引入非公资本，形成利益共同体，利用市场机制，充分放大国有资本功能，提高国有资本效率，增强国有企业活力。国药集团率先实施医药商业板块的混合所有制改革，引入民营产业资本复星医药作为战略投资者组建国药控股，形成国有资本、民营资本和公众资本平等保护、有效制衡的公司治理结构。

二是主动入股非国有企业。国药集团积极通过多种方式，对发展潜力大、成长性好的非国有企业实施并购重组和整合，实现国有资本对非国有企业的主动融合，不断完善医药健康产业布局，充分发挥国有资本和非公资本的自身优势和协同效应，取长补短、相互促进、共同发展。在中药领域，通过收购香港上市公司盈天医药中间体到制剂的完整产业链，培育了众多具有全国影响力的大品种。在中药领域，通过收购香港上市公司盈天医药（现已更名为“中国中药”）作为产业发展和资本运作平台，先后完成了对同济堂、天江药业等知名中药企业的并购，成为国内综合实力最强、产品线覆盖最全的一流中药企业。

三是推动具备条件的企业上市。国药集团大力推动具备条件的企业赴境内外资本市场上市，形成以业绩增长推动市值提升、以市值管理助力持续融资、以募集资金取得企业发展的良性循环。目前，集团旗下拥有6家境内外上市公司。

二、坚持战略引领，从混合走向融合

在“打造中央企业医药健康产业平台”的战略目标引领下，国药集团秉承“发展战略认同、资本层面协调、经营理念一致、管理团队精干”的原则，选择认同国药集团发展战略和价值观的合作方，高度重视与非公资本合作方在企业发展战略上的协同性，实现战略协同、管理整合和文化融合。混合前，国药集团与合作方就战略目标、发展方向、文化理念进行充分沟通，只有在达到认同和产生协同的基础上才开展合作。混合后，严格制度管理制度，规范流程，注重有效开展业务和管理的整合，将混合所有制企业纳入国资监管体系和集团战略规划体系。

三、加强企业监管，完善公司治理

在深入推进混合所有制改革过程中，国药集团坚持依法依规、严格程序和公开工作的原则，利用各类公开交易市场，严把资产评估关，切实维护各类股东的合法权益，严防国有资产流失。通过完善企业内部监督和风险管控体系建设，明确监事会、审计、纪检监察、财务、法律部门的监督职责，实行分事行权、分岗设权、分级授权，强化内部流程控制，防止权力滥用，推进企业依法经营、合规管理。切实完善适合混合所有制企业的监督管理制度，形成以管资本为主，重点管好资本投向、资本流转和资本回报的产权管理体系。调整过去国有企业传统的行政上下级管理模式，明确股东与董事会的权力边界，规范和优化各项决策流程，形成依法合规的股东行权方式和机制。发挥混合所有制企业董事会在公司治理中的核心作用，依法落实混合所有制企业的经营自主权，激发经营主体的活力、创造力和市场竞争力，建立以市场为导向、运行高效灵活的经营机制。

四、充分发挥党组织的领导作用

国药集团始终坚持“投资并购到哪里，党组织就建设到哪里”，将政治优势转化为企业的发展优势，从政治上确保混合所有制企业的健康发展。把加强党的领导和完善公司治理统一起来，通过完善混合所有制企业章程，将发挥党组织的领导作用的相关要求内化于公司章程之中，明确企业党组织在公司法人治理结构中的法定地位。探索和创新党组织发挥领导作用的途径和方式，保证党和国家方针政策在混合所有制企业的贯彻执行。党组织通过参与企业重大问题决策，在发展战略与规划、重大决策事项等方面进行政治性、导向性保管，确保集团成员企业在思想上、政治上、行动上同党中央保持高度一致。坚持和完善双向进入、交叉任职的领导体制，强化混合所有制企业党组织在企业领导人员选拔任用、培养教育、管理监督中的责任，进一步加强企业领导班子建设和人才队伍建设。切实承担“两个责任”，建立健全权力运行监督机制以及惩治和预防腐败体系，开展廉洁风险防控体系建设，保证董事、监事、高级管理人员履职行为全程受控、依法合规。

第六章　国有资本布局和结构调整研究

党的十八大报告提出，要推动国有资本更多投向关系国家安全和国民经济命脉的重要行业和关键领域，不断增强国有经济活力、控制力、影响力。国有企业特别是中央管理企业，在关系国家安全和国民经济命脉的主要行业和关键领域占据支配地位，是国民经济的重要支柱，在我们党执政和我国社会主义国家政权的经济基础中也是起支柱作用的。推动国有企业布局和结构调整，既是落实党的十八大精神的需要，也是做强做优做大国有企业、培育世界一流企业的内在要求。

第一节　国有资本布局和结构调整的理论分析[①]

党的十五大提出："要从战略上调整国有经济的布局。对关系国民经济命脉的重要行业和关键领域，国有经济必须占支配地位。在其他领域，可以通过资产重组和结构调整，以加强重点，提高国有资产的整体质量。"十五届四中全会通过的《中共中央关于国有企业改革和发展若干重大问题的决定》提出："国有经济应保持必要的数量，更要有分布的优化和质的提高；在经济发展的不同阶段，国有经济在不同产业和地区的比重可以有所差别，其布局要相应调整。国有经济需要控制的行业和领域主要包括：涉及国家安全的行业，自然垄断的行业，提供重要公共产品和服务的行业，以及支柱产业和高新技术产业中的重要骨干企业。其他行业和领域，可以通过资产重组和结构调整，集中力量，加强重点，提高国有经济的整体素质。"

党的十六大提出："国有企业是我国国民经济的支柱。要深化国有企业改革，进一步探索公有制特别是国有制的多种有效实现形式，大力推进企业的体制、技术和管理创新。除极少数必须由国家独资经营的企业外，积极推行股份制，发展混合所有制经济。实行投资主体多元化，重要的企业由国家控股。按照现代企业制度的要求，国有大中型企业继续实行规范的公司制改革，完善法人治理结构。推进垄断行业改革，积极引入竞争机制。通过市场和政策引导，发展具有国际竞争力的大公司大企业集团。进

① 根据国资委规划局相关研究成果整理完成。

一步放开搞活国有中小企业。”十六届三中全会通过的《中共中央关于完善社会主义市场经济体制若干问题的决定》提出：“完善国有资本有进有退、合理流动的机制，进一步推动国有资本更多地投向关系国家安全和国民经济命脉的重要行业和关键领域，增强国有经济的控制力。其他行业和领域的国有企业，通过资产重组和结构调整，在市场公平竞争中优胜劣汰。发展具有国际竞争力的大公司大企业集团。”

十七大提出：“深化国有企业公司制股份制改革，健全现代企业制度，优化国有经济布局和结构，增强国有经济活力、控制力、影响力。”

十八大进一步提出：“推动国有资本更多投向关系国家安全和国民经济命脉的重要行业和关键领域，不断增强国有经济活力、控制力、影响力。”

党的十五大以来对国有经济的重要论述，要求从战略上调整国有经济布局，在坚持社会主义基本经济制度和完善社会主义市场经济体制的条件下，通过国有资产的流动和重组，改善国有资产的配置结构和国有企业的组织结构，从整体上搞好国有企业。

一、国有企业布局和结构的内涵

布局是指系统内各要素分布的状况，也即分布的位置、分布的数量，重点解决“在哪里分布”、“分布多少”的问题。结构是指构成系统的各要素之间在一定环境和条件下所形成的有机联系和相互作用的方式及其组织形式。结构的内涵不只是系统内各要素之间简单的数量堆积和数量比例，更主要的是组成系统的各要素质量的先进性、组织的合理性、动态的可调性及其内在的活力状况，重点解决“如何分布”的问题。由此看出，布局和结构其实是相互联系的两个方面，布局侧重指分布量上的关系，结构侧重指分布质上的关系，两者是统一的。

国有企业布局指的是国有企业国有资本在国民经济中的分布状况。具体涉及五个层面的内容：一是国有企业在国民经济各行业或领域上的分布；二是国有企业在国家区域上的分布；三是国有企业在各行业内部的分布；四是国有资本在国有企业间的分布；五是国有企业内部资源的分布。

国有企业结构是国有企业布局形成的相互之间的各种关系，既包括国有企业与其他资本之间的关系，也包括国有企业国有资本在各行业、各行业内部、行业内各企业之间以及各企业内部的内在关系，具体涉及：国有企业的产权结构、产业结构、产品结构、企业组织结构和国有企业间的竞争、协作结构。

二、国有经济的责任使命与国有经济布局和结构调整方向

推动国有资本布局和结构调整，要先明确调整的方向，为此要先理清国有经济的责任。

（一）国有经济的责任使命

国有经济一般是指国有单位在占有使用国有资产的基础上，进行的生产经营及其他经济活动的总和。对各国来说，国有资产（资本）的来源主要是财政资金，是全社会人民的共同财富，具有明确的社会属性，因此也就决定了国有经济必须以提供公共产品为基本目的，必须追求公共价值的实现，满足社会公共需求，保障国家政治、经济和国防安全。从我国社会主义道路的实践来看，国有经济作为社会主义全民所有制经济，是社会主义经济制度的内在构成要素，与资本主义制度下的国有经济还有本质的区别，不仅要提供公共产品，还要从长远利益和全局利益方面，支撑社会主义经济的发展：第一，国有经济是社会主义国家对经济运行更为有效地实行宏观调控的经济手段；第二，国有经济是我国先进生产力的代表，是国民经济的支柱，发展社会主义社会的生产力，实现国家的工业化和现代化，始终要依靠和发展国有经济的重要作用；第三，国有经济是保障我国经济独立自主和国家安全、应对国际竞争和突发事件、保障国家安全的重要支柱；第四，以国有经济为核心的公有制经济，是我们党执政的经济基础和物质手段。我国实行社会主义市场经济制度，坚持以公有制为主体、

多种所有制经济共同发展。国有经济作为市场主体，必须实现自身的保值增值，在市场经济中与其他多种所有制经济平等竞争，以实现它的经济功能。

（二）国有经济的责任使命决定了国有企业布局和结构调整的方向

国有经济要兼顾政治、社会和经济责任，这也是国有企业布局和结构调整的出发点和判断标准。国有企业布局和结构调整的方向是：

第一，优化国有企业在国民经济各行业领域的分布。国有企业国有资本应更多地投向关系国家安全和国民经济命脉的重要行业和关键领域，切实保障国家政治、国防和经济安全。主要包括涉及国防安全、能源安全、粮食安全、信息安全，提供重要公共产品和服务以及带动性强的先导行业。

第二，优化国有企业在区域间的分布。为实现国家意志，国有经济分布必须兼顾区域布局，切实贯彻实施国家西部大开发战略、东北等老工业基地调整改造战略和中部崛起战略，合理引导社会资金投向，振兴地方经济，缩小贫富差距，实现区域经济的平衡、协调发展，发挥国有经济在区域经济中的影响力和带动力。同时，国有企业是我国企业参与国际竞争的主力军，国际竞争的核心是提高全球配置资源的能力，所以国有企业区域布局，不仅要考虑国内区域布局，还要逐步考虑全球布局。

第三，优化国有企业国有资本在产业内部的分布。国有企业国有资本投向特定的产业和领域时，不应普遍投向产业链的各个环节，而应集中投向特定产业链中需要重点控制或市场机制难以发挥作用的基础产业、基础服务、基础设施、基础原料、关键技术、关键工序和关键零部件等。如钢铁业应更多地集中于原材料资源和高端产品领域；电信业在确保基础服务的前提下，可以在增值领域中参与竞争；建筑业应更多地向工程承包为主的高端产品发展，如工程管理、设备成套、设计安装等。

第四，优化国有企业国有资本在企业间的分布。国资委作为出资人，从发展壮大国有经济，培育和发展一批主业突出、具有国际竞争力的大公司大企业集团的角度出发，应对企业涉及的业务领域进行市场细分，按专业化分工、突出主业的原则，推动国有企业存量资产之间的合理、有序流动和重组，尽量避免在同一个市场出现归属于同一个出资人的多个竞争主体恶性竞争的局面和各国有企业在特定领域的业务趋同化倾向。

第五，优化国有经济在企业内部的分布。国有资本应更多地向集团公司核心业务集中，各级子公司可以通过内部整合和外部重组等措施减少企业管理层次，通过改制、吸引社会资本进入等方式形成多个股东参股的股份制企业，以进一步增强国有经济的活力，提高国有企业的资产质量和整体竞争力，建立健全国有资产监督管理体系。

第六，优化国有企业产权结构。加快调整产权结构，在确保国有资本控制力的基础上，推动实现产权多元化，发挥国有资本对其他资本的带动作用，放大国有资本功能，建立现代企业制度，健全公司法人治理结构。

第二节　国有资本布局结构的现状

一、面临的形势

随着我国经济发展进入新常态，国有企业发展面临的困难和挑战明显增大，国有企业布局和结构调整面临一些新要求：

一是日趋激烈的国际产业和技术竞争形势，要求国有企业加快培育具有国际竞争力世界一流企业的步伐，加大自主创新力度，加快发展战略性新兴产业，为我国抢占未来科技和产业发展制高点而努力。

二是我国经济转型、经济发展转向更多依靠内需特别是消费需求拉动的新趋势，要求国有企业更多关注内需变化，更加关注消费市场，不断优化产品结构，丰富产品系列，业务更多向产业链的两端转移，在终端消费领域培育一批知名品牌。

三是我国日益突出的制造业产能过剩问题，要求国有企业带头淘汰落后产能，加快资源整合力度，优化区域布局，增强发展的整体性。资本更多投向战略性新兴产业，投向产业链高端，加大共性关键技术开发力度。

四是生态环境约束日趋严峻要求国有企业更加注重绿色发展。面对能源资源和环境制约经济社会发展的严峻形势，国有企业要带头增强危机意识和紧迫感，推动能源生产和利用方式变革，全面节约利用资源。

二、存在的问题

近年来，国有企业布局结构调整积极推进，国有资本不断向关系国家安全和国民经济命脉的重要行业和关键领域集中。但总的来看，国有企业布局结构存在的问题主要体现在以下几个方面：一是“长”的问题。在398个国民经济行业中，国有经济涉足的行业仍多达380多个，战线过长问题仍然突出。二是“散”的问题。行业集中度和企业集中度不高，集聚效应发挥得不够。从国有企业层级分析看，有的不是“四世同堂”，也不是“五世同堂”，甚至是“十几世同堂”。优势产业和核心主业不突出，不必要的控股参股分散了宝贵的资本资源，在真正需要发挥作用的行业，国有资本力量反而不足。三是高端供给不足的问题。目前我国大部分产品处于国际产业链中低端，高端设备的关键零部件仍然严重依赖进口，优势产业和核心主业不突出。四是产能过剩严重的问题。工业产品包括钢铁、煤炭、建材、机电、汽车、造船，几乎都存在过剩，钢铁、煤炭、水泥产能利用率约为70%左右，船舶产能利用率不足60%。五是新旧动能转换接续不畅的问题。新常态下，旧的发展动力减弱了，新的发展动力正在孕育中，增长动力的顺利转换还面临较大挑战。

国有资本要从国家总体发展战略角度确定国有资本“进”和“退”的方向。“进”主要是两个方向：一是向关系国家安全、国民经济命脉和国计民生的重要行业和关键领域、重点基础设施集中，增强支撑保障能力。二是向前瞻性、战略性产业和一般产业的中高端集中，向具有核心竞争力的优势企业集中，以加快推进产业转型升级，培育国有企业竞争优势。“退”就是国有资本要坚决从缺乏竞争优势的领域及一般产业的低端环节退出。国有企业要把深化改革与稳增长、调结构、惠民生有机结合，围绕经济建设这个中心，主动担负起促进产业升级、扩大有效需求、提升经济竞争力等重任。要做好增量、盘活存量、主动减量，优化国有资本布局结构，推动企业兼并重组，抓紧处置“僵尸”企业、长期亏损企业和低效无效资产，提高国有资本配置和运行效率，加快技术改造和内部挖潜，减少亏损、扩大盈利，增强企业活力、竞争力和抗风险能力，确保国有资产保值增值，创造更多社会财富，促进宏观经济运行的整体改善。

第三节　国有资本布局结构调整的指导思想、原则和目标

为贯彻落实党中央、国务院关于深化国有企业改革的决策部署，进一步优化国有资本配置，促进中央企业转型升级，2016 年国务院印发了《关于推动中央企业结构调整与重组的指导意见》（国办发〔2016〕56 号），明确了中央企业结构调整与重组的指导思想、基本原则、主要目标和重点工作。

一、指导思想

全面贯彻党的十八大和十八届三中、四中、五中全会精神，深入学习领会习近平总书记系列重要讲话精神，认真贯彻落实“四个全面”战略布局和党中央、国务院决策部署，牢固树立创新、协调、绿色、开放、共享的发展理念，推进供给侧结构性改革，坚持公有制主体地位，发挥国有经济主导作用，以优化国有资本配置为中心，着力深化改革，调整结构，加强科技创新，加快转型升级，加大国际化经营力度，提升中央企业发展质量和效益，推动中央企业在市场竞争中不断发展壮大，更好发挥中央企业

在保障国民经济持续健康安全发展中的骨干中坚作用。

二、基本原则

一是坚持服务国家战略。中央企业结构调整与重组，要服务国家发展目标，落实国家发展战略，贯彻国家产业政策，以管资本为主加强国资监管，不断推动国有资本优化配置。

二是坚持尊重市场规律。遵循市场经济规律和企业发展规律，维护市场公平竞争秩序，以市场为导向，以企业为主体，以主业为主，因地制宜、因业制宜、因企制宜，有进有退、有所为有所不为，不断提升中央企业市场竞争力。

三是坚持与改革相结合。在调整重组中深化企业内部改革，建立健全现代企业制度，形成崭新的体制机制，打造充满生机活力的新型企业。加强党的领导，确保党的建设与调整重组同步推进，实现体制、机制、制度和工作的有效对接。

四是坚持严格依法规范。严格按照有关法律法规推进中央企业结构调整与重组，切实保护各类股东、债权人和职工等相关方的合法权益。加强国有资产交易监管，防止逃废金融债务，防范国有资产流失。

五是坚持统筹协调推进。突出问题导向，处理好中央企业改革、发展、稳定的关系，把握好调整重组的重点、节奏与力度，统筹好巩固加强、创新发展、重组整合和清理退出等工作。

三、主要目标

到 2020 年，中央企业战略定位更加准确，功能作用有效发挥；总体结构更趋合理，国有资本配置效率显著提高；发展质量明显提升，形成一批具有创新能力和国际竞争力的世界一流跨国公司。具体目标是：

功能作用有效发挥。在国防、能源、交通、粮食、信息、生态等关系国家安全的领域保障能力显著提升；在重大基础设施、重要资源以及公共服务等关系国计民生和国民经济命脉的重要行业控制力明显增强；在重大装备、信息通信、生物医药、海洋工程、节能环保等行业的影响力进一步提高；在新能源、新材料、航空航天、智能制造等产业的带动力更加凸显。

资源配置更趋合理。通过兼并重组、创新合作、淘汰落后产能、化解过剩产能、处置低效无效资产等途径，形成国有资本有进有退、合理流动的机制。中央企业纵向调整加快推进，产业链上下游资源配置不断优化，从价值链中低端向中高端转变取得明显进展，整体竞争力大幅提升。中央企业间的横向整合基本完成，协同经营平台建设加快推进，同质化经营、重复建设、无序竞争等问题得到有效化解。

发展质量明显提升。企业发展战略更加明晰，主业优势更加突出，资产负债规模更趋合理，企业治理更加规范，经营机制更加灵活，创新驱动发展富有成效，国际化经营稳步推进，风险管控能力显著增强，国有资本效益明显提高，实现由注重规模扩张向注重提升质量效益转变，从国内经营为主向国内外经营并重转变。

四、重点工作

（一）巩固加强一批

巩固安全保障功能。对主业处于关系国家安全、国民经济命脉的重要行业和关键领域，主要承担国家重大专项任务的中央企业，要保证国有资本投入，增强保障国家安全和国民经济运行能力，保持国有资本控股地位，支持非国有资本参股。对重要通信基础设施、重要江河流域控制性水利水电航电枢纽等领域，粮食、棉花、石油、天然气等国家战略物资储备领域，实行国有独资或控股。对战略性矿产资源开发利用，石油天然气主干管网、电网等自然垄断环节的管网，核电、重要公共技术平台、地质等基础数据采集利用领域，国防军工等特殊产业中从事战略武器装备科研生产、关系国家战略安全和涉及国家核心机密的核心军工能力领域，实行国有独资或绝对控股。对其他服务国家战略目标、重要前瞻性战略性产业、生态环境保护、共用技术平台等重要行业和关键领域，加大国有资本投资力度，发挥国有资本引导和带动作用。

（二）创新发展一批

搭建调整重组平台。改组组建国有资本投资、运营公司，探索有效的运营模式，通过开展投资融资、产业培育、资本整合，推动产业集聚和转型升级，优化中央企业国有资本布局结构；通过股权运作、价值管理、有序进退，促进国有资本合理流动。将中央企业中的低效无效资产以及户数较多、规模较小、产业集中度低、产能严重过剩行业中的中央企业，适度集中至国有资本投资、运营公司，做好增量、盘活存量、主动减量。

搭建科技创新平台。强化科技研发平台建设，加强应用基础研究，完善研发体系，突破企业技术瓶颈，提升自主创新能力。构建行业协同创新平台，推进产业创新联盟建设，建立和完善开放高效的技术创新体系，突破产业发展短板，提升集成创新能力。建设“互联网＋”平台，推动产业互联网发展，促进跨界创新融合。建立支持创新的金融平台，充分用好各种创投基金支持中央企业创新发展，通过市场化方式设立各类中央企业科技创新投资基金，促进科技成果转化和新兴产业培育。把握世界科技发展趋势，搭建国际科技合作平台，积极融入全球创新网络。鼓励企业搭建创新创业孵化和服务平台，支持员工和社会创新创业，推动战略性新兴产业发展，加快形成新的经济增长点。鼓励优势产业集团与中央科研院所企业重组。

搭建国际化经营平台。以优势企业为核心，通过市场化运作方式，搭建优势产业上下游携手“走出去”平台、高效产能国际合作平台、商产融结合平台和跨国并购平台，增强中央企业联合参与国际市场竞争的能力。加快境外经济合作园区建设，形成“走出去”企业集群发展优势，降低国际化经营风险。充分发挥现有各类国际合作基金的作用，鼓励以市场化方式发起设立相关基金，组合引入非国有资本、优秀管理人才、先进管理机制和增值服务能力，提高中央企业国际化经营水平。

（三）重组整合一批

推进强强联合。统筹“走出去”参与国际竞争和维护国内市场公平竞争的需要，稳妥推进装备制造、建筑工程、电力、钢铁、有色金属、航运、建材、旅游和航空服务等领域企业重组，集中资源形成合力，减少无序竞争和同质化经营，有效化解相关行业产能过剩。鼓励煤炭、电力、冶金等产业链上下游中央企业进行重组，打造全产业链竞争优势，更好发挥协同效应。

推动专业化整合。在国家产业政策和行业发展规划指导下，支持中央企业之间通过资产重组、股权合作、资产置换、无偿划转、战略联盟、联合开发等方式，将资源向优势企业和主业企业集中。鼓励通信、电力、汽车、新材料、新能源、油气管道、海工装备、航空货运等领域相关中央企业共同出资组建股份制专业化平台，加大新技术、新产品、新市场联合开发力度，减少无序竞争，提升资源配置效率。

加快推进企业内部资源整合。鼓励中央企业依托资本市场，通过培育注资、业务重组、吸收合并等方式，利用普通股、优先股、定向发行可转换债券等工具，推进专业化整合，增强持续发展能力。压缩企业管理层级，对五级以下企业进行清理整合，将投资决策权向三级以上企业集中，积极推进管控模式与组织架构调整、流程再造，构建功能定位明确、责权关系清晰、层级设置合理的管控体系。

积极稳妥开展并购重组。鼓励中央企业围绕发展战略，以获取关键技术、核心资源、知名品牌、市场渠道等为重点，积极开展并购重组，提高产业集中度，推动质量品牌提升。建立健全重组评估机制，加强并购后企业的联动与整合，推进管理、业务、技术、市场、文化和人力资源等方面的协同与融合，确保实现并购预期目标。并购重组中要充分发挥各企业的专业化优势和比较优势，尊重市场规律，加强沟通协调，防止无序竞争。

（四）清理退出一批

大力化解过剩产能。严格按照国家能耗、环保、质量、安全等标准要求，以钢铁、煤炭行业为重点，大力压缩过剩产能，加快淘汰落后产能。对产能严重过剩行业，按照减量置换原则从严控制新项目投资。对高负债企业，以不推高资产负债率为原则严格控制投资规模。

加大清理长期亏损、扭亏无望企业和低效无效资产力度。通过资产重组、破产清算等方式，解决持续亏损三年以上且不符合布局结构调整方向的企业退出问题。通过产权转让、资产变现、无偿划转等方式，解决三年以上无效益且未来两年生产经营难以好转的低效无效资产处置问题。

下大力气退出一批不具有发展优势的非主营业务。梳理企业非主营业务和资产，对与主业无互补性、协同性的低效业务和资产，加大清理退出力度，实现国有资本形态转换。变现的国有资本除按有关要求用于安置职工、解决历史遗留问题外，集中投向国有资本更需要集中的领域和行业。

加快剥离企业办社会职能和解决历史遗留问题。稳步推进中央企业职工家属区“三供一业”分离移交，实现社会化管理。对中央企业所办医疗、教育、市政、消防、社区管理等公共服务机构，采取移交、撤并、改制或专业化管理、政府购买服务等多种方式分类进行剥离。加快推进厂办大集体改革。对中央企业退休人员统一实行社会化管理。

第四节　国有企业推进供给侧结构性改革

“做强做优做大国企”的重点是优化国资布局和结构。推进供给侧结构性改革，是国有企业当前和今后一个时期的重要任务，要求国有企业发挥好带动作用，这种带动作用体现在国有经济布局结构不断优化、国有企业主导作用有效发挥。为此，应加快调整优化国资布局结构。国有企业加快推进供给侧结构性改革，根本目的是提高供给质量满足需要，使供给能力更好满足人民日益增长的美好生活需要；主攻方向是落实“三去一降一补”五大任务，减少无效供给，扩大有效供给，提高供给结构对需求结构的适应性；本质属性是深化改革，发挥市场在资源配置中的决定性作用和更好发挥政府作用，推动国有企业提质增效、焕发新生机，增强国有经济活力、控制力、影响力、国际竞争力、抗风险能力，优化国有资本布局结构。国有企业供给侧结构性改革怎么干，本书以中央企业为例，概括了以下几个方面。

一、加大布局结构调整力度，提高国有资本配置效率

目前，国有资本在军工、电信、民航、能源等重要领域的占比达到90%以上。尽管布局结构在不断优化，但是矛盾和问题仍然比较突出，比如战线过长过散、产业分布不尽合理、一些行业产业集中度较低等。针对这些问题，总的考虑是要主动减量、盘活存量、做优增量，重点抓好“三个一批”。

（一）率先化解过剩产能和处置“僵尸企业”

1. 以钢铁、煤炭行业为重点，压减过剩产能

钢铁、煤炭“去产能”是党中央、国务院落实供给侧结构性改革，推动钢铁、煤炭产业健康发展作出的重大战略部署。2016 年 2 月 1 日，国务院印发《关于钢铁行业化解过剩产能实现脱困发展的意见》（国发〔2016〕6 号）和《关于煤炭行业化解过剩产能实现脱困发展的意见》（国发〔2016〕7 号）。

中央企业化解过剩产能的途径主要是主动关闭退出，通过联合重组等方式也可以减少一部分过剩产能。目标是3—5 年内使专业钢铁煤炭企业做强做优做大，其他涉钢企业资源优化重组，电煤一体企业资源优化配置，其他涉煤企业原则上退出煤炭行业，2016—2017 两年内中央企业力争压减10%左右现有产能。2016 年，国有企业退出钢铁产能 5249 万吨，约占全国退出产能的 80%；退出煤炭产能 20629 万吨，约占全国退出产能的70%。截至 2017 年 8 月底，中央企业已退出钢铁产能 1614 万吨，退出煤炭产能 5510 万吨。

2. 积极稳妥处置“僵尸企业”

“僵尸企业”不是国有企业的专属名词，但现实情况确实是国有企业存在的“僵尸企业”数量不少，其形成原因也是多方面的，一是布局不合理，企业选址远离原料产地和销售市场，特别是三线企业区位条件差，缺乏竞争优势；二是经营机制不活，管理粗放，冗员过多，运行成本偏高，劳动生产率在行业内处于较低水平；三是盲目追求规模，投资缺乏科学论证，过度依赖银行贷款，以及划转或并购大量地方企业，财务费用、固定资产折旧和人工成本等居高不下，收不抵支；四是处于产业链低端，技术水平偏低，行业产能过剩，企业处于停产半停产状态；五是市场化优胜劣汰机制尚不健全，该退出的企业不能及时退出，僵而不死。

“僵尸企业”成因复杂，处置上更是面临许多困难，一是人员安置难，经济补偿金逐年上升，离退休人员难以移交地方，社保接续尤其是医保接续成本高；二是债务处置难，债务重组谈判旷日持久，一般达1—2年，国有金融机构呆坏账核销难度大；三是破产退出难，地方政府和企业缺乏积极性，法院受理时要求资金落实、股东承诺等前置条件，案件审理时间长。

中央企业处置“僵尸企业”，主要针对大中型工业企业，由国资委挂牌督导；小型工业和非工企业按照分级分层原则由集团公司自行组织。处置工作重点为钢铁、煤炭行业，结合中央企业实际，适当扩大至有色金属、建材、船舶、炼化等产能过剩行业和资源枯竭矿山。

3. 积极开展特困企业专项治理

2015年上半年启动了亏损企业专项治理工作，2016年初在总结亏损企业专项治理工作的基础上，将亏损企业专项治理全面转为特困企业专项治理。中央企业开展特困企业专项治理主要是针对除列入“僵尸企业”以外的其他大中型工业困难企业，由国资委挂牌督导。另外一些小型的工业和非工业特困企业，由中央企业集团公司限期自行组织治理。

计划用3年的时间，在中央企业开展特困企业专项治理工作，综合采取强化管理、业务整合、债务重组、兼并重组、减员增效、破产重组、破产清算等多种方式，实现企业亏损额每年下降20%，亏损面缩减50%的工作目标，推动企业不断提高效益和市场竞争力。

（二）大力推进中央企业战略性重组

国务院一直高度重视中央企业的重组整合工作，中央企业从2003年国资委成立之初的196家调整为目前的98家。推动中央企业重组整合，重点不在户数增减，主要目的是通过重组，进一步优化资源配置，促进中央企业转型升级提质增效，增强国有经济整体功能和效率，更好地发挥中央企业在服务国家战略中的重要作用。近年来，中央企业在强强联合、产业链上下游重组、专业化重组等方面积累了不少成功经验，可概括为以下几种模式。

一是“横向合并”催生规模效应，行业影响力显著增强。中远集团与中国海运重组，综合运力、干散货船队、油轮船队和杂货特种船队规模实现“四个世界第一”，集装箱船队进入第一梯队，行业地位和话语权明显提升，成为“平衡航运界东西半球的重要力量”；宝钢武钢联合重组，钢铁产量位居世界第二，高端碳钢产品的产量超过3000万吨，具备与韩国浦项和日本新日铁住金竞争的实力。

二是“纵向联合”实现优势互补，产业链协同效应充分发挥。中电投集团与国家核电重组，形成技术开发、工程建设、投资运营一体化的完整核电产业链条，系统集成、综合服务能力显著提升，成为我国核电产业“三足鼎立”的重要一极；中国五矿与中冶集团重组，具备资源勘探、工程建设、矿山运营、资本运作、国际化经营的全产业链优势，“走出去”能力明显增强。

三是“吸收合并”完善业务结构，核心竞争力有效提升。中粮集团先后重组华粮集团、华孚集团、中纺集团等企业，业务结构和产业链条进一步优化完善，为打造与跨国巨头相抗衡的国际大粮商提供了有力支撑；中储粮重组中储棉，成为全球最大的农产品储备集团，业务影响范围扩展至整个大宗农产品市场，规模实力更强、服务国家战略更加有力。2017 年《财富》世界 500 强中央企业达 48 家，重组发挥了有力的推动作用。

（三）积极培育战略性新兴产业

当今世界，国与国之间的竞争很大程度上体现为大企业集团之间的竞争，大企业能否在关系国家安全、国民经济命脉和国计民生的重要行业和关键领域赢得竞争优势，直接影响着国家的兴衰和人民群众的生活质量。经过多年发展，国有企业在国际国内市场竞争中涌现出一批具有核心竞争力的骨干企业，为推动经济社会发展、增强我国综合实力作出了重大贡献。

对主业处于关系国家安全、国民经济命脉的重要行业和关键领域，主要承担国家重大专项任务的中央企业，必须要保证国有资本投入，增强保障国家安全和国民经济运行的能力，保持国有资本控股地位，同时也支持非国有资本参股。一是对重要通信基础设施、重要江河流域控制性水利水电航电枢纽等领域，粮食、棉花、石油、天然气等国家战略物资储备领域，实行国有独资或控股。二是对战略性矿产资源开发利用，石油天然气主干管网、电网等自然垄断环节的管网，核电、重要公共技术平台、地质等基础数据采集利用领域，国防军工等特殊产业中从事战略武器装备科研生产、关系国家战略安全的核心军工能力领域，实行国有独资或绝对控股。三是对其他服务国家战略目标、重要前瞻性战略性产业、生态环境保护、共用技术平台等重要行业和关键领域，加大国有资本投资力度，发挥国有资本引导和带动作用。

二、积极推进“瘦身健体”，促进企业提质增效

“瘦身健体”是中央企业降低经营成本、提高发展质量效益、推进供给侧结构性改革的重要措施。中央企业存在的管理层级过多、主业不突出、投资分散、同质化经营、“大而全”等问题，在经济高速发展时期，往往容易被忽视和掩盖，但是在经济下行压力不断加大的情况下，矛盾就

会集中暴露。

（一）有效压缩管理层级、减少法人单位

压缩管理层级一直以来都备受关注，这么多年过去了，管理层级不降反升。据我们摸底了解，导致不降反升的原因有经营上的需要，更多的是由于企业过度扩张和自身膨胀形成的。管理层级过长，法人单位过多，必然会造成企业决策程序烦琐、管理穿透力衰减、市场反应迟钝，大大削弱管理效能。2016 年国务院常务会议审议通过的中央企业深化改革“瘦身健体”工作方案提出力争在三年之内，使中央企业布局结构明显优化、主业核心竞争力明显增强、运行效率显著提升，多数企业管理层级由目前的 5—9 级压缩到 3—4 级甚至更少，法人单位数量减少 20% 左右，钢铁、煤炭、有色金属及重型装备制造等亏损企业减亏扭亏、力争转盈，石油石化、通信、电力等减利企业盈利状况逐步改善，军工、建筑、交通运输、商贸、投资等盈利企业效益保持较快增长。

据此，可采取以下主要措施解决有关问题：一是在明确不同类别中央企业功能定位基础上，推动集团公司逐级明确下属企业发展的主攻方向，结合企业发展战略开展“压减”。二是推动中央企业重塑管理架构和流程，科学设置管理层级和职能部门，严格定岗定编定员，在组织管理模式再改造、再优化、再创新中开展“压减”。三是结合化解过剩产能、处置“僵尸企业”、整合重组等工作开展“压减”，该重组的重组，该清理的清理，该退出的退出。四是严格控制三级以下企业对外投资，严格控制设立新法人企业，从源头上抓好“压减”。

（二）聚焦发展主业

主业是企业发展壮大的基础，也是企业竞争优势的集中体现。现在还有不少国有企业经营业务过多、范围过宽，核心竞争力不强；有些企业经营业务之间缺乏必然的联系，协同发展能力比较差；有些企业主业发展方向不明确等。

将继续推动中央企业强化战略引领，明确主业发展目标和重点，加强对企业重大投资活动的监管，突出主业、精干主业。一是退出不具竞争优势的非主业。推动企业退出不具有发展优势、与主业无互补性、协同性的低效业务和资产。目前，中央企业正在推进转让退出非主业的餐饮、酒店、疗养院、培训机构等资产，清理处置低效矿山资源、长期闲置生产装置、闲置房产等固定资产，通过进场交易、协议转让、无偿划转等方式，加快退出长期不分红、不盈利的参股股权和投资项目。对低效无效资产分布集中、问题突出的能源、电力、冶金、建筑等行业的中央企业，还将组织开展清理处置工作。二是集中优势发展主业。加大主业投资力度，推动资金、技术、人才等各类资源向主业集中，集中力量发展优势产业，不断增强核心业务盈利能力和市场竞争力，避免盲目扩张、盲目做大，努力做强做优做大一批主业突出、结构合理、核心竞争力强的大公司大企业集团。

（三）大力推进降本增效

国有企业要眼睛向内，加强管理，深入挖潜。一是开展降本增效专项行动。推行集中采购、招标采购、线上采购，加强生产成本管控，加大一般性管理费用和非生产性开支的压降力度，同时要求中央企业营业成本增速低于营业收入增速。二是严控“两金”规模。推进企业提高资金管理水平和利用效率，清理无效库存，合理减产、清仓利库。三是加强内部管理。切实加强基础管理，引入先进管理方法和工具，加快信息化建设，全面梳理工作流程，不断提升企业管理水平和运营效率。

（四）加快解决剥离企业办社会职能和历史遗留问题

这是党的十八届三中全会以及《中共中央 国务院关于深化国有企业改革的指导意见》作出的重大部署。近年来，各地区、各部门先后出台一系列政策措施，积极推进有关工作并取得初步成效，国有企业办学校、公检法机构向地方移交工作基本完成，部分国有企业办医院已移交地方或进行改制，国有企业“三供一业”分离移交试点工作取得积极进展。这些工作取得了多赢的效果，主要表现在：一是移交专业化企业或机构管理后，供水、供电、供暖、物业等方面管理和服务水平得到提高，职工群众居住生活条件得到改善，提升了满意度；二是实现了“瘦身健体”，有利于企业集中资源和精力，发展主营业务，提高核心竞争力；三是移交前企业对相关设施进行维修改造，提升了基础设施建设水平，消除了安全隐患。

目前，全国范围内还存在大量国有企业办社会机构，离退休人员社会化管理、厂办大集体等历史遗留问题仍然比较突出，人员管理、运营费用负担沉重，已经严重制约了国有企业的改革发展。国资委积极推动国有企业办教育、医疗、市政社区、消防、离退休人员社会化管理等方面的改革。一是按照市场化原则，探索政府购买服务等方式，推进公共服务专业化运营，提高服务质量和效率，国有企业不再承担与主业发展方向不符的公共服务职能。二是针对不同企业特点，因地制宜、分类处理，不搞“一刀切”，允许采取分离移交、重组改制、关闭撤销、专业化运营管理等不同方式，剥离企业办社会职能和解决历史遗留问题。三是建立政府和国有企业合理分担成本的机制，国有企业作为责任主体，承担主要成本，财政予以适当补助，同时多渠道筹措解决问题的资金。

三、大力实施创新驱动战略，加快企业转型升级

推进供给侧结构性改革对中央企业创新发展提出了新要求。现在既有部分行业产能严重过剩，又有一些行业供给不足，既有很多低端产品销售不畅、大量积压，又有不少中高端产品满足不了需求，需要大量进口，迫切需要中央企业大力实施创新驱动战略，推动科技成果转移转化，推动产业和产品向价值链中高端跃升。

当前，世界一流跨国公司在创新发展方面出现了一些新动向，比如，能源资源行业，为应对经济结构调整和大宗商品价格大幅下跌带来的冲击，必和必拓、壳牌、埃克森美孚等企业一方面收缩传统能源资源投资，另一方面加强未来新型能源资源投资布局，依靠技术创新削减成本，力图在新一轮产业大洗牌中抢占先机。再比如，高端制造行业，为应对科技变

革加速和制造成本提高的挑战，通用、西门子、博世、空客等制造业巨头全力向“工业4.0”进军，出现了“两个转移、一个转向”的新动向，“两个转移”一是将一般制造产品生产能力向具有人力成本比较优势的新兴市场国家转移，二是将关键零部件和核心环节向具有科技创新比较优势的美欧发达国家转移，“一个转向”就是向低碳发展转向，投巨资开辟工业机器人、无人驾驶汽车、高容量锂电池等新兴产业。世界500强跨国公司每一次大规模投资并购、战略调整，都伴随着公司管理的相应调适和创新，是企业理念创新、科技创新、投资方式创新、管理创新的集中体现。

推动中央企业加快实施创新驱动发展战略，主要从四方面着手。一是进一步增强自主创新能力。进一步推动中央企业加强研发机构建设，集聚海内外高水平创新人才，构建高效开放的技术创新体系，提高原始创新能力。推动中央企业加大研发投入，重视前瞻性战略性研究和应用基础研究，积极承担国家科技计划任务和重大创新工程，加强关键技术攻关，实现重大突破。二是大力推动协同创新。大力推动中央企业落实“中国制造2025”和“互联网+”行动计划，推动产业链上下游企业的战略合作，大力推进产业技术创新战略联盟的建设和发展，促进产学研用协同创新。特别是要深入推进中央企业开展“双创”工作，打造一批“双创”示范基地、众创空间和服务平台，带动全社会创新创业。在这方面，中央企业也有不少典型，航天云网、中航爱创客、中车云链金融等网络平台为中小微企业提供资金、技术和服务支撑，有效带动了社会创新创业。三是加强管理创新和商业模式创新。继续推动中央企业优化组织结构，充分利用互联网、物联网、大数据、云计算，推进供应链、物流链、资金链管理和创新，不断创新管理机制和运营模式。继续推动企业以市场为核心、以用户需求为导向推进商业模式创新，实现由提供产品向提供产品及系统解决方案转变、由生产型向生产服务型转变，提升价值创造能力。四是进一步完善有利于创新的政策措施。研究制定推动中央企业实施创新驱动发展战略的重大举措，主要在完善业绩考核、分配激励、人才队伍建设、设立创新投资引导基金等方面，特别是在股权、期权和分红激励、加快科技成果转化等方面，出台有利于企业科技创新的政策措施。

[案例一]

神华集团有限责任公司去产能做表率，依靠供给侧结构性改革调结构促升级

近年来，神华集团有限责任公司（以下简称“神华集团”）坚决贯彻落实党中央、国务院做出的推动供给侧结构性改革重大部署，从生产端入手，在化解过剩产能的同时实现了产业结构优化升级，不仅有效应对了市场剧烈变化，更为能源结构调整和保障能源安全进行了有益探索。

一、在化解过剩产能中做表率

一是主动核减产量平衡供需关系。神华集团深知去产能对国家经济发展和煤炭行业稳定的重大意义，2014—2015 两年间，带头压产减少市场煤供应，煤炭产量比 2013 年减少 9500 万吨，比实际核定产能少产 1.8 亿吨，煤炭销量比 2013 年减少 1.7 亿吨，为稳定煤炭市场切实发挥了央企的表率作用。

二是忠实执行国家去产能政策。2016 年初国家去产能政策出台后，神华集团立即严格落实 276 天限产政策，核心矿区先进产能带头减产，同时，上半年主动关停煤矿 5 座，退出产能近 800 万吨，让出效益近 80 亿元。到 2016 年 7 月底，国家发改委认定神华集团已率先完成全年去产能任务。

三是以先进产能灵活调节市场供需关系。针对近期市场上煤炭价格上涨过快的情况，神华集团 19 座先进产能煤矿与国家发改委签署协议，主动承担稳定市场调节总量任务，在市场供应偏紧时按要求增加产量，在市场供求宽松时按要求减少产量，提高供给结构对需求变化的适应性和灵活性，成为用先进产能生产调节来保证市场煤炭供应和价格稳定的中坚力量。

二、在解决去产能遗留问题上出实招

一是困难企业扭亏脱困见实效。神华集团把亏损企业治理纳入改革发展中统筹规划，兼顾长远发展和短期解困，通过十几次专题研究和数十次调查研究和现场办公，制定了产业转型升级、退出长期亏损项目、富余人员分流安置、分离企业办社会职能、历史遗留问题处理等系列复杂问题的一揽子解决方案。最为困难的乌海能源公司同地方政府商定实施了转型升级、人员分流安置、扭亏脱困“三位一体”改革方案。包头能源公司通过关闭退出过剩产能、调整产销结构等举措已从2016年7月起实现扭亏为盈。

二是以人为本分流安置富余人员。神华集团把分流安置员工作为改革脱困的突破口，对各项举措有序分步推进，“提前五年内部退养”专项改革和职工家属区“三供一业”分离移交工作已经摸清底数，仅2016年全集团已分流安置5830人。2014年以来，神宁集团内部调剂和平稳分流安置员工超过7287人；乌海能源、大雁集团想方设法外出承揽业务，1400多人异地劳务输出，800多人为民营企业提供劳务或承包项目。在此过程中，神华集团坚持刚性制度柔性操作，做好托底帮扶，最大程度照顾了职工利益。

三是多渠道探索低效无效资产处置途径。包头能源公司探索了公开拍卖和对外承包，阿刀亥矿已经完成出售，获得资金5611万元，洗煤厂正在进行第3次挂牌，柴家沟矿已将95%的股权转让陕煤集团，萨拉齐集装站对外公开承包经营。铁路货车公司探索了老旧自备车挂牌转让，2278辆将满25年的老旧自备车在北交所挂牌后取得收益超过5000万元。大雁集团将自建自办的旅游景点以570万的价格转让给地方政府经营。

三、在供给侧结构性改革中调结构促升级

一是逐步退出落后产能。神华集团树立打造国内国际一流矿井的发展目标，所有煤矿必须达到工艺先进、生产效率高、资源利用率高、安全保障能力强、环境保护水平高、产品能源消耗低，对那些不符合这一战略要求的落后产能进行改造升级，无法改造达标的逐步有序退出。2013年以

来，主动关停了11座煤矿，产能2367万吨/年；停建、缓建煤矿5个，规划产能2990万吨/年。2016年，神华制定了《化解煤炭过剩产能方案》，明确未来三年主动停产、停建煤矿12处，减少产能每年近3000万吨。

二是推动先进产能规模化、集群化。把全面转型升级调结构作为煤炭产业可持续健康发展的基本要求，按照专业化、区域化和一体化相结合原则对先进产能重组整合，优化资本布局，使先进产能集中度大大提高，神东煤炭集团陆续接管了新街、神延、榆神三家煤炭企业，生产经营和基本建设归为一套系统，除节约大量管理费用外，每年可减少财务成本5亿元以上，节约工程费用10亿元以上，盘活库存资产20亿元以上，5年内可减少重复建设投资百亿元。

三是推动优质产能绿色化、清洁化。在去产能的同时融入“创新、协调、绿色、开放、共享”五大发展理念，坚持传统产业清洁化、绿色化发展方向，神华集团现已掌握了一批生态保护、高效绿色开采技术，如神东矿区现代化千万吨矿井群煤炭绿色开采的理论和技术体系，宝日希勒露天矿开采与草原有效隔离、恢复原生态草原技术，等等，有力推动了煤炭行业向现代化生产、清洁化开采转型升级。

[案例二]

中国宝武钢铁集团有限公司整合聚焦、转型发展，推动供给侧结构性改革

中国宝武钢铁集团有限公司（以下简称“中国宝武集团”）自2016年12月成立以来，认真学习贯彻落实党中央、国务院全面深化国有企业改革文件精神，根据新定位、新使命和新目标，以国有资本投资公司试点为契机，进一步完善改革体系，陆续出台了25项改革配套文件，明确了改革总体架构和实施路径，形成了上下贯通、齐抓共管、有效推进的良好局面。

公司坚持以供给侧结构性改革为主线，加快推进整合融合，充分发挥协同效益，大力化解过剩产能，“瘦身健体”、提质增效，以改革促发展。2017年上半年实现营业收入2204亿元、利润总额86.6亿元，同比分别增长61%、100%，持续保持业界最优。

中国宝武集团推进落实供给侧结构性改革的几项重点工作如下：

一、明确战略定位和产业组合，加快整合融合

结合国有资本投资公司试点方案和新一轮战略发展规划，明确了“1+5”产业组合，通过整合聚焦、转型升级，打造以绿色精品智慧的钢铁业为基础，新材料及延伸加工、现代贸易物流、产业金融、工业服务和城市服务等相关产业协同发展的格局，建成具有国际竞争力的世界级企业集团。在此基础上，切实加快各产业的整合融合尤为重要。

加快推进钢铁核心主业重组整合。2017年2月底，宝钢股份和武钢股份实现合并，确定了三个阶段的推进路线。通过百日初步整合（至2017年6月底），实现管理对接、获取快赢收益；通过年度阶段整合（至2017年底），基本实现职能管理全覆盖，采购、销售等部分业务集中统一，协同效益达到10个亿；通过三年深度整合（到2020年），全面实现采购、销售、研发、财务、信息化的统一，建立多制造基地的管控模式，达到协同效益30亿，实现企业文化融合。上半年已完成百日初步整合，完成任务291项，实现快赢项目效益2.15亿元。

稳步推进非钢多元产业跨单元协同整合工作。按照“试点先行、双向整合”的原则，明确了首批34项协同支撑项目，各单位以战略规划为指引，聚焦优势业务，通过产业基金等方式加快孵化和培育，拓宽向外发展机遇。集团公司按“赛马机制”推动具有潜力的同类业务整合，退出与战略不符且不具竞争力的业务，为落实“千百十”工程创造条件。

二、化解过剩产能，优化钢铁产业布局

基于集团钢铁区域布局优化和产品结构优化两大因素，主动调压生产规模，实行提质减量经济运行，压减过剩产能。

按照“减量、增效、调整、发展”的转型方针，坚决关停亏损产线，退出低效无效产能；优化钢铁产业布局，推进绿色制造；融合城市发展，实现转型升级。

2016年，实际化解过剩产能997万吨，超额完成了年度计划任务。2017年将进一步压减545万吨，力争三年目标两年完成。上半年已完成300万吨，累计已达到三年化解目标的84.1%。在化解过剩产能的过程中，坚持“转岗不下岗、转业不失业”的原则，通过建立六大退出渠道，搭建员工转岗就业平台，妥善安置富余人员，2016年优化精简33417人，2017年上半年优化精简1010人，工作过程平稳有序。

三、推进“瘦身健体”，助力企业发展

公司将“治僵压减”工作作为现阶段企业发展内在需求予以推进。年初召开专题动员大会，提出“企业不消灭亏损，就消灭亏损企业”的基本思路，成立由公司领导亲自挂帅的专项工作团队，设定了三年任务两年完成的总体目标和半年、年度两阶段推进安排，形成“天天跟踪、单周例会、双周汇报、月度小结”的工作机制。推进过程中强调三个结合：

将压减法人工作与扭亏增盈工作相结合。各子公司根据扭亏增盈目标，一企一策落实压减任务，原则上除战略培育性子公司外，连续三年以上亏损的全部压减。

将压减法人工作与整合融合工作相结合。结合公司新一轮战略规划，通过专业化、区域化整合来减少法人户数，聚焦发展，大幅提升集团内资源配置效率。

将压减法人工作与提高资本回报相结合。加大对参股公司股权的梳理力度，逐家分析参股公司经营状况，按照投资项目的利润水平、EVA状态、分红情况进行分析处置。

截至2017年5月底，各单位按照简易注销、清算注销、吸收合并和股权调整四种压减处置方式，净压减法人户数59户，占总法人户数的9.3%，超额完成国资委下达的目标，涉及资产总额84.83亿元。同时，力争2017年全面完成25户僵尸特困企业的处置任务。

四、多措并举，全力推进降本增效工作

2017年，公司以“一切成本皆可降”的理念为指导，聚焦重点和难点，逐级细化降本增效攻关项目，以项目化方式落实责任，力争实现降本增效目标90亿元。

宝钢股份主动适应新环境和新形势，果断提出“成本侧”改革，以刚性费用削减为抓手，以管理变革及效率提升为手段，力争三年实现成本削减170亿元。从费用削减、效率提升、投资降本、精益制造、技术降本、经济运行、采购降本等7个方面全方位推进落实，上半年成本削减41亿元。

针对前期严重亏损的八钢和韶钢，集团公司按照“嵌入式”支撑、项目化管理方式，抽调专业力量常驻八钢、韶钢，通过实施22个协同支撑项目，大幅提升八钢、韶钢成本竞争力，2017年上半年八钢、韶钢分别实现盈利2.3亿元、7.4亿元。其他公司通过多种方式降本增效，成效显著，如武钢集团2016年精简优化2.1万人，大幅降低人工成本。

2017年上半年，集团公司累计实现降本增效62亿元，完成年度目标的69%。近年来，集团公司以中国制造2025为指引，加大物联网、大数据等新技术与全供应链的深度融合，构建集智能装备、智能工厂、智慧运营于一体的智慧制造体系。

第七章　国有资产管理体制研究

党的十八届三中全会对完善国有资产管理体制作出重大部署，提出完善国有资产管理体制，以管资本为主加强国有资产监管，改革国有资本授权经营体制，组建若干国有资本运营公司，支持有条件的国有企业改组为国有资本投资公司。这是适应市场化、现代化、国际化发展要求，进一步深化国有资产管理体制改革的客观需要，也是优化国有资本配置、实现国有经济持续健康发展的必然选择，对于深化国有企业改革、加强国有资产监管、优化国有资本布局、发挥国有经济主导作用具有重要意义。

第一节　我国国有资产管理体制历史沿革

我国国有资产管理体制改革始终与国有企业改革相伴而行，适应国有企业改革不同阶段要求，在实践中不断深化，取得了良好效果，也形成了具有中国特色的国有企业国有资产监管模式，同时，面对国有企业改革新形势，需要加快推进以管资本为主加强国有资产监管的改革工作，探索国资监管的新形式、新机制、新方法。

一、国有资产管理体制的改革历程

从改革开放到1998年，是国有资产管理体制改革的起步阶段，改革的着力点是赋予企业更多的经营自主权。为改变计划经济体制下企业活力不足、效率低下等问题，从党的十一届三中全会开始，党中央逐步明确了“确立国家和国有企业的正确关系”是“整个经济体制改革的本质内容和基本要求”，提出“赋予企业经营自主权”是改革的“要害问题”，进行了实行经营承包制、转换企业经营机制、实行公司制改革等一系列重要探索。同时，为解决分散在各行业主管部门管理的国有企业产权关系不明确和政策不统一问题，1988年5月，国务院批准成立国家国有资产管理局，把国有资产的产权管理职能从政府的行政管理职能和一般经济管理职能中分离出来，统一归口行使国有资产产权管理和基础管理职能。在法律层面，1988年正式出台《全民所有制工业企业法》，明确了国家将国有资产委托国有企业经营管理，对承包、租赁、股份等多种经营责任制形式以法律形式给予认可。1993年《中华人民共和国公司法》颁布，为确立并规范国有企业的公司制改革提供了法律依据。

从1998年到2002年，是国有资产管理体制改革深化阶段，着力点在于解决政企不分、国有企业由不同行政部门分散管理的问题。经过前一阶段的改革，国有企业的活力有了一定增强，但行业部门以行政方式管理国有企业、“统得过死”的问题没有得到根本解决。同时，行业部门既管整个行业，也直接监管国有企业，政府部门自身“政企不分”、社会公共管理职能与国有资产出资人职能相互交织的问题更为突出。针对上述问题，1998年国务院撤销了冶金、机械、化工、内贸等9个行业主管部门，改组为隶属于国家经贸委的9个“国家局”，同时撤销了国有资产管理局。这个阶段形成了国务院相关部门分别管理国有企业的局面，即：国家经贸委负责指导国有企业的改革与管理，财政部负责管理国有资本金，劳动和社会保障部负责收入分配的管理，国家计委负责企业的发展和项目审批，党的各级组织部门、中央企业工委等负责重点国有企业负责人的任免。1999年，党的十五届四中全会专门作出《关于国有企业改革发展若干重大问题的决定》，对国有企业改革方向、目标、途径、措施作出了重大部署。在“三年脱困”中，通过债转股、技改贴息、困难企业关闭破产等一系列综合措施，国有企业逐步走出困境，为下一步深化改革奠定了基础。

从2002年到2013年，是建立健全以出资人监管为特征的国有资产管理体制改革阶段，着力点在于解决政资不分问题。前一阶段的探索进一步丰富了国有资产管理体制改革的理论和实践，但国资监管体制上仍然面临一些突出问题，包括：企业收入分配、资金财务、领导人员管理等职责由多个部门分别行使，“九龙治水”现象严重，谁都管，又谁都不负责，国有资产保值增值责任难以真正落实；国家一级企业出资人明显缺位，国有企业内部人控制和国有资产流失现象严重；有关政府部门既当“运动员”又当“裁判员”，不利于政府职能转变，难以使企业成为真正的市场主体。为解决这些问题，2002年党的十六大在总结国有资产管理体制实践经验的基础上，作出了深化国有资产管理体制改革的重大决策，明确提出："建立中央政府和地方政府分别代表国家履行出资人职责，享有所有者权益，权利、义务和责任相统一，管资产和管人、管事相结合的国有资产管理体制"，"中央政府和省、市（地）两级地方政府设立国有资产管理机构"。2003 年 3 月，国务院正式成立国有资产监督管理委员会，根据国务院的授权，专门承担国有资产监管职责，明确将国家经贸委指导国有企业改革和管理的职能，中央企业工委的职能，以及财政部有关国有资产管理的部分职能等整合起来。此后，各省和绝大部分地市人民政府也相继设立了国有资产监督管理机构，新的国有资产管理体制初步建立。2003 年 5 月，《企业国有资产监督管理暂行条例》出台，为国资委依法履行出资人职责提供了法律依据。2008 年 10 月，全国人大常委会通过《企业国有资产法》，在法律层面确认了这一国有资产管理体制。对于现行国有资产管理体制取得的成绩，党的十七大、十八大都给予了充分肯定，并提出了继续完善国有资产管理体制的要求。

二、国有资产管理体制改革取得的基本认识

总的来看，我国国有资产管理体制改革的目标，始终是适应社会主义市场经济体制要求，着力于将国有企业打造成为合格的市场主体，不断理顺政府和国有企业的关系。经过 30 多年的努力，改革取得了重大成就，逐步探索形成了符合中国特色社会主义市场经济发展要求的国有资产管理体制。梳理国有资产管理体制改革历程，可以形象概括为"一分一合"的基本脉络。所谓"分"，主要是指在国有企业经营层面，通过不断推进政府公共管理职能、国有资产监管职能与企业自主经营权三者的分离，逐步实现经营权放归企业；所谓"合"，主要是指在政府对企业国有资产管理层面，通过组建国有资产管理局、撤并专业经济部门和设立国资委等改革措施，逐步推动企业国有资产监管职能的集中。实践证明，30 多年国有资产管理体制改革，特别是党的十六大以来确立的国有资产管理体制是行之有

效的，改革推进的过程中也形成了一些基本认识。

一是政府以出资方式管理国有企业。政府以出资关系为基础管理国有企业，既可以依法明确政府对国有企业管理的边界，又确保政府对国有企业依法承担有限责任。这种出资监管模式是对之前行政管理方式的根本性改变，为国有企业成为真正的市场主体奠定了体制基础。同时，从组织架构上将政府社会公共管理职能与国有资产出资人职能分离，为政府职能转变、营造不同所有制经济公平竞争的市场环境，创造了重要条件。

二是明确国有一级企业的出资人代表。出资人代表到位，是以出资为基础层层落实监管要求的关键。长期以来，国有一级母公司没有明确的出资人代表，企业"内部人控制"问题严重，经营好坏缺乏外部股东的考核评价。国资委的成立有效解决了国有一级母公司的出资人代表缺位问题，保证了国资监管链条的完整性。

三是建立国有资产专业化监管模式。建立专业化的国资监管工作队伍和科学的国资监管工作闭环是有效开展国有资产监管的重要保障。经过多年的探索和实践，国资委系统已基本建立一整套从业绩考核、薪酬管理、领导人员选聘到统计评价、产权管理、监事会监督的国资监管闭环工作体系，实现了国有资产的专业化监管，有利于国有资源优化配置。

四是切实落实国有资产保值增值责任。我国国有资产属于全体人民，缺乏天然的责任主体，容易形成"有权无责"的监管局面并导致资产流失。现行体制较大程度改变了过去国有企业"九龙治水"的局面，与多头监管下"谁都管、谁都没有明确的最终责任"相比，由国资监管机构统一行使出资人职责可以更加有效地落实国资监管责任。

当然，也必须清醒认识到，面对市场经济体制改革和国有企业改革发展的新形势，目前国有资产管理在体制、机制和监管方式上仍然存在一些突出矛盾和问题，迫切需要改革和完善国有资产管理体制。

2013 年，党的十八届三中全会审议通过了《中共中央关于全面深化改革若干重大问题的决定》，明确提出要完善国有资产管理体制，以"管资本”为主，加强国有资产监管。从以管企业为主向以管资本为主转变，从实物形态的管理向价值形态的管理转变，国资管理体制改革进入了一个新阶段。

第二节　国外国有企业监管模式比较分析

国外国有企业的不同监管模式和方式，虽然都带有较强的国别特点，但也有可供我们学习借鉴之处，本节主要介绍国际经合组织在这方面的研究成果。①

一、监督和治理国有企业的框架结构

经合组织《国企治理指引》是世界上唯一与国企治理相关的多边建议性文件。自 2005 年发布以来，《国企治理指引》一直被寄予很高的期望，被当作许多国家国有企业改革的重要参考。2011 年，经合组织得出结论，经合组织成员国自 2005 年以来开展的国企改革几乎无一例外地对《国企治理指引》进行了全面落实（OECD，2011c）。与此同时，非经合组织国家也从这份文件中汲取灵感；尤其是亚洲地区，过去 10 年间，国企改革基本都采用了相似的路线（OECD，2015b）。

《国企治理指引》的一项总体原则就是，监督和管理国有企业的责任应该在整条“指挥链”上的不同层级之间进行合理分配，从最高层的政府到单个企业各司其职。图 7 - 1 为《国企治理指引》提出的框架结构，其决策应该涉及四个层级。

第一层级：政府。为确保上下一致（并避免“第三种代理问题”），政府需要在顶层设计中制定一套所有权政策。通常，所有权政策应该阐述企

① 重点参考了国务院国资委国际合作局关于《国企治理指引》的研究成果。

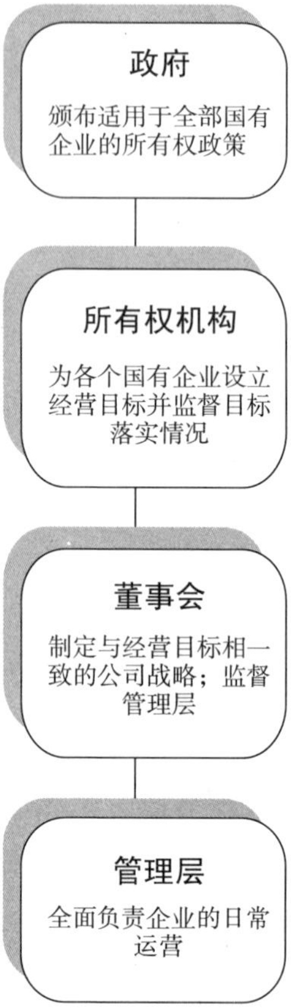

图7－1　各治理主体在国有企业监督管理中的角色

业所有权的宗旨、政府作为出资人希望如何行使权力，以及对国有企业有何特别期望（超出普遍接受的商业规范之外）。

第二层级：所有权机构。行使所有权职能的管理权力被赋予一个或多个国家机构，这些机构负责将运营和财务方面的绩效目标传达给各个（类）国有企业，并且监督这些目标的完成情况。

第三层级：董事会。董事会是国有企业内部最高决策主体，负责制定（或批准）公司战略、监督管理层，通常对公司负总体责任。

第四层级：管理层。按照公司法和传统，管理层一般包括由一名首席执行官任主席的执行委员会；也可由一名首席执行官自由组建自己的管理团队。董事会有权任命和解雇首席执行官。

需要说明的是，第二个层次即所有权实体的组织框架，由于各国特点不同、法律框架和管理传统也各不相同，因此不存在放诸四海而皆准的通用型解决方案。然而，政府在决定如何组织国有企业所有权职能时，应当考虑以下几点：

一是清晰划定权力边界。需要设立所有权机构，以便行使职权时避免受到来自某些人的不当影响，例如有影响力的内阁成员或政治人脉深厚的国企高管和董事会成员。过去，经合组织成员国就出现过严重的问题，原因就是权力边界划分不彻底，本应明确规定由所有权机构行使的权力，却沿着“指挥链”被各方瓜分。

二是严格区分政府角色。最重要的就是将政府作为企业出资人的角色和规制者的角色分开，否则可能引发严重的利益冲突。过去就有一些典型的例子，比如有的政府部门既要对基础设施领域国有企业的财务业绩负责，又同时负责管理这些企业的收费标准（有时还负责规制竞争环境）。

三是务必确保专业高效。为高效履职，行使国企所有权职能的公职人员必须具备必要的企业、法律、财务和管理技能。具体要求取决于该国国有企业组合构成情况。

二、不同国家国有企业所有权模式比较

（一）国有企业所有权职能的具体职责

负责国有企业“所有权职能”的实体具有三项权力、责任或指导能力：任命董事会、制定目标并监督落实情况、代表政府行使投票权。用这一标准划分各国所有权模式类型时，主要看某个机构是否承担上述全部或部分职责。

（二）国有企业所有权模式比较

各国国有企业的性质和地位可能存在差异，因此任何两个国家的所有权模式都不是完全相同的。经合组织对商业类国有企业的所有权

职能组织结构开展了研究①，其中“商业类”指的是那些以参与市场“经济活动”② 为主的国有企业，在这个市场中，国有企业和私有企业已经共存，或依据现有法律法规可以共存。

经过研究发现，国家所有权的行使往往具有模糊复杂的组织结构以及矛盾的目标（OECD，2010，114）。各国国有企业所有权组织结构存在显著差异，反映了各国改革内涵与时机、路径选择和私有化进程方面的区别。根据调研分析，经合组织将国有企业所有权模式划分为集中模式、双头模式、双轨模式、协调模式和分散模式。

1. 集中模式

集中模式的特点是一个政府机构在所有国企中扮演股东角色。该机构可以是一个特设的所有权机构，或某个指定的政府部门。该机构负责国企财务目标、技术性和运营性事宜，并负责监督国企业绩表现。董事会成员可通过不同方式任命，但该机构发挥核心作用。

采取集中模式最具代表性的国家包括：中国、芬兰、法国、韩国、瑞典和斯洛文尼亚。所有由国家组建或直接、间接控股的企业和组织，无论国家是否是控股股东，都由一个集中机构履行股东职责。该集中机构负责协调国有企业的财务指标、技术性与运营性事宜，并监督其业绩表现。董事会成员的任命方式可能不同，但该机构扮演核心角色。

以下国家虽然采取了集中模式，但部分国有企业例外，这些国家包括：智利、匈牙利、哈萨克斯坦、荷兰、挪威、波兰、南非和俄罗斯，丹麦也在某种程度上符合这一模式特点。尽管国家已经做出了所有权职能集中的决定，但是一批特殊的国有企业仍然处于集中机构的权限范围之外，

---

① 不包括以公共政策目标为主要任务的国有企业，因为后者不在经济市场中与私有企业直接竞争，而且面对不同的规制环境。

② 经合组织《国有企业公司治理指引》将经济活动定义为“在市场上提供产品或服务，且理论上可以由私人以获利为目的而进行的活动。市场结构（竞争、寡头或垄断）不是判断某项活动是否属于经济活动的决定性因素。政府向使用者强制征收费用的行为一般不应视为在市场上出售产品或服务。”（经合组织，2005b，4）

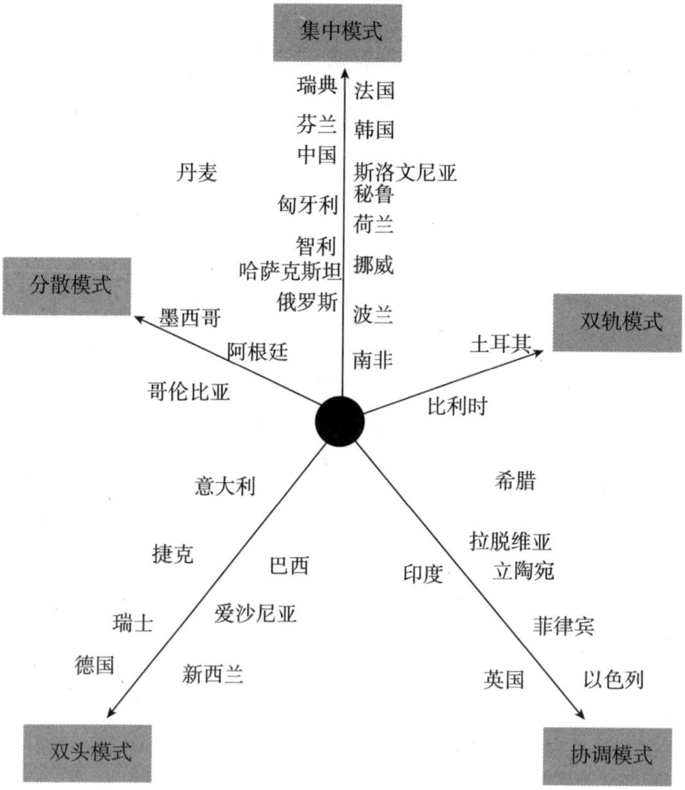

图 7－2　各国所有权模式比较

而由其他的政府主管部门负责。对于处于集中机构权限范围以内的国有企业，该机构承担的职责与上文所述相似。

国家所有权的集中模式发展迅速，已经成为有志于改革的政策制定者采取的核心模式。在这种模式下，绝大多数国有企业经过整合，由某个政府部门负责，通常涉及财政部、工业部、经济部或一个单独的机构。这个中央机构的组织形式可以是一个所有权部门、100% 国有控股公司、半自治的单位或者是某一政府部门下设的监督小组。它们的宗旨各不相同，例如集中管理中央政府股权的必要性，或追求自主制定投资政策以维护国家利益等。

2. 双头模式

双头模式的根本特点是两个政府机构在同一家企业共同分担所有权职能。在实践中，通常由一个行业主管部门制定运营策略，财政部负责制定财务目标。

采取双头模式最具代表性的国家包括：巴西、捷克、爱沙尼亚、德国、意大利、新西兰、瑞士。双头模式的根本特点是两个政府部门，或者更准确地说，一个行业主管部门和一个财政部门分担各个国有企业的所有权职能；典型特点是，一个部门制定财务目标，另一个部门制定运营策略。如果在设计双头模式时能够清晰界定并明确划分职责，往往可以在所有权目标自相矛盾导致的“被动行权”和国家过度干预之间求得平衡。与分散模式不同，实行双头模式的国家还存在一个“比其他部门地位更高”的部门。

双头模式的主要风险在于如何将政府作为企业所有者的角色和经济活动规制者的角色分离。此外，如果两个部门的所有权职能受到政治因素影响，就会导致所有权的混乱和不透明。当然，这种风险在分散模式中更为突出。因此，如果实行这两种模式的国家没有意愿或当前的政治形势不允许采用集中模式，那么为了避免出现上述问题，它们必须对各部门的权责进行清晰界定和明确划分。

3. 双轨模式

双轨模式的特点是两个国有企业组合分别交由两个政府机构负责。从单个国有企业的角度来看，实际上就是集中模式，因为企业只需向一个机构汇报工作。该模式和双头模式有实质性的差别，因为每个国有企业的所有权只由一个机构行使。

采取双轨模式最具代表性的国家包括：比利时、希腊、土耳其。双轨模式的特点是将一组具有相同导向（或法律架构）的国有企业交由一个政府机构管理，而将其他类型的国有企业交由另一个政府机构管理。这一模式看似与存在例外的集中模式相同，但仔细研究便能发现，双轨模式是在同样的国内环境下，存在着两个实质上互不竞争的所有权职能部门。

双轨模式常与双头模式混淆，但双轨模式并非两个不同的国家机构扮演“控制同一国有企业的两只手”。显然，从构成所有权职能的三项具体职责来分析，两个不同部门间的权力平衡，并非是要确定出谁在股东权力和董事会成员提名上拥有最终发言权。实现平衡的方式，也可以是让某一政府机构负责占资产组合比例较大且属于同一类法律架构的国有企业，同时让另一部门负责属于另一种法律架构的国有企业。

4. 协调模式

协调模式的特点是指专门的政府机构以顾问的身份与其他持股部门一起负责技术性和运营性事宜。通常，这些机构最重要的职责就是监测国有企业的业绩表现。该协调机构的作用越有限，持股部门保留的自主权越大，则这种模式与分散模式越相似，从某种意义上说，协调模式也可被看作分散模式的特例，只是在某些程序、标准上实现了集中。

采取协调模式的最具代表性的国家包括：以色列、印度、立陶宛、菲律宾、英国。作为专业机构，它们主要是为其他持股部门提供技术和运营层面的咨询服务，最重要的职责是监督国有企业的业绩表现。中央协调机构角色越有限，各持股部门保留的自主权越大，这种模式就与分散模式越接近，但中央协调机构仍具有显著的影响。

中央协调机构常常要提供所有国有企业的季度和年度报告，以非常透明的方式，向公众提供最具有价值的信息，以便评判某国有企业在商业化和竞争性的环境中的运营表现。

5. 分散模式

分散模式的特点是不存在行使所有权职能的单一机构或政府部门。公众一般将政府主管部门视同各个国有企业的实际管理者，企业是部门权力的延伸。

采取分散模式的最具代表性的国家包括：阿根廷、哥伦比亚、墨西哥。在分散模式中，每个国有企业的所有权（包括三项职责）由一个行业主管部门或者其他政府机构负责行使。这通常会涉及许多不同的机构。公众常把国有企业视作行业主管部门权力的延伸。

双头模式下，两个部委协调管理一家国有企业。分散模式的显著差异在于，三项所有权职责均由一个单独的国家机构承担，或是由一个机构组合共同承担。对于许多东欧前社会主义国家而言，这种特殊的结构是从过去几十年来国家深度干预经济的状况中演变出来的。在各种不同的国内环境中，公众以及政策制定者的理解是，国有企业是国家行为的重要表征，也是执行公共政策的重要工具，因此排除了所有权集中化的可能性。

第三节　以管资本为主加快完善国有资产管理体制

以管资本为主加强国有资产监管，是完善国有资产管理体制的方向和根本要求，需要在实践中大胆探索有效途径和方式。

一、以管资本为主加强国有资产监管的重大意义

以管资本为主加强国有资产监管，是深入推进政企分开政资分开、形成面向创新发展的国有资产管理体制的需要。我国国有资产管理体制经历了由行政管理到出资人监管的历史演变。国资委成立以来，在履行出资人职责方面进行了积极探索，但监管幅度过宽、要求过细的弊端也日渐突出，一定程度上影响了企业自主经营，制约了企业活力。这就迫切要求国有资产监管机构进一步准确把握出资人定位，按照公司法关于股东职责的界定，从管资本入手，切实解决国资监管中存在的错位、越位等问题。此外，从世界范围看，其他国家也普遍采取专业化股东机构管资本的方式管理国有企业。例如，法国、芬兰、挪威等国成立国家参股局、国有股东事务管理局等机构，主要通过派出股东代表参加股东会议，决定国有企业发展战略、重大投资方向等重大事项。新加坡政府通过设立淡马锡等专门控

股公司管理国有资本。

以管资本为主加强国有资产监管，是强化国有企业市场主体地位、激发企业活力的需要。经过多年改革发展，公司制股份制成为国有企业的重要组织形式。直接管理企业的方式已经不适应国有企业组织形式的深刻变革，必须按照公司治理规则，以管资本为主明确国有资产监管机构职责定位，保护公司制企业法人财产权，保障国有企业作为独立市场主体依法自主经营、自负盈亏、自担风险、自我约束、自我发展，在市场竞争中成为实施创新驱动发展战略、建设创新型国家的中坚力量。

以管资本为主加强国有资产监管，是推进国有资本布局结构战略性调整、放大国有资本功能的需要。目前，国有资本还存在分布过宽、战线过长、集中度不够等突出问题，严重制约着国有经济主导作用的发挥。要以管资本为主，紧紧围绕服务国家战略目标，充分利用多层次资本市场和国有资本运营平台，着力推进国有资本布局结构战略性调整，充分发挥国有企业的功能作用。

以管资本为主加强国有资产监管，是维护国有资产安全、防止国有资产流失的需要。一些国有企业内部管理混乱，侵吞、贪污、输送、挥霍国有资产现象时有发生。要以管资本为主，加强国有资本经营管理全链条监管，全面规范管理制度，落实国有资本监管责任，严格执行国有资本监管政策与纪律，建立健全监督长效机制，确保国有资本安全运营，严防国有资产流失。

二、深入研究和把握以管资本为主的内涵

从法律角度看，出资人权利来源于公司法规定的资产收益、参与重大决策和选择管理者三项股东权利。同时，国资委作为国家所有权代表，对企业的投入不同于一般社会资本的财务性投资，除取得股权收益外，还要肩负壮大国有经济等政治使命和社会责任，更加注重强化国有资产监督，防止国有资产流失。因此，国资委要做到以管资本为主，应当从公司法规

定的股东基本权利和股东会职权入手，突出所有者权益的持续增长，通过国有资本的合理流动和有效进退，进一步放大国有资本功能，发挥国有资本对我国经济社会发展的引领带动和支撑保障作用。

（一）“管资本”的主要内容

“资本”是股东对企业的投入，强调的是其流动性和增值性，体现的是股东所有权；而“资产”是由企业拥有或者控制并可以带来经济利益的资源，体现的是企业法人财产权。《企业国有资产法》规定，企业国有资产是指国家对企业各种形式的出资所形成的权益。据此，国资委依法对国有资产的管理与“管资本”的基本内涵是一致的，就是要管好对企业的出资以及形成的权益，实现股东权益的最大化。

一是管好规划投向。服从服务于国家战略要求，发挥市场在资源配置中的决定作用，制订国有资本战略规划和年度国有资本投资规划，将国有资本从不具备竞争力的企业退出，增加对优势行业企业的资本投入，推进国有资本优化配置。

二是管好资本收益。确定不同行业企业国有资本收益上缴比例，编制国有资本收益预决算草案，收取国有资本收益，分配国有资本支出。审批中央企业清产核资方案，认定资产损溢，核定国有资本金。

三是管好资本流动。通过划拨国有股权、注入国有资本经营预算资金等方式，增加中央企业资本金。审批中央企业国有产权流转以及拟上市公司国有股权管理方案。决定中央企业发行中长期债券的方案。

四是管好企业账本。审核企业年度预算报告，对国有资本配置方向和目标等经济效益安排进行审议批准，对金融衍生业务、对外担保等重要事项进行预算监控。审核企业年度财务决算报告，认定年度经营成果和国有资本保值增值结果。对中央企业工资总额预算方案、中长期激励方案等实行备案管理。

五是管好资本安全。落实股东会对董事会决议内容和程序的监督职权。开展中央企业领导人员任期和离任经济责任审计，针对有关问题开展对企业的经常性审计和专项审计，严格中央企业重大资产损失的责任追究。充分运用外派监事会监督检查成果，定期公开监事会对企业监督检查情况。

（二）基于出资人职权的“管资本”其他内容

“以管资本为主”与“管资产与管人、管事相结合”不是截然对立的。“管资本”要通过“管人、管事”来实现，“管人、管事”作为公司法赋予股东的重要权利是“管资产”的重要辅助手段。以下前两项可以理解为“管事”，后两项可理解为“管人”，共同服务于“以管资本为主”目标的实现。

一是制定和修改公司章程。制定国有独资公司、国有独资企业的公司章程，核准由企业董事会制定的公司章程，参与制定国有参股公司章程制订和修改。

二是审批企业重大事项。拟订或审核国有资本投资运营公司改组组建方案及其他新设中央企业组建方案，审核中央企业及其重要子企业改制、上市方案，审核中央企业的合并、分立、解散、清算方案，报国务院批准。

三是规范董事会建设。指导企业组建董事会，任免考核董事和外部董事；听取董事会年度工作报告，对董事会规范运作和董事履职行为作出评价。听取监事会年度工作报告。

四是管理企业领导班子和领导人员。按照干部管理权限对中央企业领导人员进行考察任免，或者提出任免建议。委派国有独资公司董事会成员、监事会成员，指定董事长、副董事长、监事会主席。组织开展中央企业领导班子和领导人员综合考核评价，中央企业负责人年度、任期经营业绩考核和综合绩效评价。

三、以管资本为主完善国有资产管理体制的基本原则

（一）坚持社会主义基本经济制度和市场经济改革方向

党的十八届三中全会明确提出，公有制为主体、多种所有制经济共同

发展的基本经济制度，是中国特色社会主义制度的重要支柱，也是社会主义市场经济体制的根基。坚持社会主义基本经济制度，要求我们在完善国有资产管理体制中，必须坚持公有制为主体，更好地发挥国有经济在经济发展中的主导作用，放大国有资本功能，实现保值增值，提高市场竞争力，推动各种所有制资本取长补短、相互促进、共同发展。坚持社会主义市场经济改革方向，要求我们在完善国有资产管理体制中，必须坚持使市场在资源配置中起决定性作用，遵循市场规律来投资运营国有资本，推动国有资本优化配置，实现国有资产保值增值。

（二）坚持政企分开、政资分开、所有权与经营权相分离

政企分开、政资分开是理顺政府与国有企业关系的核心。根据社会公共管理职能与出资人职能分开的原则，国有资产监管机构专门承担国有资产出资人职责，不承担社会公共管理职能，政府公共管理部门从政府经济调节和社会管理角度对各类所有制企业进行管理，不承担出资人职责。按照政企分开和所有权与经营权相分离原则，国有资产监管机构以管资本为主加强国有资产监管，以资本为纽带在规范的法人治理结构中依法行使股东权利，不干预企业的生产经营活动，尊重和维护国有企业的独立市场主体地位。

（三）坚持以管资本为主

尊重市场经济规律和企业发展规律，以资本为纽带，在规范的法人治理结构中依法行使股东权利，加强和改进国有资产监管，改革国有资本授权经营体制，打造国有资本高效配置和运营平台。

（四）坚持放管结合

按照权责明确、监管高效、规范透明的要求，推进国有资产监管机构职能转变。该放的依法放开，提高国有资本运营效率，依法落实企业法人财产权和经营自主权，进一步激发企业活力、创造力和市场竞争力。突出监管重点，改进监管方式，该管的科学管理，严格防止国有资产流失，确保国有资产保值增值。

（五）坚持依法实施，协同推进

党的十八届四中全会做出了全面推进依法治国的战略部署。习近平同志多次强调，改革和法治相辅相成、相伴而生，要坚持在法治下推进改革，在改革中完善法治。以管资本为主完善国有资产管理体制，必须妥善处理好改革与法治的关系，坚持依法实施各项国有资产管理体制的各项改革任务。同时，必须注重改革完善国有资产管理体制的系统性、协调性，以重点领域和关键环节为突破口，先行试点、分步实施，统筹谋划，协同推进相关配套改革。

四、积极推进以管资本为主加强国有资产监管

（一）科学界定国有资产出资人监管职责

进一步理顺政府公共管理部门、国有资产监管机构和国有企业的关系。政府公共管理部门依法行使公共管理职能，从经济调节和社会管理角度进行社会公共管理。国有资产监管机构对监管企业依法履行出资人职责，专司国有资产监管，不承担社会公共管理职能。国家出资企业依法接受国有资产监管机构的监管，不得侵害所有者权益。国有资产监管机构的主要职责是：对所监管企业依法行使资产收益、参与重大决策、选择管理者等出资人权利，承担监督所监管企业国有资产保值增值的责任；贯彻党管干部原则和党管人才原则，按照管理权限加强和改进企业领导人员管理；依法落实国有资本经营责任，依法落实企业法人财产权和经营自主权；除履行出资人职责以外，不干预企业生产经营活动。

（二）突出国有资产监管重点

一是管好资本布局。围绕服务国家战略，落实国家产业政策和重点产业布局调整总体要求，建立健全国有资本形态转换、合理流动机制。合理确定国有经济发展战略规划，优化国有资本布局结构，推动国有资本在国防安全、能源安全、粮食安全、信息安全等关系国家安全领域的保障能力显著提升，在重大基础设施、重要资源以及公共服务等关系国民经济命脉

和国计民生重要行业的控制力明显增强，在重大装备、信息通信、生物医药、海洋工程、节能环保等行业的影响力进一步提高，在新能源、新材料、智能制造等产业的带动力更加突出。

二是规范资本运作。建立健全国有企业财务预算审议、运营状况监测分析和财务决算审核基础管理制度，加强对国有企业清产核资、资产评估、产权流转和上市公司国有股权管理等事项的管理，加强国有资本投资运营平台建设，探索投资融资、股权运作、资本整合、价值管理的市场化运作机制与方式。

三是提高资本回报。建立健全国有资本经营目标考核评价体系，完善激励约束机制，落实国有资本保值增值责任。健全国有资本收益管理，完善国有资本投资制度，建立国有企业常态化的资本注入机制。

四是维护资本安全。建立健全监督工作制度，形成全面覆盖、分工明确、协同配合、制约有力的国有资产监督体系，综合运用强化企业内控机制建设、加强经济责任审计、开展资产损失责任追究、披露企业经营信息等各种监督手段，整合监督力量和资源，增强监督的针对性、实效性。

（三）改进国有资产监管方式

坚持权利以出资为限、监管以法定为据，注重事前规范制度、事中加强监控、事后强化问责，更多运用法治化、市场化监管方式，主要强化分类监管、依法监管和信息化监管。

分类监管，就是立足提高监管的科学性、有效性，针对商业类和公益类国有企业的不同战略定位和发展目标，研究制定差异化的监管目标、监管重点和监管措施，在战略规划制定、资本运作模式、人员选用机制、经营业绩考核等方面，实施更加精准有效的分类监管，因企施策推动企业改革发展，促进经济效益和社会效益有机统一。

依法监管，就是坚持权由法定、权依法使，注重运用法治思维和法治方式行权履职，完善国资监管法规制度体系，强化制度执行和权力运行的监督约束，健全完善重大决策合法性审查机制，努力打造国资监管法治机构。同时加强公司章程管理，规范董事会运作，严格选派和管理股东代表和董事、监事，注重通过公司法人治理结构依法履行出资人职责。

信息化监管，就是全面梳理优化监管流程，建立系统科学有效的监管标准和制度体系，推进信息化与监管业务深度融合，广泛运用大数据等新技术，健全中央企业产权、投资、财务等监管信息系统，整合信息资源，设立统一的信息公开网络平台，依法依规、及时准确披露国有资本整体运营和监管信息。统一工作平台，畅通共享渠道，实现动态监测，切实解决信息不对称、监管不到位的问题，消除监管空白点，不断提升整体监管效能。

推进经营性国有资产集中统一监管。稳步将党政机关、事业单位所属企业的国有资本纳入经营性国有资产集中统一监管体系，具备条件的进入国有资本投资运营公司。加强国有资产基础管理，按照统一制度规范、统一工作体系的原则，抓紧制定企业国有资产基础管理条例。发挥国有资产监管机构专业化监管优势，逐步推进国有资产出资人监管全覆盖，充分发挥国有资产监管机构的专业化监管优势，加快建立健全全国统一的国有资产基础管理工作体系。完善国有资本经营预算管理制度，建立覆盖全部国有企业、分级管理的国有资本经营预算管理制度，提高国有资本收益上缴公共财政比例，更多用于保障和改善民生。

第四节　国有资本投资与运营公司[①]

改组、组建国有资本投资、运营公司，探索依法自主开展投资融资、产业培育、资本整合的有效模式，打造国有资本市场化运作的专业平台，是以管资本为主加强国有资产监管、完善国有资产管理体制的重要环节，

① 根据国务院国资委资本局相关研究材料整理形成。

对于坚持以市场为导向、以企业为主体，加大国有企业、国有资本调整力度，促进转型升级，提高国有资本配置和运营效率，具有积极作用。

一、改组组建两类公司是国资国企改革的重要举措

党的十八届三中全会提出，组建若干国有资本运营公司，支持有条件的国有企业改组为国有资本投资公司。党中央、国务院《关于深化国有企业改革的指导意见》明确，国有资产监管机构依法对国有资本投资、运营公司和其他直接监管的企业履行出资人职责，并授权国有资本投资、运营公司对授权范围内的国有资本履行出资人职责。国有资本投资、运营公司作为国有资本市场化运作的专业平台，依法自主开展国有资本运作，对所出资企业行使股东职责。改组组建国有资本投资、运营公司，探索有效的运营模式，通过开展投资融资、产业培育、资本整合，推动产业集聚和转型升级，优化国有资本布局结构；通过股权运作、价值管理、有序进退，促进国有资本合理流动，实现保值增值。这里提出的“两个通过”，第一个“通过”指的是投资公司，第二个“通过”指的是运营公司。国务院《关于改革和完善国有资产管理体制的若干意见》提出，改组组建国有资本投资、运营公司，主要通过划拨现有商业类国有企业的国有股权，以及国有资本经营预算注资组建，以提升国有资本运营效率、提高国有资本回报为主要目标，通过股权运作、价值管理、有序进退等方式，促进国有资本合理流动，实现保值增值；或选择具有一定条件的国有独资企业集团改组设立，以服务国家战略、提升产业竞争力为主要目标，在关系国家安全、国民经济命脉的重要行业和关键领域，通过开展投资融资、产业培育和资本整合等，推动产业集聚和转型升级，优化国有资本布局结构。改组组建国有资本投资运营公司是国资国企改革的重要举措，体现在以下几个方面。

（一）推动国有资本的优化配置

国有经济实力和竞争力增强的同时，国有资本布局过宽、过散，传统

低端产业占比较大、部分行业同质化程度较高等问题依然存在。两类公司是国有资本布局结构调整的专业平台，是实现“三个一批”的操作主体和实施平台。

（二）加快资本流动的重要途径

中央企业大多起源于单一的工厂或商贸企业，部分企业囿于固化的业务结构，主动调整意识不强，重进轻退、买多卖少，部分资本沉淀，低效运营。两类公司是国有资本市场化运作的专业平台，将闲置资本用起来，将低效资本投入回报更高领域，对国有资本进行有效筹划和投资运营。

（三）壮大资本实力的客观需要

1979 年以前，国有企业投资所需资金主要来自财政拨款，“拨改贷”改革后，国家对国有企业资本金补充较为有限，除企业部分经营积累外，大部分投资资金来源于负债，企业资本金相对不足、资产负债率过高。两类公司是提供持续发展资本的市场平台，通过资本运作，将企业有效资产形成资本，以资本方式引入社会资金，壮大企业资本实力。

（四）适应产融结合的发展趋势

现代经济体系中，资本运作与实体经济相融互补。多层次的资本市场提供了公开有效的资本流动和配置平台，大批优质企业借助资本市场获得了快速发展。两类公司是连通实体产业和资本市场的市场平台，围绕实体产业发展，推进产融结合、以融促产。

（五）完善中央企业市场化机制

通过两类公司的资本运作，调整优化所控股、参股企业的国有股权比例，深入推进混合所有制改革，加快形成有效制衡的公司法人治理结构、灵活高效的市场化经营机制。

二、两类公司基本概念、主要特征和功能定位

（一）基本概念

投资公司是聚焦推进产业结构调整、资本整合的专业化投资运营机

构，以培育发展优势产业为使命，主要以资本为手段，通过投资融资、产业培育、资本整合，以市场化方式提升国家支柱性产业竞争力、培育布局新兴产业。

运营公司是专司国有资本流动重组、布局调整的综合性投资运营机构，主要依托资本市场，利用多样化金融手段，通过股权运作、价值管理、产融服务，优化国有资本布局结构、提升国有资本运营效率、推动国有资本做强做优做大。

（二）主要特征

投资公司。一是具有鲜明的产业发展使命，主业处于市场化程度较高的支柱产业，且相对多元，具有产业竞争优势。二是集团总部具备很强的资本运作和资本配置能力，投得准、退得出，能投会卖。三是对核心业务以战略性投资为主，对出资企业以战略和财务管控为主，重点关注核心产业竞争力和资本进退调整。四是市场化经营机制更加完善，运营质量和效益更高，国有资本回报水平优于一般同行业企业。

运营公司。一是具有显著的资本运作属性，不直接从事具体生产经营活动，不追求对实体企业的控制，不单独承担发展实体产业的使命。二是具备很强的资本运作能力，能够熟练运用各类资本市场和金融工具，拥有优秀的资本运作团队。三是拥有较为完备的金融牌照和金融功能，支撑各类投资融资和资本市场运作，并可为其他中央企业提供综合金融服务。四是新增投资以财务性投资为主，对出资企业原则上不搞从上到下的母子公司管理体系，可以进行必要的财务管控，重点关注国有资本流动和增值状况。

（三）功能定位

投资公司着力发挥产业调整、产业引领、产业整合、产业培育四大功能。一是产业调整。依据战略定位、产业周期和现金贡献等，主动调整优化业务结构，重点发展优势产业，剥离退出落后产业。二是产业引领。坚持行业领先的产业布局战略，原则上应处于行业国内前三，并力争成为行业国际领导者。三是产业整合。承担产业资本整合主体责任，通过兼并重组、股权划转等方式，对产业内、区域内的国有资本进行集聚整合，提高配置效率。四是产业培育。结合自身优势，承担培育孵化前瞻性、战略性新兴产业的重要使命，发展国有经济新动能，打造具有竞争力的“新央企”。

运营公司着力发挥投资融资、持股管理、股权运作和资产经营四大功能。一是投资融资。通过基金、保险、银行等金融平台吸收筹集社会资本，以基金投资、直接投资等方式，支持中央企业改革发展，引导国有资本投向。二是持股管理。以股东身份，对划转、投资等方式形成的股权进行管理。三是股权运作。对所持股权进行合理流转、重组整合，以及各种市场化操作。四是资产管理。按照要求，接收机关、企事业单位剥离移交的部分资产，通过资本运作变现退出。

三、不同类型公司的区别和联系

（一）主要区别

从国有企业现状和未来发展趋势看，可分为三种企业形态，即实业产业公司、资本投资公司和资本运营公司。中央企业要以振兴实体经济为使命，产业公司是主要形态，投资公司、运营公司按照各自功能定位，发挥好国有资本市场化运作的专业平台作用，更好地服务于国有资本布局调整和实体经济发展大局。

一是功能目标。产业公司着重在关系国家安全、国民经济命脉的重要行业、关键领域发挥主导作用。投资公司以投资发展支柱性产业、带动产业集聚和转型、布局新兴产业为主要目标。运营公司以盘活国有资本存量、优化国有资本布局调整、提升国有资本运营效率和推动国有资本做强做优做大为基本目标。

二是产业领域。三类形态企业的产业领域不能截然分开，但各有侧重。产业公司多数为商业二类企业，所处产业战略性更强，需要国有资本牢牢掌控，原则上一业为主或围绕产业链布局。投资公司以商业一类企业为主，业务相对多元，主要投向支柱性产业、新兴产业，相关产业可以进退调整，注重体现产业带动力和资本配置效率。运营公司开展专业化的资本运营和投资融资服务，没有特定的投资领域限制。

三是业务架构。两类公司总部以资本配置和资本运营为主，实行“小总部”，生产经营和产业管理职能下沉。投资公司为“精干总部－产业板块－控股企业”架构；运营公司为“精干总部－专业运营平台－参股企业”架构。不同于两类公司，产业公司总部还承担了部分具体的生产运营和产业管理职能。

四是管控方式。产业公司对所出资企业具有较强的控制力，可建立运营管控、战略管控、财务管控等多层次的管控体系。两类公司具有资本投资运营与具体生产经营相分离的特点，投资公司因承担产业使命，对出资企业兼顾战略和财务管控；运营公司则基本是财务投资者，对出资企业建立必要的财务管控，或仅需关注资本回报。

五是金融支撑。产业公司以实体产业生产经营为主，金融业务紧密围绕主业发挥产融结合功能，要适度控制，防止脱实向虚，确需新增的，需一事一议。投资公司立足核心业务，适度产融结合，以融促产。运营公司主要开展资本投资运营，需要具有相对较全的金融服务功能，服务对象更广，主要面向实体经济领域。

（二）主要联系

三类公司之间相互配合、协同发展，投资公司、运营公司要在多方面支持产业公司，尤其是运营公司，将与其他中央企业密切配合、深度协同。三类公司的边界是相对的，发展到一定阶段，可能相互转化、动态调整。

一是新产业培育。投资公司可直接孵化培育新兴产业，也可以市场化方式整合接收运营公司或产业公司的有关新产业。运营公司以基金投资等方式培育新产业，成熟后可装入投资公司或并入产业公司，或者配合投资公司、产业公司进行产业培育。

二是存量资本调整。投资公司结合自身产业，主动参与中央企业布局结构调整，积极推动相关产业整合、集聚和转型升级，提升产业竞争力。运营公司按国有资本布局结构调整需要，接收产业公司、投资公司的部分上市公司股权、非主业以及低效无效资产、困难企业等，进行整合盘活，提升价值。

三是产融结合。运营公司依托较为全面的金融业务和金融平台，为产业公司、投资公司提供必要的金融支持和服务，发挥产融结合、以融促产作用，不搞空转套利，支持实体经济的发展和繁荣。

四、国资监管机构与国有资本投资、运营公司的职责边界

在界定国资监管机构与国有资本投资、运营公司的职责边界之前，首先必须从体制上阐明国有资本投资、运营公司与国资监管机构的职能定位。

作为当前和今后一段时期内国有企业改革的纲领性文件，中共中央、国务院《关于深化国有企业改革的指导意见》在涉及国有资本所有权和经营权的边界时明确提出："国有资产监管机构依法对国有资本投资、运营公司和其他直接监管的企业履行出资人职责，并授权国有资本投资、运营公司对授权范围内的国有资本履行出资人职责。"这一表述从体制上明确，改组组建国有资本投资、运营公司并非是为取代国资委履行出资人职责，两类公司也并非国有资产监管机构和国家出资企业之间的中间层级，而是从资本管理运营的角度，在国资监管机构的授权下履行国有资本出资人的具体运营职能。国有资本投资、运营公司与其他直接监管的企业一样，都是国资监管机构的所出资企业，并不存在所谓的"三层架构"。

从现实需求上，改组组建国有资本投资、运营公司是力图通过机制设计上的突破，破解国有企业市场主体地位不明确、法人治理结构不完善、市场化经营机制不健全等深层次问题。从战略目标上，改组组建国有资本

投资、运营公司是要通过市场化平台的高效运作，优化国有资本布局结构，提升公司治理水平，提高国有资本配置效率和运行效率，实现国有资本保值增值。

综上分析，在界定两者的职责边界时，必须强调的是以资本为纽带的投资关系、以市场化为原则的委托关系、以法律为准绳的监管关系。通过两者职责边界的界定，在董事会建设、投资管理、公司治理、人事管理、考核分配、党组织建设等方面实施改革和管理机制创新。

（一）权责明确，形成合理的董事会结构

在董事会建设上，国资监管机构向国有资本投资、运营公司派出股权董事，聘请外部董事（独立董事），选择职工董事，委派董事长，体现出资人权利。国有资本投资、运营公司的董事会依照公司法享有的权利，在公司章程框架内，按一般的商业准则自主决策国有资本的运作。

（二）责权对等，明确投资管理权限

在涉及公司的经营和投资上，国资监管机构应在国有资本投资、运营公司章程中确定主业和投资方向，董事会须对国资监管机构提交季度、年度经营和投资报告。国有经济布局调整计划、国有资本预算审批、国有资本收益上缴比例等由公共政策部门制定，国资监管机构与国有资本投资、运营公司商定实施方案，国有资本投资、运营公司具体执行。

国有资本投资、运营公司在优化国有资本布局结构、实现国有资本保值增值的目标前提下，结合企业特征、行业属性、市场环境，自主决定投资增减量，政策性公司额度标准以外或主业以外的投资须报国资监管机构审核批准。

同时遵循权责对等原则，国资监管机构在向国有资本投资、运营公司授予投资权限的同时，明确企业在投资决策中应承担的责任，实现权利和责任相统一。

（三）明确经营权限，建立有效的管控体系

在涉及国有资本投资、运营公司的实际管控中，突出国有资本投资、运营公司的市场主体权利和责任，国资监管机构管理不具体干预公司日常经营。国资监管机构在权限上应遵守公司法所规定的股东权利框架，如制定和修改公司章程、决定公司增减资及债券发行、批准利润分配等方面。相对比于公益性公司，商业性公司董事会具有更加宽泛的投资决策权限。

（四）优化人事选聘和管理方式

清晰界定国资监管机构与国有资本投资、运营公司在选人用人、薪酬分配等方面的权利划分。总经理由国资监管机构委派，董事会履行公司治理程序，副总经理等公司经营团队采用市场化的方式选聘和管理。国资监管机构任免的企业高管与采用市场化方式选聘的企业高管采用不同的管理方式和薪酬体系。

（五）强化外派监事会监督

国有资产监管机构依法对国有资本投资、运营公司派出监事会，围绕企业财务、重大决策、运营过程中涉及国有资产流失的事项和关键环节，董事会和经理层依法依规履职情况等重点，着力强化对企业的当期和事中监督。外派监事会不参与、不干预企业经营管理活动。

（六）科学考核分配

国资监管机构对国有资本投资、运营公司业绩考核应结合企业特征、行业属性，与产业类公司有所区别，考核周期要符合国有资产投资、运营公司的运行特色。对商业性公司应侧重收益目标考核，提高市场化和资本考核指标的比重，如净资产收益率、市值等。对公益性公司实行收益性和政策目标的差异化考核，公益性业务更多地从功能和政策执行等情况来考核。

（七）加强党组织建设

发挥党委会在国有资本投资、运营公司的领导作用。国有资本投资、运营公司的党委书记、纪委书记、党委委员、纪委委员由国资监管机构任命。国资监管机构应健全对国有资本投资、运营公司的党建工作责任评价和考核机制，对责任不落实的严格追究责任。党委会成员与董事会成员实行“双向进入、交叉任职”，对董事、经营层的考核评价情况应向公司党委会通报。

五、国有资本投资公司、运营公司试点探索

改组组建国有资本投资、运营公司，是深化国有企业改革、完善国有资产管理体制的一项重大举措。这项工作不是一般性的重组整合，不是简单翻牌更名，也不是叠床架屋。不是所有的国有企业都需要改组为投资运营公司，也不是所有的国有企业都必须装入投资运营公司，重点是在改体制、改机制、改模式上下功夫。一是改体制。就是要形成以管资本为主的新体制，按照出资关系，明晰国资监管边界，优化国资监管内容，完善国资委对国有资本投资运营公司的监管方式，提高国资监管效能。二是改机制。就是要形成市场化经营管理的新机制，积极推进公司制股份制改造，完善公司决策和执行机制，深化企业内部“三项制度”改革，增强企业内生动力和活力。三是改模式。就是要形成国有资本投资运营的新模式，一手抓产业实体，一手抓资本运作，推动产融结合、产融互进，不断提高国有资本运营的效率和质量。

在中央企业层面，目前有10家先后开展了国有资本投资、运营公司试点，各省也选择了50多家省级国资委监管企业进行试点。从实际看，试点企业结合自身实际，进行了积极探索，取得了很好效果。中粮集团构建了“集团总部+18家专业化公司+生产单位”三级架构和“四根支柱”（审计直管、纪检专设、财务统一、董事专职）的监督体系。国家开发投资公司选取4个维度14项指标对二级子公司进行测评并分类授权，“信得过的多授权、信不过的少授权”。其他试点企业也正在抓紧落实。国有资本投资运营公司试点着重要在以下五个方面实现突破：一是重塑发展战略。围绕服务国家战略，推动试点的投资公司立足优势产业发展，确定战略定位和战略边界，明确国有资本在核心产业的配置要求，体现带动力、引导力和竞争力；推动试点的运营公司促进结构调整和价值增值，确定资本运营

的战略目标和商业模式，体现流动性、增值性和效率性。二是调整业务结构。推动投资公司依据战略定位、产业周期和现金贡献等，重点发展优势或具备潜力的产业，加快培育孵化战略性新兴产业，适度发展与产业协同的金融业务，重组剥离不具备竞争优势的产业。推动运营公司专司资本运作，搭建综合金融服务平台，逐步剥离现有实体经营业务或降低实体经营业务持股比例，特殊情况可以阶段性持股。三是提升管控能力。推动投资、运营公司落实以管资本为主的要求，发挥积极股东作用，通过公司治理对所出资企业行使股东权利，避免直接干预所出资企业的市场经营行为；同时精简总部机构、压缩管理层级，切实提高管控的针对性和有效性。四是开展投资运营。推动投资、运营公司围绕资本的投资、持有、运作和流转，开展专业化运作，推动运营模式由传统产业经营向以资本投资运营为主转变。五是夯实市场化机制。推动投资、运营公司全面深化内部“三项制度”改革，真正做到管理人员能上能下、职工能进能出、收入能增能减。

总的来看，以管资本为主加强国有资产监管、国有资产管理体制的工作，正在按照党中央、国务院的部署加快推进，特别是按照2016年12月中央全面深化改革领导小组第三十次会议审议通过的《国务院国资委以管资本为主推进职能转变方案》的要求，正在依法依规建立和完善出资人监管权力和责任清单，把强化出资人监管同落实管党治党责任结合起来，把精简监管事项同完善企业法人治理结构结合起来，积极创新和加强国企国资监管，加快健全国有资产监管机制，切实增强企业活力，提高国有资本运营效率，严格防止国有资产流失，确保国有资产保值增值。

第五节　完善国有资本经营预算制度①

建立国有资本经营预算制度，是完善社会主义市场经济体制的一项重大制度创新，是深化国有资产管理体制改革，实现政企分开、政资分开的重要举措，也是完善国有资本收益分享机制的重要制度保证。党的十七届五中全会提出了"健全国有资本经营预算和收益分享制度"，国务院制定的《国民经济"十二五"发展规划纲要》中明确提出"健全覆盖全部国有企业、分级管理的国有资本经营预算和收益分享制度，合理分配和使用国有资本收益 "，引起了社会的广泛关注。十八届三中全会提出要提高国有资本收益上缴公共财政比例，2020 年提到 30%，更多用于保障和改善民生。

一、国有企业收益分配制度的历史沿革

我国国有企业的收益分配制度主要是指国有企业的利润分配制度。中华人民共和国成立以来，国有企业利润分配形式随着经济体制改革的不断探索和完善而不断变化，大体经历了四个阶段：一是统收统支阶段。中华人民共和国成立初期至改革开放之前，国有企业主要实行"统收统支"的分配制度，即企业实现的利润全部上缴财政，企业所需资金也全部由国家拨给。这种方式，有利于国家统一安排财政收支，保证重点建设项目，但统得过死，不利于调动企业和职工的积极性。二是利润留成阶段。改革开放初期的国有企业始于扩大经营自主权的探索，允许企业保留利润。1979 年开始，为了扩大企业自主权，调动企业和职工的生产积极性，国有企业实行了多种利润留成办法，如全额利润留成、基数利润留成加增长利润留

① 根据国务院国资委资本局相关研究材料整理形成。

成、利润上缴包干等。这些方式，在一定程度上扩大了企业的经营自主权，但企业留成的比例弹性较大，企业利润分配不稳定，国家财政收入增长得不到保障。三是利改税阶段。即将国有企业向国家缴纳利润形式，改为向国家缴纳所得税、调节税等税收分配形式。企业纳税后剩余的利润，全部留归企业支配使用。利改税自1983年起实行，并从税利并存逐步过渡到完全以税代利，打破了当时对国有企业不能征收所得税的思想。但“利改税”否定了上缴利润形式，混淆了“利”和“税”两个不同的概念，因而没有解决我国国有企业利润分配制度的根本问题。随后实行的“承包经营责任制”由于是含税承包，也未能解决税利不分问题。四是税利分流阶段。税利分流是指国家在参与国有企业利润分配过程中，开征一道所得税，尔后再以适当的形式参与企业税后利润的分配。从1994年1月1日起，国有企业统一按国家规定的33%税率缴纳所得税，并逐步建立国有资产投资收益按股分红、按资分利或税后利润上缴的分配制度。作为过渡措施，考虑到当时国有企业正处于计划经济向市场经济过渡时期，历史包袱沉重、承担着大量的办社会职能，多数企业经营十分困难，为增强国有企业自我积累、自我发展能力，国家暂停向国有企业收缴利润。

二、国有资本经营预算制度的基本框架

（一）国有资本经营预算制度建设历程

建立国有资本经营预算制度，不是最近几年才提出来的，早在1993年，党的十四届三中全会通过的《中共中央关于建立社会主义市场经济体制若干问题的决定》中就提出“建立政府公共预算和国有资产经营预算”。次年全国人大通过的《中华人民共和国预算法》明确规定财政预算包括公共财政预算、国有资产预算和社会保障预算三个部分，标志着建立国有资产经营预算正式取得法律地位。但是由于1994年后国家对国有企业暂停上缴税后利润，使建立国有资本经营预算失去了政策基础和收入来源，国有资本经营预算一度有其名而无其实。

党的十六大以来，随着国有资产管理体制改革不断深入，国有资产出资人代表逐步到位，国有资本收益权的行使主体得到明确；同时，国有企业的经济效益明显改善，具备了建立国有资本经营预算的基本条件。一是新型国有资产管理体制为资本预算制度的建立奠定了基础。党的十六大确定了“管资产和管人、管事”相结合，“权利、义务和责任”相统一的国有资产管理体制，组建了国资委，并代表国务院履行出资人职责，这使国有资本的收益权有了行使主体，也为国有资本预算制度的建立提供了体制保障。二是国有企业经济效益的显著提高为国有资本预算制度的建立创造了条件。近年随着国家宏观经济形势趋好，市场经济快速发展，国有企业抓住机遇，通过深化改革和强化国有资产监管，有力地促进了国有经济的发展壮大，国有企业的经济效益发生了根本性变化。2008 年，全国国有企业实现营业收入 22.94 万亿元、实现利润 1.33 万亿元、上缴税金 2.09 万亿元，分别是2002 年的3.06 倍、4.65 倍和3.07 倍，国有企业经济效益的显著提高为资本预算制度的建立提供了可能。三是国有企业改革和发展需要国有资本预算的支持。近年来，国有企业改革发展和国有经济布局与结构调整取得了可喜的成绩，但面对经济全球化的快速发展，跨国公司间的竞争更加激烈，国有企业长期积存的体制性和机制性问题进一步显现，国有经济布局和产业结构不尽合理、历史负担沉重、资本金投入不足、自主创新能力弱、核心竞争力不强的问题愈加突出，发展转型的任务艰巨，一些关系国民经济命脉和国家安全的企业发展亟待资本金的支持。特别是我国加入 WTO 世贸组织后，公共财政预算支持国有企业改革与发展机制逐步弱化，迫切需要建立具有中国特色的国有资本经营预算制度，促进国有资本的有序合理流动，优化国有经济布局和结构，提高资源配置效率，解决体制性的问题，保障国有企业健康持续发展。

2002 年，党的十六大决定对国有资产管理体制进行重大改革。2003 年 4 月国务院国资委成立时，明确规定其“对所监管的国有资产进行预算管理，条件成熟时按国家有关预算编制规定，负责所监管企业国有资产经营预算的编制工作”。2003 年十六届三中全会明确提出要“建立国有资本经营预算制度”，2006 年 9 月，党的十六届六中全会《中共中央关于构建社会主义和谐社会若干重大问题的决定》再次要求“建立健全国有资本经营预算制度，保障所有者权益”。为了贯彻落实党的十六届三中、六中全会确定的建立国有资本经营预算制度精神，同年 11 月，国务院明确指出要加快建立国有资本经营预算制度，统筹使用好国有资本收益。2007 年 9 月，国务院印发了《国务院关于试行国有资本经营预算的意见》。2009 年 5 月 1 日我国施行的《国资法》中，将建立资本预算制度的基本框架纳入其中。至此，我国国有资本经营预算有了明确的法律依据和政策规定，标志着我国国有资本经营资本预算制度的初步建立。

（二）国有资本经营预算制度基本框架

国有资本经营预算是国家以所有者身份依法取得国有资本收益，并对所得收益进行分配而发生的各项收支预算，是政府预算的重要组成部分。建立国有资本经营预算制度的根本目的是完善国有企业收入分配制度，推进国有经济布局和结构的战略性调整，促进国有资本的合理流动，集中解决国有企业发展中的体制性、机制性问题，提高国有企业在国民经济中的控制力、影响力，实现国有资产的保值增值。其制度主要体现在三个方面：

1. 国有资本收益收取范围

国有资本经营预算收入主要来源于国有资本收益，是国有独资企业按规定应当上缴国家的利润，这也是目前资本收益的主要渠道。试行初期，中央企业是按年度净利润的比例，区别不同行业，分三类上缴。第一类为石油石化、电力、电信、煤炭等资源型企业；第二类为钢铁、运输、电子、贸易、施工等一般竞争类企业；第三类为军工企业、转制科研院所。另外三方面的收入来源分别是国有控股、参股企业国有股权（股份）获得的股利、股息收入；转让国有产权、股权（股份）获得的收入；国有独资企业清算收入，国有控股、参股企业国有股权分享的公司清算收入等。

2. 国有资本收益上缴的比例

国有资本预算建立初期，从减轻企业负担角度出发，国家按照“适度从低”的原则，结合2007年国务院确定将企业所得税税率从33%调整到25%的政策，暂时确定国资委履行出资人职责的中央企业和中央烟草企业按照企业合并报表净利润8%的综合上缴比例上缴国有资本收益。其中，资源类企业按10%；一般竞争类企业按5%，军工和科研企业三年暂缓上缴。近年来，随着中央企业的改革与发展，企业经济效益不断提升，国家调整国民收入分配格局的力度进一步加大，2011年，国务院决定扩大中央企业国有资本预算实施范围，适当提高中央企业国有资本收益收取比例。将5个中央部门（单位）和2个企业集团共计1631户企业纳入中央国有资本经营实施范围。调整后，资源类企业按15%（比原标准提高50%），一般竞争类企业按10%（比原标准提高100%），军工科研企业按照5%上缴资本收益，仓储企业免缴。2014年，国有资本收益收取比例再次提高，烟草总公司按25%，资源类企业按20%，一般竞争类企业按15%，军工科研企业按照10%上缴资本收益，仓储企业免缴。

3. 国有资本预算支出方向和重点

国有资本收益收上来后，用于哪些方面、如何支出是资本预算制度执行效果好坏的关键，也是大家关注的焦点。国务院26号文明确了资本预算支出的重点与方向是根据产业发展规划，国有经济布局和结构战略性调整，国有企业发展要求，以及国家战略、安全等需要。具体支出类别分为资本性支出、费用性支出和其他支出。资本性支出是以注入资本金的形式安排的支出，主要用于国有经济布局和结构调整、国有企业发展以及国家战略、安全需要等方面。费用性支出是指弥补国有企业改革成本安排的支出。在实际工作中，这种以资本性支出为主、严格控制费用性支出的安排方式，不但体现了资本预算的特性，更能充分发挥资本预算在促进国有资本的合理配置，推动国有企业的改革和发展中的作用。

三、完善国有资本收益分享制度的政策取向

目前，我国政府预算由四部分组成：公共财政预算、国有资本预算、政府性基金预算和社会保障预算。这四类预算既相互独立又相互衔接，构成了我国完整的政府预算体系。建立国有资本经营预算制度，是完善社会主义市场经济体制的一项重大制度建设，也是完善国有资本收益分享机制的重要制度保证，现阶段完善国有资本预算制度，应当把握好以下几方面的问题。

（一）科学界定国有资本经营预算的定位

建立国有经营预算制度是在社会主义市场经济体制下，实现政企分开、政资分开的重要制度创新，也是深化国有资产管理体制改革的重要举措。国有资本经营预算作为政府预算的重要组成部分，与公共预算、社保预算等其他预算具有不同的功能定位，无论是收入的来源、支出的范围，还是遵循的原则和管理的方式都有一定区别，“重效益、讲回报”是其本质的特征，避免不同预算相互挤占、相互调剂。目的是为完善国有企业收入分配制度，增强国家宏观调控能力，发挥复式预算的基本功能，在公共预算逐步退出支持国有企业发展的同时，以出资人的身份，通过资本预算适度集中部分资金，推进国有经济布局和结构的战略性调整，集中解决国有企业发展中的体制性、机制性问题，加快培育世界一流企业，提高国有企业的国际竞争力。从近两年中美和中欧的战略经济对话中，可以清楚地看到，西方国家强烈要求我国承诺大幅度提高国有企业资本收益上缴比例和扩大上缴范围，并将资本预算纳入政府公共预算，其根本目的就是想通过大幅度转出国有企业利润，釜底抽薪，制约我国国有企业的发展，从而减弱我国国有企业的竞争力。科学合理地界定国有资本预算的定位：一方面可有效规避 WTO 规则中公共预算不得向国有企业补贴的政策风险，减少国际社会对我国市场经济地位的非议；另一方面可有效发挥复试预算的作用，支持国有企业贯彻落实国家宏观调控政策，完成好政府要求承担的各项义务，为国有企业创造一个公平竞争的市场环境。

（二）全面理解国有资本收益共享的内涵

众所周知，国有企业特别是中央企业是全面建设小康社会的重要力量，国有企业改革发展的成果不仅直接体现在资本收益的分享上，更多体现在社会效益的共享方面。一是通过国有股减持和转持划转社保基金等制度惠及民生。二是资本预算安排惠及民生。三是为国家财政提供巨大税源。2002—2011 年，中央企业当年上缴的税金从 2914.8 亿元增加到 1.3 万亿元，年均增长 20% 以上，超过全国年税收的 1/6，极大地支持了公共财政向民生、社保等方面的支出。四是承担着不可替代的政治和社会责任。中央企业在保障市场供应、维护市场经济秩序、稳定物价等方面发挥了带头作用；在承担国家重大工程项目建设、支持国防现代化建设、保障能源资源安全等方面发挥了顶梁柱作用；在北京奥运会、国庆 60 周年庆典、上海世博会、广州亚运会等重大活动保障中，发挥了骨干作用。特别是在实施国家科技创新、“走出去”、节能减排以及人才战略等方面取得的成效、创造的成果和赢得的国际声誉更是为全国人民共享。绝不能简单地认为将国有企业的利润直接分给广大民众、吃光用尽才是分享。

（三）合理确定国有资本收益上缴的比例

中央企业资本收益上缴比例如何确定、多少合适，这是关系企业能否可持续发展的大问题，涉及面广，影响深远，需要深入研究，慎重考虑，既要适应国家调整国民收入分配格局的要求，又要处理好企业自身积累和国民经济持续健康发展的关系，避免计划经济时期“寅吃卯粮”、“杀鸡取卵”问题的再现。从目前我国经济发展所处的历史阶段看，尤其是国际金融危机后，全球经济格局的变化为我国企业积极拓展海外业务、提升国际市场份额、优化产业链和价值链提供了有利时机和巨大空间，现阶段将资本收益更多地留存企业用于发展，无疑是更好的选择；从市场经济的角度看，以追求资本价值最大化为目的的企业，配置资源的能力要比政府更强，效率更高，效益也更好。从一定意义上讲，中央企业将留存收益投资转化成企业优质资产，把蛋糕做大，相当于为全民增加财富储蓄。据统计，2005—2010 年，中央企业累计实现归属母公司的净利润 22103 亿元，扣除同期上缴的国有资本收益 2293 亿元和减持划转的国有股权 589 亿元，中央企业归属于母公司的所有者权益从 3.7 万亿增加到 7.1 万亿，净增加 3.4 万亿，是留存收益的 1.5 倍。“十一”时期，中央企业国有资产保值增值率达到 115%，远高于同期社保基金的投资回报率。现阶段企业收益上缴比例应当逐步提高，防止“鞭打快牛”，给企业发展带来不利影响。

（四）牢牢把握国有资本经营预算支出重点与方向

当今世界，国与国之间的竞争，主要体现的是大企业之间的竞争。中央企业作为国民经济的骨干和中坚力量，是国家综合实力的体现，担负着参与国际竞争的重任。虽然这几年中央企业有了很大发展，但整体上看企业的核心竞争力与国际大公司相比还有不小差距，多数企业还处于国际产业链低端，大多关键技术还受到国际大公司的制约，结构不合理、大而不强的问题比较突出，企业布局结构调整、自主创新能力的提升任务艰巨，培育战略性新兴产业、实施“走出去”战略、抢占世界经济发展的制高点等方面还需要大量的投入。与此同时，由于历史原因，国有企业债务负担、冗员负担和社会负担等包袱依然沉重。据估算，仅中央企业厂办大集体人员安置费用一项就高达 1000 亿元左右，中央炼油、电力等企业为稳定物价还承担着因国家价格政策不到位而造成的巨额亏损压力。现阶段如何把握好国有资本经营预算的使用方向和范围，发挥国有资本经营预算的引导带动作用，将国有资本更多地向关系国家安全和国民经济命脉的重要行业和关键领域集中、向具有优势的大企业大集团集中，向企业主业集中，给我们提出了更高要求。一是推进了中央企业加快重组步伐，促进中央企业产业有序调整和结构进一步优化；二是支持了中央企业自主创新和培育发展新兴产业，推进中央企业增强核心竞争力；三是支持了中央企业国际化经营，加快“走出去”步伐；四是支持中央企业应对国际金融危机，帮助企业解决发展困难；五是帮助中央企业抵御重大自然灾害，完成灾后恢复重建任务；六是解决了有关企业改革和发展中的历史遗留问题；七是支持了社保基金理事会工作，划转部分预算资金用于社会保障支出。

国有资本预算有效地发挥了引导带动作用，有力地推动了国有经济布局和结构的战略性调整，为深化中央企业改革、促进中央企业增强核心竞争力发挥了积极作用。加大对中央企业布局和结构调整、自主创新、培育和发展战略性新兴产业，实施国际化经营和解决历史遗留问题的投入，促进中央企业加快转变经济发展方式，打造一批具有国际竞争力的世界一流企业，发展壮大国有经济，进一步增强我国在国际竞争合作中的话语权和民族凝聚力，从而更好地为民生提供保障，应当是今后一段时期国有资本经营预算的主要任务。

［**案例一**］

上海市突出管资本，重点企业国有资产监管迈上新台阶

上海市认真贯彻落实党的十八届三中全会关于以管资本为主加强国有资产监管的要求，聚焦提高国有资本活力和效率，以国资改革带动国企改革取得显著成效。2016 年 1—10 月，上海地方国有实体企业实现营业收入 16808.91 亿元，同比增长 7.2%；利润总额 1116.81 亿元，同比增长 10.1%，实现“好于预期，优于全国”的目标。

一、管好资本投向，优化国有资本布局

上海市着眼城市功能定位，以资本投向为重点管好国有资本布局结构。一是优化产业布局，不断提高国有资本集中度。出台《关于进一步推动本市国资布局结构优化调整的实施意见》，实现 75% 的国资集中在战略性新兴产业等重点领域。2016 年，国资委系统新增投资 4048 亿元，85% 以上投向战略性新兴产业、先进制造业、现代服务业以及基础设施与民生保障 4 大领域。二是优化空间布局，推动国有资本跨境流动。出台《关于进一步加快培育上海国有跨国公司的实施意见》，大力指导推动国际产能合作，发挥国有资本服务“一带一路”倡议的作用。目前，上海市国资委

系统境外企业446家，国资总量970.8亿元。

二、搭建资本平台，规范国有资本运作

上海市将建立国资流动平台并实施市场化运作，作为落实管资本为主要求的一项基础性改革举措。以国际集团、国盛集团两家企业为主搭建了国资流动平台，作为部分国有股权的持股主体、国资运营的执行主体、部分一般性竞争领域国资退出的主要通道。先后出台《国有资本运营平台投资决策委员会工作规则》等一系列制度规范，建立了规范的决策机制和操作流程，为国有资本有序流动提供了保障。截至目前，两家企业累计持有股权涉及资产价值总额约800亿元。以市场化、专业化、国际化为目标，推动平台公司成为深化国资国企改革的重要载体，2015年以来，先后通过纵向整合与横向联动，实施上港集团与锦江航运重组，发行以上海建工为标的的国盛可交换公司债，发布"中证上海国企指数"，发行"中证上海国企ETF基金"等重大项目，盘活存量资本近400亿元。其中，"中证上海国企指数"涨幅高于同期上证综合指数、沪深300指数，中证"上海国企ETF基金"首募规模152.2亿元，成为当年全球第二大股票基金IPO。

三、推进资本融合，提升国有资本效率

上海市专门出台《关于推进本市国有企业积极发展混合所有制经济的若干意见》，着力推动各类资本融合。2015年，先后完成绿地集团、上海城建、现代设计三家企业整体上市。2016年，完成东方证券H股上市，创造上海地方国有企业"A+H"最快纪录；推动上海银行IPO上市，创造2016年A股市场融资最大规模；实现上海电影IPO上市，成为国内首家"专业化发行+综合型院线+高端影院经营"的国有控股上市公司。目前，上海市国资委系统整体上市公司或核心业务资产公司已占竞争类产业集团总数的2/3。同时，上海市利用多层次资本市场不断放大国有资本功能。2014年以来，在证券市场上，63家（次）上市公司融资或注资3557.94亿元；在债券市场上，约60余家（次）企业集团新发行各类债券24673.91亿元；在产权市场上，累计完成产/股权交易或转让项目2266宗，金额2903亿元。各

类资本的市场化融合，使国有资本引领、带动效应不断增强。

四、改进监管方式，维护国有资本安全

上海市国资委牢牢把握依法履行出资人职责的定位，按照“管好国资、放活国企，不干预企业日常生产经营”的要求，切实以管资本为主加强国资监管。一是加强清单管理。出台了《管好资本、服务企业履职清单》《行政权力和责任清单》《事中事后监管事项清单》，在进一步扩大对企业授权、激发国有资本活力的同时，构建“经济运行监测、风险预警跟踪、科学评估评价、事中事后监管”四位一体的监管体系，建立问题整改、销号验收的长效机制，切实维护资本安全。二是加强章程管理。坚持以资本为纽带实施监管，发挥章程作为企业内部宪章、规范各治理主体权责关系的作用，探索明确国资委与企业董事会之间的权责边界，落实董事会的决策责任。三是加强契约管理。加快从行政化的行权方式向股东式的行权方式转变，对国资委系统企业集团法定代表人全部实行任期制契约化管理，明确企业领导人员任期期限、任期目标、权利义务和考核奖惩。

[案例二]

中粮集团有限公司以“管资本”为核心，深化国有资本投资公司改革

中粮集团有限公司（以下简称“中粮集团”）是国资委选定的首批国有资本投资公司改革试点单位。在改革推进中，中粮集团抓住“管资本”为工作核心，以改革促发展、以改革谋大局，推动企业经营管理跨入新的发展阶段。

一、中粮集团的改革聚焦准、举措实

中粮集团的改革举措抓住了制约企业生产经营管理的主要问题，有针对性地进行突破。主要包括以下几个内容。

第一，分权放活，“瘦身健体”。中粮集团把资本经营与资产管理经营

分开，压缩管理层级至三级，形成定位清晰且职责明确的“集团总部资本层—专业化公司资产层——生产单位执行层”三级架构；按照“小总部，大产业”的原则，通过“瘦身健体”，优化精简集团总部，将总部职能部门从13个压缩到7个，人员从610人调整至240人之内；为实现从“管资产”向“管资本”的转型，集团总部决定各产业发展战略、是否进入新产业和相应资源配置方案，同时将用人权、资产配置权、生产和研发创新权、考核评价权及薪酬分配权等五大类关键权力全部下放给专业化公司。专业化公司是资产运营实体核心，对资产运营的盈利回报负责。通过做实专业化公司，使其成为依法自主经营、自担风险、具有核心竞争力的市场主体。

第二，实行大风控监管，活而不乱。中粮集团坚持放管结合，在集团总部设立专门的一级职能部门审计与法律风控部，由集团董事长直接分管，通过审计直管、纪检专设、财务统一、董事专职加强对专业化公司（平台）的管理。

——审计直管。集团审计体系实行总部直管，由集团总部向各专业化公司委派审计特派员，确定审计部编制、薪酬并进行考核，人员工资和履职费用由专业化公司承担。

——纪检专设。集团总部和各专业化公司专门设置纪检监察机构，按照干部管理权限规定，负责对职能部门和各专业化公司（平台）领导班子及成员的监督、执纪和问责。

——财务统一。集团向专业化公司推荐财务负责人，对所有专业化公司的财务实行在线监测调度管理。统一预算管理、统一资金使用、统一资金风险管控、统一负债和融资。

——董事专职。集团向专业化公司（平台）派驻专职股权董事，进一步完善法人治理结构。专职股权董事由集团董事会管理，占专业化公司董事会30%的名额，通过完善法人治理结构实现企业决策的科学性。

第三，推行职业经理人制度。中粮集团总部职能部门和下属各级企业总经理及经营班子均实行市场化选聘，按照职业经理人制度管理。职业经理人从社会招聘或通过“直通车”机制从集团内部人员中产生，与企业签订聘任协议和业绩合同，明确双方责权利，以市场化原则约定聘期、业绩考核标准、薪酬、合约终止条件和责任追究等内容。对不再续聘或解聘的职业经理人“不兜底”，即不能在集团内安排其他工作。

第四，优化资本，推动“混改”。中粮集团党组提出，下一步其下属18家专业化公司都将组建为独立法人，以股权多元化和上市为原则进行业务和资产重组设计。根据管理层级和不同业务情况，分类分层地推进混合所有制与股权多元化。同时，制订提质增效三年攻坚计划，按照国资委“四个一批”总体要求，计划用三年时间完成“僵尸企业”重组整合或退出市场工作，使亏损企业亏损额减少50%以上，改造提升企业65家，兼并重组和淘汰退出企业106家，法人单位减少20%左右。

二、中粮集团的改革有思路、有闯劲、有亮点

党的十八届三中全会以来，尤其是国有资本投资公司改革试点以来，中粮集团的改革发展工作有以下几个方面的特点。

——改革意识强。集团上下充分认识到改革是国企发展的动力，更是中央企业发展的活力。从这几年改革发展情况看，中粮集团把改革放在重要位置，进一步拓宽改革思路，发扬敢闯敢试的精神，大胆推进各项改革试点，不断在重要领域和关键环节取得突破，有力有序有效地保证了企业健康发展。

——改革主题新。这次中粮集团把国有资本投资公司改革试点作为总抓手，以此统领和推进新一轮改革，抓住了央企改革的牛鼻子，顺应了三中全会提出的“央企改革要从管人管事管资产向管资本转变”的要求。

——改革目标定位高。中粮集团提出，“十三五”期间要通过改革发展成为世界大粮商，同时，还提出通过改革实现“一个职责”“三大主体”“四种作用”的目标，将定量与定性结合、抽象与具象结合，通过改革实现聚焦主业、营收利润资产增长，以较高的定位推动自身的改革。

——改革问题聚焦准。中粮集团提出通过改革破解央企功能定位、资本与资产关系、放权和监督关系、科学激励、加强党建、与国资委管控关系调整等6大难题，既符合实际情况又有很强的针对性，“问题导向”的工作方法真正在中粮集团的改革中得到贯彻和体现。

三、中粮集团的改革发展有特色、有活力、有成效

深化改革推动了中粮集团转型升级，中粮集团已经成为集贸易、物流、加工、生产、销售为一体的国际化大粮商，不论是从资产规模还是营业收入看，都已经走在世界粮商前列，主要体现在5个方面。第一，全产业链的发展，从田间到餐桌，产供销一条龙。第二，形成了全新的商业模式，特别是通过国际化战略布局，推进经营模式不断创新发展。第三，全球化的布局，资产营收超过一半布局在海外。第四，全方位地发挥作用，特别是在粮油食品领域，充分发挥了“四种作用”，即充分发挥在现代农业建设中的引领作用、在维护市场稳定中的支撑作用、在保障食品质量安全中的示范作用、在农业“走出去”中的领军作用。第五，集团的各层级职责清晰。总部是资本化管控，二级公司专业化经营，三级单位产业化发展，治理模式现代化，特点鲜明。

中粮集团的改革激发了企业的动力活力，企业的发展势头好，2016年1—10月份，集团实现利润总额49.8亿元，同比增加34.5亿元、增长2.3倍，已超额完成全年预算。特别是核心主业农粮板块面对严峻的经营形势，实现利润总额20.7亿元，同比增加35.9亿元，贡献了集团利润总额的绝大部分增量。更重要的是，中粮集团理顺内部的体制机制，员工积极性得到极大释放，能够保证企业持续快速发展。

［案例三］

国家开发投资公司改革激活力转型探新路

国家开发投资公司（以下简称“国投”）开展国有资本投资公司改革试点以来，全面落实“1＋N”文件精神，以问题为导向，以制度创新为支

撑，先行先试，努力探索国有资本投资公司功能定位、体制机制和运营模式等重大问题，搭建与国有资本投资公司定位、功能相匹配的市场化运作专业平台，提高国有资本投资运营能力，“小总部、大产业”初步形成。

一、优化结构，向命脉和民生领域集中

按照国有资本“更多投向关系国家安全、国民经济命脉的重要行业和关键领域”的要求，梳理调整现有业务，重点发展基础产业、前瞻性战略性产业、金融及服务业和国际业务，推动国有资本向“命脉”和“民生”领域集中，提升服务国家战略的能力。

一是基础产业在调整中发展。电力大力发展清洁能源，加快开发海外业务；煤炭公司向矿产资源开发企业转型，煤炭资产整体划转至中煤集团；结合“一带一路”沿线国家资源优势，加大战略性稀缺性矿产资源投资力度；立足“长江经济带”战略，加大港口资源整合力度。

二是前瞻性战略性产业在创新中发展。打造前瞻性战略性产业投资平台，组建国投创新、国投创业、国投创合、国投创益、海峡汇富5个基金管理公司。先后发起国投先进制造产业投资基金、国投科技成果转化创业投资基金、国家新兴产业创业投资引导基金和海峡产业投资基金、贫困地区产业发展基金，募集基金1415亿元，可引导5000亿左右社会资本进入前瞻性战略性产业，推动创业创新，助力“中国制造2025”“互联网+”。

二、分类授权，激发子公司活力和动力

按照“一企一策、试点先行”原则，推动子公司成为依法自主经营、自负盈亏、自担风险、自我约束、自我发展的独立市场主体，有效激发释放企业活力。

一是能放则放，应放全放，确保权利授得下。根据外部条件、公司治理、人才队伍建设和企业竞争力4个维度的14个指标对各子公司进行量化评价并划分为三类。A类公司逐步推行充分授权，按照《公司法》相关规定，该管的绝不缺位，不该管的依法放权；B类公司给予部分授权，推动其建立独立市场主体地位，提升内部管理水平；C类公司明确定位和发展方向，调整结构，加强管理，激发企业活力，提升企业竞争力。除面向集团内部服务和新设立的子公司外，其他子公司分类授权改革已全部到位。

授权改革后，子公司决策链条缩短，决策更加科学高效；责任意识增强，管理责任更加到位；对总部的依赖意识减弱，业务调整更加灵活。国投电力积极应对市场变化，短短 7 个月即完成英国海上风电项目的跟踪、竞标、签约、股权交割，多年没有进展的海外业务取得突破。

二是推行股权董事改革，建立职业经理人制度，做实子公司董事会。总部派出董事由兼职改为专职；由总部代行决策改为独立决策；董事对决策终身负责。为此，制定《子公司董事管理暂行办法》《股权董事工作指引》，清晰界定股权董事的任职资格、工作职责、履职程序和考核办法；制定《董事库建设方案》，打造一支素质优良、经验丰富、职业化程度高的股权董事队伍。同时，按照党组织领导、董事会选择、市场化选聘、契约化管理的方式，建立职业经理人“1 +6”管理框架，将经理层选聘和管理权利交给子公司董事会。2016 年 8 月份，国投电力 6 名职业经理人已正式上岗。

三、整合监督，打造国有资本监督闭环

推行审计集中，审计监督权上收总部，子公司原则上不设审计机构，解决同体监督偏软问题；加强监事会监督，推行外派监事会向内设监事会改革，发挥监事会过程监督与审计事后监督的合力，解决“事后诸葛亮”问题；实施协同监督，审计、纪检、监察、巡视、后评价、监事会等监督部门统一进行，变“专科大夫检查”为“全科大夫会诊”；实现过程管理，将监督工作标准、监督内容、质量控制要求、操作流程等内置到国投集团监督工作平台；闭环追究责任，开展整改跟踪专项监督，对整改实行销号管理。设立稽查办公室，直接向董事会负责，加大整改和问责力度。

四、重塑职能，形成资本管理小总部

按照“重心下沉、激发活力、重组整合”的思路，加强总部战略管控与财务管控能力，提高运行和管理效率，重点管好国有资本的投向、运作、回报和安全。

一是战略管控与财务管控相结合。战略管控，主要是管方向，以战略规划、行业研究、结构调整为抓手，解决“干什么”的问题；财务管控，以预决算、风险管理、资金管理为抓手，通过增减持或持有投资企业股权创造价值，提高资本回报。

二是下放部分职能，整合交叉职能，剥离服务职能，强化核心职能。总部聚焦资本配置和运作职能，建立精干、规范、高效的组织机构和决策体系，通过组织架构与部门职责调整，着重提升战略决策、资源配置、资本运作、监督评价、党的建设五大核心职能。改革后，总部职能部门由14个减少为9个，处室由56个减少到32个，职能管理人员从325人控制在230人之内。

五、加强党建，打造坚强政治核心

坚持改革试点与加强党建同步，推行“一个决定、两个意见、三项规则、四项工程、五大载体”组成的卓越党建管理模式，确保党建工作“有组织、有活动、有作用”。一是充分发挥党组领导作用，多制度、多试点、多领域全面推进国有资本投资公司改革试点。二是将党的领导融入公司治理。党组支持董事会和经理层依法行使职权，党组领导班子成员和董事会成员、经理层成员实现双向进入、交叉任职。三是全面落实“四对接”，所有子公司均成立党委、纪委，相应建立健全了党的工作机构，配备党务工作人员。四是积极探索混合所有制企业党建路径，定制度，立标准，根据企业特征明确党组织的设置方式、职责定位和管理模式。

[案例四]

中国诚通探索国有资本专业化市场化运作实践

中国诚通成为国有资本运营公司试点一年以来，按照“国有资本市场化运作专业平台”的定位，着力打造“基金、股权、资产、金融”四大业务平台，强化“投融资、股权管理、资产经营、金融服务”四项服务功能，努力探索服务于国资国企改革、符合资本运营公司运作规律的国有资本专业化运作路径。

一、打造基金平台，强化投融资功能

以组建基金的方式规模化筹集资本、放大国有资本功能，为中央企业结构调整和转型升级提供融资新渠道和投资新机制，是国有资本运营公司的重要任务和探索路径。

2016年9月，经国务院批准，受国务院国资委委托，中国诚通发起设立了中国国有企业结构调整基金。基金总规模3500亿元，首期募集资金1310亿元。截至2017年8月，基金已完成（含已签约）项目投资14笔，合计签约金额约480亿元，其中国有企业项目占比超过90%。签约金额中，已完成现金交割约193亿元，累计市值浮盈超过20亿元。

基金在国有企业结构调整中发挥着助力作用。在广受瞩目的中国联通“混改”中，结构调整基金出资129.75亿元，成为其第三大股东。成立短短一年内，结构调整基金参与了中国中冶、中国国航、中国电建、洛阳钼业定增，发挥了国有资本结构调整“推手”作用；参与了中国联通、中粮资本混合所有制改造，发挥了带动社会资本的“抓手”作用；主动服务央企，设立国调中铝铜产业发展基金、参与中钢股份债务重组、中国重工债转股，发挥了国有企业脱困“帮手”作用；紧贴市场，设立深圳国调招商并购股权投资子基金、参与中信建投港股IPO基石投资、光大绿色环保港股IPO、投资中车环境科技有限公司、京东金融，发挥了国有资本市场化运作“能手”作用。

以国有企业结构调整基金为核心，诚通正在打造母子基金群，全方位支持供给侧结构性改革：联合招商集团和深圳地方政府设立了深圳国调招商并购股权投资基金。基金目标总规模500亿元，专注支持国有企业通过并购投资实现转型升级、国际化经营；联合社会资本，发起设立总规模100亿元、国内规模最大的不良资产投资基金——诚通湖岸不良资产投资基金，重点投向银行不良资产、地方融资平台债务和中央企业债务；筹建国有企业混合所有制改革基金，全力助推国有企业加快发展混合所有制经济。

二、培育股权平台，强化股权管理功能

在新设改组之初，中国诚通总部新设了股权管理部，作为央企划转股权接收管理的职能部门，形成规范的股权划转、市值管理、股权运营的工作制度和流程。截至目前，已经接收管理国资委划转的中国远洋、中海科技、宝钢股份、武钢股份、中国建材、中材节能、中国能建、桂冠电力等央企上市公司部分股权，并接收了中国旅游集团所属上市公司华贸物流控制性股权。公司正在筹建股权运作实体平台，并拟设立国企结构调整指数和缔结基金，打造承接股权、运作股权的市场化、专业化股权流转平台。

三、完善资产平台，强化资产经营功能

中国诚通作为国资委资产经营公司试点，十余年间重组整合中央企业、军工企业、地方国有企业664户，清理资产债务749亿元，安置职工8.84万人，探索了通过搭建国有资产专业经营平台，接收经营性国有资产、主业剥离资产、困难企业，通过股权混合、业务重组、资产处置、债务重组等方式实现生产要素分解、重组和流动，实现清理退出或重组再生，并实现国有资产保值增值有效方式和途径。

中国铁路物资总公司自2016年4月由中国诚通作为国有资本运营平台托管以来，实现了“三步跨跃”。加强资产盘活、确保公募债券按期兑付，以市场化为原则、成功达成债务重组协议，加强沟通协调、全面实现债务重组落地，实现了“盘活有效资产、解除债务危机”；聚焦生产性服务、全面融入铁路经济循环，推进业务重组、实现专区联动发展，对接国家战略、增强经营开发实效，立足科技创新、实现创新驱动发展，实现了“激活生产要素，焕发内生动力”；深化机构改革、提升整体管控效率，优化企业结构、卸下未来发展包袱，加强制度建设、提升制度敬畏意识，实现了“转换体制机制，重新整装上路”。通过这三步跨跃，中国铁物摆脱了危机，实现了“瘦身健体”，提质增效，结束了连续47个月的亏损状态，企业浴火重生，重新整装上路。

根据“经营性国有资产集中统一监管”的要求，诚通作为党政机关和国有企事业单位培训疗养机构改革资产接收平台，组建了中国健康养老集团有限公司，注册资本100亿元人民币。在确保稳妥有序接收资产的同时，公司积极探索发展我国养老产业，与英国伯明翰大学医院、北京医院等国内外著名医疗机构开展战略合作，在养老护理人才培训、医院资源整合、网络医院、医疗资源信息化、医养结合、老年医学规划研究等方面进行了深入探索。

根据国资委组建平台公司助力央企“去产能”的工作安排，公司参与了中石化国堪公司多元化改造；与中国国新、中煤集团、神华集团共同出资组建国源煤炭资源整合平台，化解煤炭产能过剩问题；与大唐集团、中国国新重组中新能化，化解煤化工产能过剩问题。

四、建立金融平台，强化金融服务功能

中国诚通积极申请所需金融业务牌照，完善金融工具，并对已有金融业务进行功能完善和延伸：对诚通财务公司增资扩股、增强实力，拓展服务功能；设立以国有企业结构调整基金为先导的基金群，完善投融资能力，放大国有资本功能。公司正在积极探索通过并购、参股等多种方式，加快搭建能够为中央企业提供信贷、资管、企业资产重组、资本运作、债转股等多方面服务的金融服务大平台。

第八章　国有资产监督体系研究

我国企业国有资产是全体人民的共同财富，加强国有资产监督，保障国有资产安全，防止国有资产流失，是全面建成小康社会、实现全体人民共同富裕的必然要求，是深化国有企业改革、确保取得应有成效的重要保障。必须以国有资产保值增值、防止流失为目标，坚持问题导向，立足体制机制创新，切实强化监督，严格责任追究，加快形成全面覆盖、分工明确、协同配合、制约有力的国有资产监督体系，充分体现监督的严肃性、权威性和时效性，促进国有企业持续健康发展。

第一节　企业国有资产监督的基本要素

企业国有资产是国有资产中最重要、最活跃的部分，是国有资产收益不断增长的源泉，是国有资产增量不断扩大的基础。加强企业国有资产监督，需要全面把握监督的对象、内容、原则和方式等方面要求。

一、监督对象与内容

国有资产概念有广义和狭义两种不同理解。广义的国有资产，是指国有财产。《中华人民共和国企业国有资产法》中所定义的国有资产，“是指国家以各种形式投资及其受益、拨款、接受馈赠、凭借国家权力取得或者依据法律认定的各种类型的财产和财产权利”。广义的国有资产包括：国家以各种形式形成的对企业投资及其收益等经营性资产；国家向行政事业单位拨款形成的非经营性资产；国家依法拥有的土地、森林、河流、矿藏等经营性资产。狭义的国有资产就是指经营性国有资产，是指国家作为出资者在企业中依法拥有的资产及其权益。经营性资产包括三部分：企业国有资产；行政事业单位占有、使用的非经营性资产通过各种形式为获取利润而转作经营的资产；国有资源中投入生产经营过程的部分。

企业国有资产监督的对象，即企业国有资产监督的客体，包括组织和公民个人的行为。接受监督的组织主要是依法经营和使用国有资产的企业，就目前我国国有资产监督管理体制改革的现状来看，其主要类型为国有独资企业、国有控股企业及国有参股企业；接受监督的公民个人主要是组织行为的当事人，同时也包括参与国有资产经营的具有法人代表资格的公民个人。

二、监督原则

（一）有效监督

监督制度的建设要在监督收益和监督成本之间权衡，过度监督会加大监督成本，而监督不足也会导致监督收益下降。监督制度建设既要运行有效、容易操作，又要符合现实情况。

（二）依法监督

对国有企业的监督要依法监督，立法先行，做到有法可依，要明确各监督主体的权责范围，防止过度监督，损害企业合法利益。《国务院办公厅关于加强和改进企业国有资产监督防止国有资产流失的意见》提出：要建立健全企业国有资产监督法律法规体系，依法依规开展监督工作，完善责任追究制度，对违法违规造成国有资产损失以及监督工作中失职渎职的责任主体，严格追究其责任。

（三）保障权益

对国企的监督不是目的，为了保障国企的高效运营，保障国有资产保值增值，监督过程要注意保护企业的合法权益，不损害企业的自主经营决策，不干预企业的正常生产经营。《国务院办公厅关于加强和改进企业国有资产监督防止国有资产流失的意见》提出：要正确处理好依法加强监督和增强企业活力的关系，改进监督方式，创新监督方法，尊重和维护企业经营自主权，增强监督的针对性和有效性。

三、监督方式

（一）事前监督、事中监督与事后监督

对国有企业的监督主要采取事前监督、事中监督和事后监督三位一体的监督方式。

事前监督是指在国企改革中对国有资产运营之前所实施的监督。即指国有资产监督管理机构有权审查和批准国有资产基础管理部门制定的国有

资产绩效评价指标；有权要求国有企业提供国有资产运营计划、国有资产的预计使用或支配情况，从中检查国有企业是否按照出资者的要求进行国有资产的运营和管理，并及时予以纠正。

事中监督是指日常监督，即对国有资产运营的过程进行经常性的监督。国有资产监督管理机构有权检查资产运营机构是否按照计划或预算使用国有资产，国有资产监督管理机构有权监督国有资产运营过程中有无违法违纪行为等。

事后监督是指对国有资产运营成果所进行的监督。国有资产监督管理机构需要检查政府有关部门、资产运营机构国有资产法律法规实施情况、资产的保值与增值效益是否达到预期目标等。根据检查情况，执法机构及其人员提出处理问题的建议和办法。对于违反法律法规的行为，情节轻微的，国有资产监督机构有权给予行政处罚，具体包括警告、责令限期改正、罚款、没收非法所得等。对于情节严重的，可以移交司法机关依法给予刑事制裁。

（二）直接监督、授权监督与委托监督

国有资产直接监督方式是指全国人大对国有资产监督管理机构、国有资产监督管理机构对国有资产投资营运机构实施的直接监督和国有资产投资营运机构对国有企业实施的直接监督。国有资产授权监督方式是指由国有资产监督管理机构受国务院授权行使对企业的国有资产监督权。国有资产委托监督方式是指国有资产监督管理机构委托社会中介监督机构等对国有企业实施国有资产的社会监督。

（三）外部监督与内部监督

同一事物一般是受其内因和外因共同作用的，其中内因起主导作用，也是解决问题的关键。在社会主义市场经济条件下，企业监督约束机制按照与国有企业产权关系可分为外部监督约束机制和内部监督约束机制。

外部监督约束机制包含专门机构监督、人大监督、财政监督、税务监督、国家审计监督、纪委监督、社会中介机构监督、新闻舆论监督等监督

约束形式；内部监督约束机制包含股东会、董事会、监事会、财务总监制度、内部审计、工会监督等形式。

第二节　部分国家国有资产监督情况

国外主要发达资本主义国家在企业国有资产监督体系建设方面，一般通过国会（或议会）与政府共同实施对企业国有资产的外部监督。

一、国会监督

国会实施对企业国有资产的立法监督。国会作为国有企业所有权的直接代表，对国有企业的重大决策行使最后决定权，有权对国有企业本身及主管部门进行各种形式的调查、质询和指导。国会主要通过审核企业年度报告、法律执行情况和提起诉讼等方式来行使监督权。在美国，国会有权传国有企业的行政官员到国会作证和陈述法律执行情况及政策落实程度；英国法律规定国有企业要向议会提交年度报告和账目，议会通过经常听取企业的财务报告，监督和审核国有企业经营状况；法国国会通过调查和诉讼方式对国有企业实施监督，并且法律对诉讼提起条件、程序、诉讼和解等都有较为详细的规定。

二、政府监督

政府监督主要体现在主管部门的业务监督方面，包括业务主管部门、具有综合性职能的财政部和审计机构。美国专门设立国有资产管理委员会代表国家持股，德国是财政部，日本是大藏省代表国家持股，法国是财政经济与预算部，这些持股机构是国有资产所有者人格化代表，对经营者进行监督。美国国有资产管理委员会派遣监督员或监督团，对企业实行财务监督，以确保国家对企业利润分配和亏损处置方面的决定权；德国财政部有权向企业派出监事和批准董事会人选，进而监督董事会、经理及企业经营；日本大藏省委任大公司的会计监察人和检查人负责企业财务监督，防止不当经营；法国财政经济和预算部也向企业派出常驻代表——财务总监，其职责是督促企业遵守各项财务规章制度，检查账目是否合乎规定。同时，政府方面由总统或总理、财政部或企业主管部门直接掌握国有企业代表人（董事、经理）的任免权，通过对董事的任免控制权来实施对企业的经营监督。

从以上看出主要资本主义国家对企业国有资产的外部监督的特征在于：监督主体单一或集中、政资分开、监督层次少和法定诉讼权。监督主体的单一或集中有利于明确监督权利和职责，促使监督主体到位；政资分开能防止行政权对监督权的侵犯和介入；监督层次少可增强监督透明度，减少监督成本和监督随意性，提高监督实效；法定诉讼权的规定增强了行为后的法律控制，产生巨大的法律威慑力。正是以上各方面的有机结合，使国家对企业国有资产的监督有序运行。

在企业国有资产的内部监督上，不同国家监督模式存在较大差别。美国的监督机构是经营机构与监督机构合二为一，其特点是：董事会同时兼有公司经营和监督两种职能。为避免董事自己监督自己，或者事实上由公司经营者推选产生的董事去监督经营者的经营行为，监督效力低下，美国国有企业导入了外部董事制度和强化财务独立。法律规定企业必须从外部选聘一些专家、学者、律师、银行家或其他公司总裁作外部董事，这些外部董事组成独立于公司业务执行委员会的内部委员会，专门行使经营监督职能。在实际操作中，由外部董事所组成的会计检查委员会，行使对经营机关监督的权力，由外部董事组成的审计委员会，行使公司财务监督权。外部董事绝大部分是社会知名人士或专家学者，能够对公司使命、战略和行为准则做出独立判断，能够对总经理和管理层的业绩做出客观、公正评价，外部董事的这些背景和个人素质对董事和经理能起到有效制衡作用。正因为这样，过去像美国一样采用单线型监督机构的英、法等国也都引入了外部董事制度。

德国通过专门的监督机构监事会对企业国有资产进行监督。德国法律规定国有企业的监事组成、报酬及监事回避制度。监事会由适当比例的职工代表和国有股代表组成（国有股监事由财政部委任或解任），除此之外，还要聘请一定数量的银行家和法律、经济等方面的专家参加监事会。国家指派的监事不得在企业领取报酬。监事会成员和管理董事会成员不得相互兼任，但一个人可以担任多个企业的监事。与被监督企业领导人有亲属关系或与被监督企业有利害关系的，不得担任该企业的监事。职工监事规定使监督更具有群众基础；外部监事的聘请，有助于提高监事知识文化素养和道德水准，提高监督行为的效力。监事与管理董事互不兼任，避免了自己监督自己之嫌。回避制度保证监事能客观公正地履行职责。德国法律规定了监事会的会议制度和表决程序，使监事切实履行其职责，认真监督公司事务，正是这切实有效的监督机制使国有企业董事经理的权限和活动受到了有效的监督和限制。

日本企业国有资产的内部监督制度兼容了德美模式并形成日本特色，监督权由董事会和监事会分别行使，董事会行使业务监督权，监事会行使会计监督权和部分业务监督权。经营管理人员的行为过程及公司财务会计都寄于监事会监督之下。日本商法对监事会的组成作了严格规定以保证监督的独立性和实际效果，同时，为使监事尽职尽责，日本法律还规定：监察人由于疏忽大意没有尽到职责时，该监察人对公司损失负连带赔偿责任。

可以看出，各国都非常重视对企业国有资产的监督。上述各国企业国有资产的监督体系构建较为成熟，保证了国有企业的经营活动合理有序地进行，保护了以国家为主的出资人的合法利益。各国企业国有资产的外部监督相似，只是政府代表机构各异；企业国有资产的内部监督模式不尽相同，但都详尽地规定了企业的内部治理机制，借此制约和规范企业的经营行为，从而形成了比较完善的企业国有资产监督制衡体系。

第三节　建立健全我国企业国有资产监督体系

建立健全我国企业国有资产监督体系，确保国有资产安全，切实防止国有资产流失，既是国有企业改革的重要任务，也是国有企业改革的重要保障。应从我国国有企业实际出发，借鉴国际有益经验和做法，实现企业国有资产全覆盖，清晰界定各类监督主体的监督职责，有效整合监督资源，增强监督工作合力，形成内外衔接、上下贯通的国有资产监督格局，充分发挥好企业监督、出资人监督、专项监督和社会监督等不同监督主体的作用。

一、企业内部监督

企业应完善内部监督机制，建立涵盖各治理主体以及审计、纪检监察、巡视、法律、财务等部门的监督工作体系，强化对子企业的纵向监督和各业务板块的专业监督。健全涉及财务、采购、营销、投资等方面的内部监督制度和内控机制，进一步发挥好总会计师、总法律顾问的作用，加强对企业重大决策和重要经营活动的财务、法律把关。加强内部监督工作的联动配合，提升信息化水平，强化流程管控的刚性约束，确保内部监督及时、有效。

（一）股东会（股东大会）

在企业内部，股东主要通过在股东会上行使投票权，向董事会施加压力，甚至更换董事会和监事会成员，实施对经理人员的监督权，迫使经理人员必须履行自己的职责，努力提高公司的业绩。股东会是国有控股企业的最高权力机关，对企业的日常经营管理具有最高的监督控制权。在企业所有权与经营权分离的状况下，股东会无疑是企业的所有权者——股东借以管理企业，确保其投资能够得到顺利回报的最重要的场所。充分发挥股东会的作用，是构建完善高效的企业法人治理结构的基本前提。因此，股东会对国有控股企业经营的监督是企业内部监督制衡体系首先要谈到的问题。

股东会监督作用的发挥依赖于法律对股东会的职权和股东会制度全面、完善的规定，法律对股东会制度规定得越明晰、越具有可操作性，股东会的监督制衡功能越能够有效地发挥。

（二）董事会

董事会作为国有控股企业的最高决策机构，在企业治理结构中起着关键作用。董事会是股东直接选出来的决策机构，理应维护股东的利益，强化董事会规范运作和对经营者的有效监督。

1. 董事会实施监督的内容

（1）正确决定经理的权限范围。根据委托代理理论，在国有控股企业中，董事会与经理的关系为二级委托－代理关系。经理人员根据董事会的授权或公司章程的授权进行日常事务管理，董事会的授权范围是董事会判断经理人员行为的标准，也是实施监督的判断标准。经理人员的越权行为应受到监督和控制，给公司造成损失的，应当追究其责任。

（2）决定经理人员的报酬方案。恰当的激励制度是董事会监督工作中的重要内容。对经理人员公正和恰当的激励能使经理人员保持工作热情，尽力地履行自己的职责。

（3）招聘和解聘经理、副经理、财务负责人的职权。促使经理人员对董事会负责，正确地行使自己的职权，防止其违反股东会决议、公司章程等行为发生。

2. 董事会实施监督的对象

董事会内部对公司经营的监督主要表现在董事会对董事个人的监督、董事会对经理人员的监督以及董事义务与责任制度对董事的监督约束作用。

（1）董事会对董事个人（包括董事长）的监督。董事尤其是董事长的个人活动应当在董事会集体的监督之下进行。董事会对董事长的监督主要表现在董事会全体成员对董事长的选任权和罢免权。我国《公司法》规定，董事会闭会期间可以授权董事长行使董事会的部分职权。实际上，董事会与董事长之间形成了一层委托代理关系，董事长对董事会的授权负责，董事会对董事长的行为予以监督。

（2）董事会对经理人员的监督。董事会对经理人员的监督是为了监督董事会的决定是否被贯彻执行以及经理人员是否称职。董事会对经理人员偏离董事会的决策目标的行为予以纠正，对经理人员侵犯公司利益的行为通过法律手段加以制裁，对不称职的经理人员予以解聘，以实现对经理人员的监督制衡。

（三）监事会

监事会是公司的监察机构。监事会检查公司财务，对董事和经理执行公司职务时的行为进行监督，对董事和经理损害公司利益的行为要求纠正。

1. 监事会主要职权

（1）审查公司财务，可在必要时以公司名义另行委托会计师事务所独立审查公司财务；

（2）对公司董事、总裁、副总裁、财务总监和董事会秘书执行公司职务时违反法律、法规或公司章程的行为进行监督；

（3）当公司董事、总裁、副总裁、财务总监、董事会秘书的行为损害公司的利益时，要求前述人员予以纠正；

（4）核对董事会拟提交股东大会的财务报告、营业报告和利润分配方案等财务资料，发现疑问的可以公司名义委托注册会计师、执业审计师帮助复审；

（5）可对公司聘用会计师事务所发表建议；

（6）提议召开临时股东大会，也可以在股东年会上提出临时提案；

（7）提议召开临时董事会；

（8）代表公司与董事交涉或对董事起诉。

2. 监事会的职责

（1）检查企业贯彻执行有关法律、行政法规和规章制度的情况；

（2）检查企业财务、查阅企业的财务会计资料及与企业经营管理活动有关的其他资料，验证企业财务会计报告的真实性、合法性；

（3）检查企业的经营效益、利润分配、国有资产保值增值、资产运营等情况；

（4）检查企业负责人的经营行为，并对其经营管理业绩进行评价，提出奖惩、任免建议。

（四）内部审计监督

审计委员会制度源于西方，是现代企业经济发展的客观产物，是我国国有企业内部审计一个值得借鉴的模式。纵观西方企业审计委员会不长的历史可以看到，只有依靠强有力的权威机构的支持，作为工作机构的内部审计才能拥有足够的独立性和权威性，才能发挥应有的作用，在市场经济条件下，审计委员会的权威性不是来自企业的外部，而是来自企业的投资主体，审计委员会是产权分离的市场经济的客观选择。国务院国资委颁布的《中央企业内部审计管理暂行办法》要求国有控股企业和国有独资企业，在董事会下设立独立的审计委员会。

审计委员会是隶属于董事会下的主要由独立董事组成的一个专门委员会，即在董事会中建立的一支独立的财务监督力量，是保护股东权益不可或缺的内部审计部门，主要负责公司内外部审计的沟通、监督和核查工作。

通过审计委员会的积极工作，定期向股东、债权人等有关方面发布公正的会计信息，将会减少内部人与外部人之间的信息不对称，从而缓和企业中的代理冲突。审计委员会一方面领导内部审计开展工作，可以提高内部审计的组织地位，进而保证内部审计的独立性和工作效果；另一方面与外部审计进行协调，选择注册会计师并决定其收费标准，可以避免独立审计不独立的现象，大大提高注册会计师审计的质量，从而加强对董事会内部人及经营管理人员的监督。

（五）财务监督

国有公司现行财务监督人员的管理体制是单位所有制，财务监督人员的聘任期限、工薪标准和职位高低等均由公司经营管理层决定。当财务监督人员从出资者利益角度出发进行监督而遭受公司调离岗位、解聘就业合同或其他不违反法律的打击报复时，外部监督部门很难直接给予保护。因此，公司内部的财务监督人员对于维护公司和经营管理层利益的监督指令执行积极性高，而对执行并不直接对其管理的终极所有者的监督规则并不热心，维护出资者利益的能动性不足。

（六）企业党组织保证监督和职工民主监督

完善议事程序和规则，厘清党委（党组）和其他治理主体的权责边界，落实党组织研究讨论是董事会、经理层决策重大问题的前置程序。坚持“对党忠诚、勇于创新、治企有方、兴企有为、清正廉洁”的选人用人标准，建好管好用好国企领导人员“关键少数”。强化企业领导人员履职行权监督，着力形成不能腐的监督机制，强化廉洁教育、警示教育和理想信念教育，筑牢不想腐的防范机制。

健全以职工代表大会为基本形式的企业民主管理监督制度，规范职工董事、职工监事的产生程序，切实发挥其在参与公司决策和治理中的作用。大力推进厂务公开，建立公开事项清单制度，保障职工的知情权、参与权和监督权。

二、国有资产出资人监督

（一）国有资产监督管理机构监督

国有资产监督要体现国家统一所有、分级行使产权，坚持权利、义务、责任相统一等原则，坚持出资人管理和监督的有机统一，进一步加强出资人监管。作为政府直属特设机构的国有资产监督管理机构代表政府行使出资人职责。健全国有企业规划投资、改制重组、产权管理、财务评价、业绩考核、选人用人、薪酬分配等规范国有资本运作、防止流失的制度。加大对国有资产监管制度执行情况的监督力度，定期开展对各业务领域制度执行情况的检查，针对不同时期的重点任务和突出问题不定期开展专项抽查。开展国有资产监管机构向所出资企业依法委派总会计师试点工作，强化出资人对企业重大财务事项的监督。加强企业境外国有资产监督，重视在法人治理结构中运用出资人监督手段，强化对企业境外投资、运营和产权状况的监督，严格规范境外大额资金使用、集中采购和佣金管理，确保企业境外国有资产安全可控、有效运营。

（二）外派监事会监督

外派监事会监督是国有资产出资人监督的重要方面。1998 年 3 月，九届全国人大一次会议审议通过《国务院机构改革方案》，明确提出建立国务院稽察特派员制度，由国务院向国有重点大型企业派出稽察特派员；1999 年党的十五届四中全会提出，继续试行稽察特派员制度，健全和规范监事会制度，过渡到从体制上、机制上加强对国有企业的监督，2000 年稽察特派员制度过渡到外派监事会，期间先后由人事部、中央企业工委代管。2003 年新的国有资产管理体制建立，监事会纳入国资监管体制，实现了国有资产监管机构出资人监督和管理职能的有机统一，从制度层面正式确立了监事会由行政监督到出资人监督的重大转变。

监事会与国有企业是监督与被监督的关系，以财务监督为核心，根据有关法律、行政法规和财政部的有关规定，对企业的财务活动及企业负责人的经营管理行为进行监督，确保国有资产及其权益不受侵犯，不参与、不干预国有企业的经营决策和经营管理活动。

2003 年以来，监事会工作实现了“四个转变”。一是由检查企业上年度情况转变为检查企业当年情况，实现了由事后监督向当期和事中监督的转变；二是建立适应国资监管工作需要的境外国有资产检查的工作机制，实现了从境内监管向境内外监管结合转变；三是推动监事会监督与国有资产监管工作的深度融合，实现了从监督单线作战到监管协同作战的转变；四是制定形成了涵盖监督检查全过程的系列制度体系，实现了监事会工作向规范化、程序化和标准化的转变。党的十八大以来，国务院国资委坚持边改革、边完善监事会工作，正式明确提出以问题和风险为导向推进转型调整，切实把监督重心转移到发现问题、揭示问题和报告问题上来，采取了一系列举措改进和强化监督成果运用，各项工作取得了积极成效。

外派监事会由政府派出，作为出资人监督的专门力量，围绕企业财务、重大决策、运营过程中涉及国有资产流失的事项和关键环节、董事会和经理层依法依规履职情况等重点，着力强化对企业的当期和事中监督。进一步完善履职报告制度，外派监事会要逐户向政府报告年度监督检查情况，对重大事项、重要情况、重大风险和违法违纪违规行为“一事一报告”。按照规定的程序和内容，对监事会监督检查情况实行“一企一公开”，也可以按照类别和事项公开。切实保障监事会主席依法行权履职，落实外派监事会的纠正建议权、罢免或者调整建议权，监事会主席根据授权督促企业整改落实有关问题或者约谈企业领导人员。建立外派监事会可追溯、可量化、可考核、可问责的履职记录制度，切实强化责任意识，健全责任倒查机制。

三、国有资产外部监督

国有资产的监督还包括审计、纪检监察、巡视等外部监督。提高国有资产监督的及时性、针对性和有效性，关键是建立高效顺畅的外部监督协同机制，整合出资人监管、外派监事会监督和审计、纪检监察、巡视等监督力量，建立监督工作会商机制，加强统筹，减少重复检查，提高监督效能。创新监督工作机制和方式方法，运用信息化手段查核问题，实现监督信息共享。完善重大违法违纪违规问题线索向纪检监察机关、司法机关移送机制，健全监督主体依法提请有关机关配合调查案件的制度措施。加大对国有企业违规经营责任追究力度，明确企业作为维护国有资产安全、防止流失的责任主体，健全并严格执行国有企业违规经营责任追究制度。综合运用组织处理、经济处罚、禁入限制、纪律处分和追究刑事责任等手段，依法查办违规经营导致国有资产重大损失的案件，严厉惩处侵吞、贪污、输送、挥霍国有资产和逃废金融债务的行为。对国有企业违法违纪违规问题突出、造成重大国有资产损失的，严肃追究企业党组织的主体责任和企业纪检机构的监督责任。建立完善国有企业违规经营责任追究典型问题通报制度，加强对企业领导人员的警示教育。严格监督工作责任追究，落实企业外部监督主体维护国有资产安全、防止流失的监督责任。健全国有资产监管机构、外派监事会、审计机关和纪检监察、巡视部门在监督工作中的问责机制，对企业重大违法违纪违规问题应当发现而未发现或敷衍不追、隐匿不报、查处不力的，严格追究有关人员失职渎职责任，视不同情形分别给予纪律处分或行政处分，构成犯罪的，依法追究刑事责任。完善监督工作中的自我监督机制，健全内控措施，严肃查处监督工作人员在问题线索清理、处置和案件查办过程中违反政治纪律、组织纪律、廉洁纪律、工作纪律的行为。

四、国有资产社会监督

《中共中央 国务院关于深化国有企业改革的指导意见》中提出："完善国有资产和国有企业信息公开制度，设立统一的信息公开网络平台，依法依规、及时准确披露国有资本整体运营和监管、国有企业公司治理以及管理架构、经营情况、财务状况、关联交易、企业负责人薪酬等信息，建设阳光国企；认真处理人民群众关于国有资产流失等问题的来信、来访和检举，及时回应社会关切；充分发挥媒体舆论监督作用，有效保障社会公众对企业国有资产运营的知情权和监督权。"国务院《关于改革和完善国有资产管理体制的若干意见》中也对国有企业信息公开提出了具体要求。这些要求是对国有企业信息公开工作的有力推进，是加强外部环境对国有企业改革监督的重大突破，在某种程度上，将为国企改革引入更多的社会性的参与和监督力量，这对于国企改革更加符合公众利益，倒逼国企建立和完善现代企业制度，打造阳光国企，强化自我完善、自我革新、提高管理水平将大有裨益。

国有企业信息公开工作应遵循“依法依规、分级分类，客观审慎、安全保密，权责明确、落实责任”的原则，坚持“制度先行、分级分类；试点推进、稳步推开”。

制度先行——建立健全国有企业信息公开相关制度。这是国有企业信息公开顺利开展的基础，能够保证信息公开工作规范有序地进行。国家有关部门应研究制定出台关于推进国有企业信息公开的指导意见，从宏观层面对国有企业信息公开工作提出原则性意见，为国有企业推进信息公开工作提供原则性运行框架和基本要求。国有企业应依据有关法律法规规章和国有企业改革文件，结合本企业性质、组织形态，建立健全企业自身信息公开的制度安排。同时按照循序渐进、积极稳妥的原则，合理确定应当主动公开的信息内容，细化信息公开的内容、范围、程序、形式、时限、保密及归档管理等制度规范，加强信息公开风险评估及保密审查，妥善处理信息公开与保密的关系，科学界定本企业不予公开（豁免公开）信息内容，研究确定信息公开与信息共享边界范围，以不断提升信息公开的规范化水平。

分级分类——因企制宜地推进国有企业信息公开。由于国有企业所处行业的多样性和其企业信息的复杂性，分级分类公开、分级分类管理是保证国有企业信息公开工作落地、具有可操作性的前提。一是“分类”，即可按照上市公司、非上市公司来分类。二是“分级”，即国有企业的信息公开，先在企业集团总部推开，国有企业所属企业的信息公开，由企业根据自身信息公开工作体系和实际情况予以确定，条件成熟的或母公司为壳公司的，亦可在二、三级企业开展信息公开工作。

试点推进——探索经验，以点带面。通过国有企业信息公开试点，探索国有企业信息公开工作模式、公开内容、公开形式、工作程序等，形成可复制、可推广的经验，为国有企业信息公开的全面开展奠定基础。试点企业应具备以下条件：一是企业业务涉及向社会提供公共服务行为；二是行业特点明显，社会识别度较高；三是企业新闻宣传工作基础较好；四是重视企业信息披露工作，工作积极性高；五是拥有上市公司，有相关信息披露经验。

稳步推开——积极稳妥，循序渐进，逐步完善。国有企业的信息公开工作是一项复杂的系统工程，不能急于求成，要稳步推开、循序渐进、逐步完善。一是要逐步扩大信息公开试点企业的范围，增加试点企业数量，探索经验；二是要逐步丰富信息公开内容，可从公开公司基本情况、基础财务数据等入手，根据社会舆论反响和企业执行的反馈，逐步丰富信息公开的内容；三是对国有企业信息公开工作要求、考核、社会第三方评价体系逐步建立，国有企业信息公开最基本的要求是真实、准确，高一层的要求是规范、及时。

第四节　国有企业容错机制

容错机制的理论基础在于实践与认识的辩证关系，人们对事物的正确认识往往要经过从实践到认识、再从认识到实践的多次反复才能完成。试错式改革是探索中国特色社会主义道路的重要方法。从实践来看，有时失败的教训比成功的经验更有价值。我国的国有企业改革和各领域改革一样，采用的是试点试错、容错纠正、推广实施、形成政策的方法，在这个过程中，建立容错机制，鼓励各地和各企业大胆创新、及时纠错、总结经验，寻求改革突破口，具有特别重要的意义。

一、推进国有企业的试错式改革必须建立容错机制

容错（error tolerance）源自计算机系统设计技术，意即：系统虽然遇

到了内部环节的局部故障或失效，但整个系统仍可继续正常运行。容错的目的是提高系统的可靠性。冯·诺依曼提出的基本容错思想：把自修复、容忍故障的能力引入系统设计之中，应用可靠性（概率论）中的基本概念，应用可靠度相对较低的元器件，构造出功能相同但高可靠度的组件。这种机制在工程系统设计中广泛应用。

对于国有企业改革而言，这是一场全新的探索性试验，没有现存的模式可循，也没有现成的路可走，其中充满了诸多不确定因素。

在国有企业改革中建立容错机制，是指改革在一定范围内进行的过程中，即使出现失误，也可以及时得到总结和纠正，使发生的错误和损失缩小到最小范围，使失误和风险降到最低点；同时对改革者报以宽容和保护的态度，鼓励和激发更多的企业和企业家投身改革。只有在试错式改革中不断尝试，对多种方案试行择优录用做法，才能不断推进改革，并在一定意义上降低改革不确定性因素导致的运营风险，削减改革的成本。正如有学者所说，“中国范式避免了更加高昂的由激进改革导致的产出下降和社会不稳定带来的成本，而这种成本是无法预计和测算的”。

中央国企和地方国企所处行业和生存状态差异巨大，各地区国有企业改革进程也快慢不同，总体上政策不可以一刀切，要给地方充分的自由裁量权。要构建容错机制，鼓励各地和各企业不拘一格地探索，寻求自己的改革的突破口。地方和企业在探索国资国企改革过程中，需要中央明确必要的指导政策，一方面要明确地方政府探索的方向，总体上必须坚持市场化方向，不许走回头路；另一方面要明确地方探索改革的底线或者红线，保证改革过程的公开、公正、公平、透明，防止国有资产流失等。

二、“三个区分开来”为国有企业建立容错机制指明了方向

习近平同志强调，要把在推进改革中因先行先试出现的一些失误和错误，同明知故犯的违纪违法行为区分开来；把上级尚无明确限制的探索性试验中的失误和错误，同上级明令禁止后依然我行我素的违纪违法行为区

分开来；把为推动发展的无意过失，同为谋取私利的违纪违法行为区分开来。这“三个区分开来”为我们建立容错机制提供了基本遵循。

在全国国有企业党的建设工作会议上，习近平同志又强调要按照“三个区分开来”要求，合理划定容错界限。界限怎么划？就是看是出以公心还是源于私利，是无心之失还是有心之过，是履行程序还是破坏规则，是遵纪守法还是违法乱纪。对以下情况：①大胆探索、先行先试，不是有令不行、有禁不止的，②出于担当尽责，没有为个人、他人或单位谋取私利的，③由于不可抗力、难以预见等因素，不是主观故意的，④经过科学决策、民主决策程序，不是个人专断、一意孤行的，⑤处置突发事件临机决断、事后及时履行报告程序的，等等，经研究认定可以容错的，要为担当者担当、为负责者负责、为干事者撑腰。

三、容错机制的前提条件

（一）顶层设计：主管部门鼓励和包容基层的首创精神

《中共中央关于深化国有企业改革的指导意见》指出：“正确处理搞好顶层设计和尊重基层首创精神的关系。”国资国企改革改制是一项极其复杂、极易引起争议的巨大风险工程，具体来看有三个方面的障碍，一是企业领导没有动力改革；二是企业改革面临风险大，企业领导担心外部环境对错误容忍度较低；三是制度惰性不鼓励大胆探索实践。有专家指出：“过去很多改革半途而废或无功而返的一个重要原因，就在于此。当前主要问题是改革动力不足，大家都在驻足观望，唯恐犯错误。因此，如何让大家放下包袱，能够在精神放松状态下积极参与改革，履行自己的职责，这是在新一轮国资国企改革时必须解决的心理障碍。”

在加强自上而下的顶层设计和政策统筹的同时，必须要从顶层设计层面创造宽松的改革氛围，建立科学的改革观，充分发挥市场在资源配置中的决定性作用，减少政府和监管机构对微观经济活动的干预，允许企业领导在符合前提条件和基本原则的基础上，对于没有法律禁止且符合国资国企改革方向精神，有利于改革创新、有利发展大局的领域，大胆探索和实践，对先行先试中遇到的新情况和新问题，认真研究、敢于突破。

国资监管机构应鼓励创新、宽容失败、问责无为，旗帜鲜明地支持国有企业领导加快改革创新；应科学界定国有资产流失的概念，严肃查处打着防止国有资产流失的旗号，拖延改革、抵抗改革的案例；要充分调动和保护国有企业领导改革创新的积极性，破除妨碍科学发展的思想观念和体制机制弊端，激励和保障改革创新工作，营造有利于改革创新的制度环境。

（二）社会氛围：各界支持和鼓励国企改革创新

应当积极宣传改革创新的各项政策、举措和先进事迹，及时推广改革创新的成功经验，社会各界应大力弘扬改革创新的文化，营造敢闯敢试、锐意进取的社会氛围，形成利于国资国企改革的社会环境。对在改革创新中涌现出来的敢于担当、善于创新、努力突破、成绩显著的企业领导，要给予表彰奖励，优先提拔重用，激励国企领导人自觉担负起促进国有经济发展的使命。

（三）政府部门：提供公共服务，健全调整法律法规

各级政府部门应按照政府职能向创造良好发展环境、提供优质公共服务、维护社会公平正义转变的要求，深化行政体制改革，创新政府管理和服务方式，提高政府公信力和执行力；应当积极贯彻实施国家和本地区的国资国企改革政策，各级人民政府及其部门应当形成合力，不得阻挠、延误改革创新政策的实施。尊重企业自主权，不得干预、阻挠、延误企业实施改革创新工作，对企业开展改革创新遇到的问题，应当及时研究，主动予以解决；超出本部门职权范围的，应当及时提请上级部门协调解决。

对法律、法规、规章及国家政策未规定的事项，鼓励企业积极开展改革创新。改革创新工作需要制定、修改、废止、解释地方性法规或者规章予以支撑与保障的，应当及时启动制定、修改、废止、解释地方性法规或者规章的程序。国资国企改革创新工作确需在相关地方性法规、规章修

改、废止之前先行先试的，可以在提请国资委或本级人民政府批准后实施。

各级人民政府应设立国资国企改革创新奖，对在改革创新工作中作出突出贡献的企业和个人给予表彰和奖励。鼓励行业协会、商会等社会组织建立支持和推动其会员企业实施改革创新的激励机制。政府对各部门在开展绩效考核时，应当将当地国企改革创新工作以及相关配合保障工作纳入考核内容，并作为部门考核、个人职务晋升和奖励的依据之一。

（四）企业自身：完善决策程序和动态评估及纠错机制

国有企业要根据自身发展需求主动开展技术、管理、组织、模式等各种改革创新，加快技术、经营管理、人力资源管理等方面改革创新，提高自主创新能力和核心竞争力。企业对自身的改革创新工作负主体责任。企业应完善现代公司治理机制，严格履行“三重一大”等决策程序。改革创新工作一般经过前期调研、制订方案、听取意见与论证、审议决定、组织实施、评估等程序，必要时应委托第三方评估或者组织有关单位、专家评估，并将评估意见作为完善改革创新政策的重要依据之一。

按照国资监管机构要求和管理层级，逐级审批改革方案；应建立改革动态纠错机制，企业及时报告改革进展，对改革中出现的新问题新情况，认真研究、科学应对，对出现的问题迅速纠正，主动完善改革方案，积极、有效消除不良后果。

四、容错机制的内容和程序

（一）申请免予追责的条件

鼓励国有企业领导干部大胆探索，敢于担当，宽容和允许改革创新失误。对改革创新未达到预期效果或造成有限负面影响和损失的（重大安全责任事故、重大环境责任事故、重大群体性事件除外），只要是不可抗力导致或同时符合以下条件的，可以免予追究有关人员的责任：法律、法规没有明令禁止的；符合中央国资国企改革精神和决策部署的；履行规范决策程序并有书证的；没有为自己、他人或单位谋取私利的；有利于改革创新、有利于发展大局的。

（二）认定免予追责的程序

相关单位和个人因改革创新出现工作失误受到追责时，可向各级纪检监察机关提出免责申请。各级纪检监察机关严格按照有关政策和党政纪规定予以核实认定。

1. 申请

单位或本人认为符合免责条件的，由所在单位党委（党组）按干部管理权限向相应的纪检监察机关提出书面申请（由案件审理室受理）。其中，国资委管理的干部向国资委纪委监察局提出申请；中央企业管理的干部可向上级单位纪委监察机构提出申请。

2. 核实

纪检监察机关依申请事项开展调查，出具书面调查报告。

3. 认定

根据调查结果，由纪检监察机关会同有关部门作出认定意见，中央企业进行认定时，应由纪检监察部门会同财务审计部门、人力资源部门（组织部门）、监事会共同组成监管联席会议。认定结果应及时向申请单位或个人反馈并予以答复解释；必要时要向国资委作出书面报告。

（三）适用免予追责的范围

经确定予以免责的单位和个人，可在四个方面予以免责：

（1）在落实党风廉政建设责任制考核中免予扣分，免予一票否决；

（2）在干部提拔任用党风廉政审查中，免予一票否决；

（3）免予行政追责和效能问责；

（4）需追究党政纪责任的，可酌情从轻、减轻或免予处分。

非党员非监察对象免责按干部管理权限参照执行。

[案例一]

中国海洋石油总公司加强监督，防止国有资产流失

中国海洋石油总公司（以下简称“中国海油”）把加强和改进国有资产监督、防止国有资产流失作为重要政治任务抓紧抓好；不断提高思想认识，增强责任担当；通过加强境内外国有资产监督管理、开展“质量效益年”活动3.0版、深化改革创新、加快处置低效无效资产等工作，突出业务重点，确保国有资产保值增值。

一、初步建立规范有效的公司治理体制和运行机制

（一）规范董事会运作，加强对管理层的权力制约

中国海油董事会较好地履行了“把方向、议大事、防风险”的职责，建立了涵盖《董事会议事规则》、4个专门委员会议事规则、《总经理工作规则》、《董事会授权管理办法》等制度。系统梳理了公司党组、董事会、管理层和业务部门的审批权限，制定了涵盖16大类业务、82项审批事项的《权限手册》。

（二）充分发挥审计委员会监督作用，设立总会计师和总法律顾问

中国海油建立了审计部门向董事会负责的工作机制。董事会审计委员会召开会议次数明显增多，及时对内部审计和风险管理等工作提出改进建议。向16家所属单位派出了总会计师（财务总监），在10家所属单位设立了总法律顾问。

二、持续优化独立监督体系

中国海油已建立17个较为健全、有效的内控制度体系，包含加强和改进企业国有资产监督防止国有资产流失方面的制度58项。近年来，不断优化投资项目管理、采办管理和财务管理等方面的制度体系，为防止国有资产流失提供了机制保障。针对海外项目，制定了股权事务管理规定、油气资产（公司）并购及处置管理办法等制度，防范海外国有资产流失。

（一）健全审计监督体系

中国海油建立了包含20项审计制度、15项审计标准和8部审计指南和一个审计信息化平台在内的审计制度和管理体系。7家所属单位设置了由外部董事组成的审计委员会，18家所属单位建立了独立的审计部门。

（二）进一步增强纪检监察和巡视监督作用

中国海油制定了《员工违纪处理规定》、《案件检查管理办法》等2个制度和5个办法的体系文件，重点围绕采办招投标、工程建设等重点领域，开展初核和查处工作。制定了《总公司党组巡视工作暂行规定》等制度，2016年对6个所属单位开展了巡视。

（三）建立顺畅的监督协同机制

中国海油形成了以纪检监察为龙头，包含纪检、监察、内部审计、风险管理和派出监事会在内的“五位一体”监督工作格局。完善了《中国海洋石油总公司纪检监察、审计、监事会和风险管理协作管理办法》及配套的细则，印发了《关于建立健全总公司党风廉政建设和反腐败工作协调机制的通知》，建立了由党组纪检组牵头9部门参加的协调工作机制。

（四）充实监督队伍

2015年，总部和所属主要二级单位审计部和监察部分设。总部监察部增设了两个纪检监察处。总部审计部增设了1个处，下设审计中心。持续推进监督培训体系化建设，同时，将所属单位内部审计和纪检监察工作情况纳入年度绩效考核中。

三、加强对国有资产经营的管理监督

中国海油高度重视合规运营，加大对违规违纪问题的揭示和查处。在低效无效资产处置过程中，严格按照国资委产权转让管理办法进入产权交易所进行公开交易，有效防止国有资产流失。先后开展了公务用车管理、员工福利费和业务招待费等专项检查，及时处理和整改问题，对多名违反“八项规定”人员进行严肃问责。通过3年一覆盖的内控审计、两年一次的联合账簿审计、离任必审的经济责任审计和结决算必审，加大检查的频次和深度。持续强化对企业境外投资、运营和产权状况的监督，总部开展对尼克森公司的内部审计；海油工程实现境外内控审计全覆盖；海油发展开展印度尼西亚公司的内控审计；总部在境外联合账簿审计中将中方联合作业机构治理纳入审计范围，强化管理审计。结合中央巡视组、国家审计组、国资委境外资产监督检查等指出的问题，加大问责力度，落实相关问题整改。

四、加大违规责任追究力度

健全并严格执行违规经营责任追究制度。出台《总公司领导人员责任追究管理规定》和《员工违纪处理规定》。建立纪检组监察部通报制度；明确国家科技重大专项实施责任、标准化管理奖励与惩处；明确追究违反重大项目法律事务管理的要求；单独制订了招评标违规和处罚管理办法。

[案例二]

国家电网公司强化风险管控体系，筑牢国资国企改革风险防线

在党中央、国务院的坚强领导下，国家电网公司围绕"一强三优"现代公司战略目标，在改革和转型过程中始终将防范国有资产流失作为改革不可触碰的底线，聚焦改革难点，健全风控组织，统一风控标准，完善风控机制，强化系统支撑，建成了"重安全、立标准、强执行、促融合"电网特色的风控管理体系，为公司顺利推进国资国企改革和防范国有资产流失提供坚强保障。

一、健全完善公司治理结构，确保各项改革科学决策

国家电网公司全面落实新一轮国企改革要求，以优化法人治理结构为切入点，进一步完善现代企业制度。一是积极推进建设规范董事会运作。修订《公司章程》，制定《董事会议事规则》等8项董事会运作相关制度，明确了党组、董事会、经理层的职责范围和决策机制。董事会在"十三五"发展规划、体制改革等重大议题上充分发挥了决策作用。二是建立健

全规范的风险管理机构。公司成立全面风险管理委员会并颁布议事规则，统筹开展全面风险管理工作，推动国有资产管理“三道防线”协同运作，实现业务部门首道把关、风控部门统筹协调、审计部门监督改进。

二、建设实施规范统一的风控标准，夯实改革风险防范基础

国家电网公司建立了集风险、流程、制度、授权、评价为一体的风控标准，推进流程及关键控制点在信息系统中固化执行。一是建立覆盖全业务254类风险的企业级风险信息库，推动风险全过程、全级次管控。二是建设横向端到端衔接、纵向适用各管理层级的通用流程1309个，以流程为载体推动风险与制度、标准、考核等要素有机融合。三是建立以“三重一大”为核心的基本授权体系，明确32类、123项基本授权事项。四是建立协调统一、垂直一体的通用制度体系，发布通用制度455项，实现集团管控要求一贯到底。五是制定适用电网企业的内控评价程序5070个，规范关键控制点评价及缺陷认定。

三、建立常态化的风险管控机制，强化对改革风险的监督防控

国家电网公司围绕国有资产安全，健全风险评估与监督评价机制，强化专业风险管控与问题整改，确保各类风险可控、在控。一是定期开展风险评估。连续7年开展年度风险评估，利用重大风险事件报送、风险预警提示等手段动态掌握风险异动；建立电网安全运行风险预警、物资供应链全流程风险管控、“五防三控”廉政风险防范等机制，强化专项风险管控。二是协同开展内控评价。按月开展实时监督，累计发布监督报告22期；按季度开展专题评价，重点关注工程、物资、资产等重点领域；按年开展综合评价，确保风控管理体系有效运行。三是加强内部监督。近年来公司连续多次组织开展依法治企综合检查、内部审计和内部巡视工作，集中治理一大批问题和隐患，有效保证了国有资产安全。四是强化问题整改。建立问题整改销项制度，协同业务部门推进问题整改，定期通报与考核整改结果。

四、依托信息技术手段，持续提升国有资产风险防控水平

国家电网公司以信息化企业建设为主线，以业务流程贯通、数据集成贡献、标准规范统一为重点，打造企业级一体化信息化平台，建设SG ERP信息系统，夯实风险管理信息化基础；推进电网调控中心、运营监测（控）中心和客户服务中心建设，实现对核心业务、核心资源和供电服务的全业务、全流程实时监测，形成企业管理动态分析、及时协调、持续改进的闭环驱动机制，提升风险监督实时化水平；自主开发全面部署风控信息系统，在线开展风控标准管理、风险评估、内控评价等工作，形成覆盖全公司的风险信息收集网络。

第九章　国有企业党的建设研究

坚持党的领导、加强党的建设是国有企业的“根”和“魂”，是我国国有企业的光荣传统和独特优势。中国特色现代国有企业制度，“特”就特在把党的领导融入公司治理各环节，把企业党组织内嵌到公司治理结构之中，明确和落实党组织在公司法人治理结构中的法定地位。党对国有企业的领导是政治领导、思想领导、组织领导的有机统一。国有企业党组织发挥领导作用，归结到一点，就是把方向、管大局、保落实。

第一节　国有企业党的建设理论综述

坚持党的领导，是中国特色社会主义的最本质的特征，也是国有企业的独特优势。在协调推进“四个全面”战略布局的伟大进程中，必须毫不动摇坚持党对国有企业的领导，毫不动摇加强国有企业党的建设。

一、深刻认识加强国有企业党的建设的重要意义

办好中国的事情，关键在党。中国特色社会主义最本质的特征是中国共产党领导，中国特色社会主义制度的最大优势是中国共产党领导。坚持党的领导，是做好党和国家各项工作的根本保证，绝对不能有丝毫动摇。国有企业是党领导的国家治理体系的重要组成部分，理所当然要坚持党的领导。坚持党的领导、加强党的建设，是我国国有企业的光荣传统。国有企业发展史，就是一部坚持党的领导、加强党的建设的历史。把国有企业做强做优做大靠什么？最重要的是要有一种为国家为人民真诚奉献的精神、一个坚强有力的领导班子、一支勇于攻坚克难的高素质干部队伍、一支充分组织起来的职工队伍。这一切都要坚持党的领导。必须深刻认识加强国有企业党的建设的重大意义。

（一）落实全面从严治党要求，是国有企业加强党的建设、巩固党的执政基础的必然选择

国有企业肩负着保障国家经济安全和民生福祉的重要使命，作为特殊的市场主体需要参与更高层次和更广领域的激烈竞争，它所承担的经济、政治和社会责任，以及党的建设在其中的地位作用，一般意义上的企业是

无法比拟的。随着国有企业在国民经济中的布局不断变化，全面深化改革步伐不断加快，新的组织形态和组织形式层出不穷，要适应企业改革发展的新情况、新任务，就必须以改革创新精神不断加强党的建设，巩固党的执政组织基础。

（二）落实全面从严治党要求，是国有企业落实党建工作责任制、提高管党治党能力的客观需要

受西方管理思想和社会负面思潮的影响，一些企业、一些领导人员不能摆正党建与经济管理的关系，在“党要管党”上经常流于形式，把“从严治党”仅仅挂在口头，不少国有企业存在“只抓业务不抓党风、只管发展不治腐败”现象，贯彻执行党的方针政策不坚决、不全面、不到位，管党治党不担当。归结起来，就是不同程度存在党的领导、党的建设弱化、淡化、虚化、边缘化问题。新常态下，国有企业必须牢固树立抓好党建是最大政绩的理念，落实管党治党责任，着力解决存在的突出矛盾和问题，确保国有企业始终成为党和国家最可信赖的依靠力量。

（三）落实全面从严治党要求，是国有企业建立现代企业制度、推进科学发展的重要举措

实践表明，国有企业改革发展进程中的每一个关键环节和重要阶段，都离不开加强党的建设；国有企业改革发展的每一次突破，都凝聚着各级党组织和广大共产党员的智慧和力量。国有企业的改革方向是建立中国特色现代国有企业制度，其核心就在于党组织是企业法人治理结构的重要组成部分，就在于充分发挥党建工作和公司治理两个优势。新时期，更要坚守党组织在现代企业治理结构中的法定地位，完善党组织发挥领导作用的体制机制，加强党的建设工作创新，并以党的建设工作成效推动企业改革发展，为国有企业持续健康发展提供根本政治保证。

二、国有企业党的建设有关制度规定

在党的建设中，制度建设发挥着保障性作用，具有根本性、全局性、

稳定性和长期性。改革开放以来，我们党高度重视制度建设，出台了一系列加强党的各方面建设的制度。其中，也涵盖了关于国有企业党的建设的相关制度规定。

1989 年 8 月，《中共中央关于加强党的建设的通知》提出，“党在企业的基层组织处于政治核心的地位”，“企业党委要参与讨论企业的重大问题并提出意见和建议”。1992 年，党的十四大对党章进行了修改，规定“全民所有制企业中党的基层组织，发挥政治核心作用”。

1999 年 9 月，《中共中央关于国有企业改革和发展若干重大问题的决定》提出，加强和改善党的领导是加快国有企业改革和发展的根本保证。要搞好国有企业，必须建立符合市场经济规律和我国国情的国有企业领导体制与组织管理制度，加强企业领导班子建设，发挥企业党组织的政治核心作用，坚持全心全意依靠工人阶级的方针。要把发挥党的政治优势同运用市场机制结合起来，调动各方面的积极性，形成合力，确保国有企业改革和发展任务的顺利完成。

2004 年 9 月，《关于加强党的执政能力建设的决定》提出，要根据基层党组织建设面临的新情况新问题，调整组织设置、改进工作方式、创新活动内容，扩大覆盖面，增强凝聚力，使基层党组织紧密联系群众、充分发挥作用。同年，《中央组织部、国务院国资委党委关于加强和改进中央企业党建工作的意见》出台，明确国有企业要充分发挥党组织政治核心作用，建立和完善公司法人治理结构，全心全意依靠工人阶级。

2009 年，《关于加强和改进新形势下党的建设若干重大问题的决定》指出，要全面推进各领域党的基层组织建设，实现党组织和党的工作全社会覆盖，做到哪里有群众哪里就有党的工作、哪里有党员哪里就有党组织、哪里有党组织哪里就有健全的组织生活和党组织作用的充分发挥。

2010 年，《关于加强和改进新形势下国有及国有控股企业思想政治工作的意见》第 11 条规定，进一步强化企业党委（党组）在做好思想政治工作中的领导职责。国有企业党委（党组）对思想政治工作负总责，党委

（党组）书记是国有企业思想政治工作的第一责任人。要按照精简、高效、协调、务实的原则，科学设置思想政治工作机构，大型企业应设立专门的思想政治工作机构，中小型企业根据实际情况设立精干健全的党群综合工作部门，履行思想政治工作职责。第 15 条规定，要根据企业实际需要确定专职政工干部的数量，原则上应不低于正式职工总数的 1%。

2013 年 2 月，《关于中央企业党委在现代企业制度下充分发挥政治核心作用的意见》，对加强和改进国有企业尤其是中央企业党建工作提出了明确要求，使得中央企业党委政治核心作用的内涵得到了完整而详细的阐释。在探索建立完善公司法人治理结构与发挥中央企业党委政治核心作用相结合的工作机制方面，迈出了关键性的一步。

2015 年，《关于在深化国有企业改革中坚持党的领导加强党的建设的若干意见》，强调坚持党的领导是我国国有企业的独特优势，进一步明确三个方面：一要坚持党的建设与国有企业改革同步谋划、党的组织及工作机构同步设置，实现体制对接、机制对接、制度对接、工作对接，确保党的领导、党的建设在国有企业改革中得到体现和加强；二要坚持党管干部原则，建立适应现代企业制度要求和市场竞争需要的选人用人机制；三要把加强党的领导和完善公司治理统一起来，明确国有企业党组织在公司法人治理结构中的法定地位。同时，还专门强调国有企业党组织要承担好从严管党治党责任。

2015 年 8 月 24 日，《中共中央国务院关于深化国有企业改革的指导意见》提出要加强和改进党对国有企业的领导，重点强调了三个方面的工作：一是充分发挥国有企业党组织政治核心作用，把加强党的领导和完善公司治理统一起来，将党建工作总体要求纳入国有企业章程，明确国有企业党组织在公司法人治理结构中的法定地位，创新国有企业党组织发挥政治核心作用的途径和方式；二是进一步加强国有企业领导班子建设和人才队伍建设。根据企业改革发展需要，明确选人用人标准和程序，创新选人用人方式；三是切实落实国有企业反腐倡廉“两个责任”，国有企业党组织要切实履行好主体责任，纪检机构要履行好监督责任。

2016 年 10 月 10—11 日，全国国有企业党的建设工作会议召开，指出国有企业党组织发挥领导核心和政治核心作用，归结到一点，就是把方向、管大局、保落实。党的十八大以来，以习近平同志为核心的党中央高度重视加强党内法规制度建设，组织制定了反腐倡廉、作风建设等方面的一系列制度文件，制定发布了《建立健全惩治和预防腐败体系 2013—2017 年工作规划》《中央党内法规制定工作五年规划纲要（2013—2017 年）》《党政机关厉行节约反对浪费条例》《党政机关国内公务接待管理规定》《关于党政机关停止新建楼堂馆所和清理办公用房的通知》《关于全面推进公务用车制度改革的指导意见》《关于严禁党政机关到风景名胜区开会的通知》《中国共产党廉政准则》《中国共产党纪律处分条例》《关于新形势下党内政治生活的若干准则》和《中国共产党党内监督条例》等一系列法规和条例，为党的建设提供了制度保证。党的十八届六中全会通过了《关于新形势下党内政治生活的若干准则》和《中国共产党党内监督条例》，进一步完善了全面从严治党的党内法规制度，系统阐明了加强制度治党的重要意义和实现途径。

2017 年，中央办公厅印发的《中央企业党建工作责任制实施办法》，是深入学习贯彻党的十八届六中全会、全国国有企业党的建设工作会议精神，深化全面从严治党大背景下，中央企业管党治党的重大实践成果和重要制度安排，是党内第一部关于中央企业党建工作的法规。文件明确了五方面内容：第一，明确了中央企业党建工作责任体制；第二，明确了履行党建工作责任“干什么”；第三，明确了落实责任“怎么干”；第四，明确了落实党建责任“怎么评价、谁来评价”；第五，明确了党建工作“干不好怎么办”。文件明确了中央企业党委（党组）落实主体责任的 9 项职责，书记落实第一责任的 4 项职责，专职副书记落实直接责任的 4 项职责，班子成员落实“一岗双责”，以及问责追责的情形和程序。各中央企业党委（党组）应将党建工作责任层层分解落实到每一个层级、每一个岗位，以落实党建工作责任制为契机，建立完善党建工作量化考核机制，推动党建工作由“软指标”变为“硬杠杠”。

三、国有企业党的建设的主要目标、总体要求和重点内容

2016年10月10—11日，党中央召开全国国有企业党的建设工作会议，习近平同志发表重要讲话，以“国有企业还要不要”这一重大问题发问开篇，着眼于解决国有企业改革发展和党的建设的根本性问题，围绕国有企业为什么要、怎么要、要了以后干什么作出了新的精辟阐述，极大丰富和发展了中国特色国有企业改革发展和党的建设理论。习近平同志的重要讲话，是新形势下国有企业坚持党的领导、加强党的建设、深化改革的纲领性文献，为国有企业改革发展和党的建设提供了根本遵循。

（一）国有企业党的建设的主要目标

要通过加强和完善党对国有企业的领导、加强和改进国有企业党的建设，使国有企业成为党和国家最可信赖的依靠力量，成为坚决贯彻执行党中央决策部署的重要力量，成为贯彻新发展理念、全面深化改革的重要力量，成为实施“走出去”战略、“一带一路”建设等重大战略的重要力量，成为壮大综合国力、促进经济社会发展、保障和改善民生的重要力量，成为我们党赢得具有许多新的历史特点的伟大斗争胜利的重要力量。这既是我们深化国有企业改革的出发点，也是落脚点。

（二）国有企业党的建设的总体要求

新形势下，国有企业坚持党的领导、加强党的建设总的要求是：坚持党要管党、从严治党，紧紧围绕全面解决党的领导、党的建设弱化、淡化、虚化、边缘化问题，坚持党对国有企业的领导不动摇，发挥企业党组织的领导作用，保证党和国家方针政策、重大部署在国有企业贯彻执行；坚持服务生产经营不偏离，把提高企业效益、增强企业竞争实力、实现国有资产保值增值作为国有企业党组织工作的出发点和落脚点，以企业改革发展成果检验党组织的工作和战斗力；坚持党组织对国有企业选人用人的

领导和把关作用不能变，着力培养一支宏大的高素质企业领导人员队伍；坚持建强国有企业基层党组织不放松，确保企业发展到哪里、党的建设就跟进到哪里、党支部的战斗堡垒作用就体现在哪里，为做强做优做大国有企业提供坚强组织保证。

（三）国有企业党的建设的重点内容

在思想建设方面，国有企业党组织要深入学习习近平新时代中国特色社会主义思想，坚持联系实际学、带着问题学、主动跟进学。通过学习，切实增强“四个意识”，拥戴核心、敬仰核心、维护核心、追随核心。国有企业在任何时候任何情况下都坚决听从党中央指挥、服从党中央号令，坚定听党话、跟党走。

在组织建设方面，牢牢把握两个“一以贯之”，把坚持党的领导和完善公司治理统一起来，明确和落实党组织在公司法人治理结构中的法人地位，使党组织发挥作用组织化、制度化、具体化。坚持把党管干部原则和发挥市场机制作用结合起来，保证党对干部人事工作的领导权和对重要干部的管理权，把“对党忠诚、勇于创新、治企有方、兴企有为、清正廉洁”的20字标准落实到国有企业选人用人全过程，建设高素质企业领导人员队伍。全面加强基层党组织建设，从最基本的东西抓起，从基本组织、基本队伍、基本制度严起，在打牢基础、补齐短板上下功夫，把国有企业基层党组织建设成为坚强的战斗堡垒。

在作风建设方面，密切联系群众已经成为企业党组织加强作风建设的一条重要途径。国有企业员工群众是企业的主体，也是推进企业改革发展的力量源泉。在国有企业中，国有企业党组织在动员和组织群众、构建和谐劳动关系、维护企业稳定和构建和谐企业等方面，发挥着其他任何组织无法替代的作用。要扭住作风建设不放松，严格落实中央八项规定精神，坚决反对“四风”，积极开展形式多样的创先争优活动，使党员干部真正成为职工队伍的主心骨、带头人，党员干部队伍成为企业改革发展最优秀的人力资源。

在反腐倡廉建设方面，始终坚持全面从严治党永远在路上，持续保持反腐败高压态势，坚定不移推进党风廉政建设和反腐败工作，强化廉洁教育、警示教育和理想信念教育，强化企业领导人员履职行权监督。坚决执行中央巡视工作方针，深化政治巡视。强化对违规经营责任的追究，确保守护好发展好人民的共同财富。

在制度建设方面，围绕从严治党要求，制定完善企业党组工作制度、党组选拔任用干部有关工作细则、加强企业领导班子建设的若干意见、落实“三重一大”决策制度实施办法与细则、党风廉政建设主体责任和监督责任的实施意见、党组成员落实党风廉政建设“一岗双责”若干规定等多项制度，明确党组织抓党建的主体责任。落实中央企业党建工作制，建立党建工作评议述职制度，使中央企业每年既报经济账，也报党建账，推动党建工作由软指标变为硬任务。

四、党的十八大以来中央企业党的建设取得的成绩

党的十八大以来，特别是全国国有企业党的建设工作会议以来，聚焦党建工作弱化淡化虚化边缘化问题，中央企业全面落实管党治党要求，党的建设取得明显提升和实质性加强。

（一）切实加强党的领导，确保中央企业牢牢掌握在党的手中

坚决维护以习近平同志为核心的党中央权威，积极贯彻中央重大决策部署。国资委党委和中央企业党委（党组）对中央的大政方针迅速落实，中央的决策部署积极响应，中央的纪律要求严格遵守。通过学习，中央企业各级党组织和广大党员更加自觉地在思想上政治上行动上同以习近平同志为核心的党中央保持高度一致，坚决维护党中央权威和集中统一领导。这些年，无论是贯彻国家宏观调控政策、实施国家重大战略、保障能源资源安全，还是抗击重大自然灾害、推进脱贫攻坚、参与民生工程，中央企业都敢当先行者、勇做排头兵，体现了听党话、跟党走的政治站位和责任担当。

严明政治纪律政治规矩，不断增强“四个意识”。一是部署中央企业党委（党组）召开“增强‘四个意识’严守政治纪律政治规矩”专题民主生活会，进一步严肃中央企业党内政治生活，增强了企业领导人员践行“四个意识”、严守政治纪律政治规矩的自觉性和坚定性。二是通报一批违反政治纪律政治规矩典型案件，以身边事警醒身边人。对执行中央决策部署不力、重大决策出现失误、工作不在状态等的中央企业 5 名正职、21 名副职进行组织调整。三是强化政治巡视，抓好巡视整改。对中央企业实现巡视全覆盖。查处中冶集团、中国铁物国有资产重大损失案件，对 2 家企业 11 名原班子成员开除党籍，对中冶集团 6 名董事给予党内警告处分，以案说法，在中央企业引起巨大震动和警醒。

推动党的领导组织化、制度化、具体化，充分发挥党组织领导作用。通过全面推进党建工作总体要求进章程，捍卫了党组织在公司治理结构中的法定地位，使得党对中央企业的领导在企业“宪法”中得到明确和保证。目前，中央企业集团层面全部完成章程修订，3900 多个二、三级单位已完成党建要求进章程。通过全面推行党委（党组）书记、董事长“一肩挑”，从领导体制上逐步理顺党的领导和董事会决策的关系。目前，中央企业已全部实现“一肩挑”，2800 多个二、三级单位也已实现“一肩挑”。通过把党组织研究讨论作为企业重大决策的前置程序，从运行机制上保证了党组织意图在重大决策中得到尊重和体现。目前，98 家中央企业和 1.2 万多个二、三级单位已经落实前置程序要求。

（二）切实加强党建重点工作，推动中央企业党的建设实现明显提升

以中央企业党建工作责任为抓手，层层压实管党治党责任。制定了《中央企业党建工作责任制实施办法》，开展中央企业党组织负责人党建工作述职。28 家中央企业党委（党组）书记作现场述职，其他企业作书面述职。建立中央企业党委（党组）向国资委党委报告年度党建工作制度，全面推行基层企业党组织书记抓党建述职评议，要求所有二级企业党组织书

记3年内至少参加一次现场述职。各中央企业普遍制定党建工作责任制实施细则或责任清单，全面开展书记抓党建述职评议考核。

推进中央企业基本组织、基本队伍、基本制度“三基工程”建设。目前，中央企业基层党组织基本实现全覆盖，纳入2017年换届计划的中央企业基层党组织，均按计划推进。加强基层党支部建设，深入开展党员先锋岗、党员示范区活动，推进100个基层示范党支部建设。督促中央企业健全党务机构，按照不少于同级部门平均编制原则配齐配强党务工作力量，建立党务工作经费保障机制。中央企业集团全部配备了专职党委（党组）副书记，中央企业总部机关党务工作人员编制全部达到同级部门平均编制，2016年以来中央企业总部机关新增党务干部编制337个。中央企业全部将党务工作经费纳入企业预算。

抓好三次党内集中学习教育，增强党员队伍先进性、纯洁性。一是扎实开展党的群众路线教育实践活动。坚持高标准严要求，严格落实中央八项规定精神，聚焦解决“四风”突出问题。在群众路线教育实践活动中，中央企业共精简会议14247个，压缩各类发文36205份，取消各类活动1591个，清退公务用车368辆，减少因公临时出国（境）845次，压缩“三公”经费124772万元。坚持解决问题与长效长治相结合，国资委党委印发《关于深化“四风”整治、巩固和拓展党的群众路线教育实践活动成果的实施意见》，相继出台党员干部直接联系群众、“三重一大”议事决策、厉行节约反对浪费、畅通职工群众诉求反映渠道等一批制度。二是认真抓好“三严三实”专题教育。组织召开7次中央企业专题教育片区座谈会，开展《落实全面从严治党责任，当好国有资产忠诚卫士》活动，印发《关于在“三严三实”专题研讨中贯彻从严要求、联系实际解决问题的通知》，指导企业查找和解决“不严不实”的问题。三是持续推进“两学一做”学习教育常态化制度化。开展“学习贯彻习近平同志关于国企国资改革重要指示，做强做优做大中央企业”学习研讨系列活动，开展“弘扬央企先进精神，做合格共产党员”专题学习研讨，开展“两优一先”评选表彰，制作《不灭的信念》专题片，凝聚党员思想，增强党员意识，发挥党员先锋模范作用。

（三）切实加强领导班子和领导人员队伍建设，把“20 字”标准贯穿中央企业选人用人全过程

把对党忠诚作为选拔任用中央企业领导人员的第一要求。党的十八大以来，中央企业调整配备正职 374 名、副职 1339 名，中央企业领导班子结构不断优化、整体功能不断增强、干部素质明显提升。着力培养治企兴企、创新担当的企业家人才。认真落实习近平同志“要让国有企业领导人员在一线摸爬滚打、锻炼成长”的重要指示精神，在中央企业领导班子建设中，注重培养选拔基层工作经历丰富、成绩突出的优秀干部。全国国企党建会以来选拔任用的 76 名国资委党委管理干部中，68 人具有基层企业班子成员经历，占 90%。其中，新任命的 27 名企业正职中，25 人具有二级单位“一把手”经历。同时，还注重将经过重大工程、急难险重任务历练的人才选拔到央企领导岗位上来。

改革完善外部董事管理体制。制定《中央企业董事会及董事评价暂行办法》《关于进一步推进中央企业规范董事会建设的若干意见》，建立外部董事诚信档案和职业禁入制度，对引违纪违法违规被解聘的外部董事，终身不得担任中央企业外部董事。注重选派具有企业经营管理经验的同志转任外部董事。全国国企党建会以来，对履职不合格的 12 名外部董事进行了追责问责。

第二节　充分发挥国有企业党组织的领导作用

充分发挥党组织的领导作用，是国有企业的独特优势，是建立具有中国特色现代国有企业制度的本质特征，也是新形势下加强和改进国有企业党的建设必须坚持的重大原则。

一、深刻认识国有企业党组织发挥领导作用的基本要求

党组织是推动国有企业改革发展、提升企业核心竞争力的关键力量，在把关定向、动员组织、服务群众、促进和谐等方面具有不可替代的作用，必须坚持党对国有企业的领导。党对国有企业的领导是政治领导、思想领导、组织领导的有机统一，放弃或忽视其中任何一点，都不可能实现党的领导。国有企业党组织发挥领导作用，归结到一点，就是把方向、管大局、保落实。把方向，就是要自觉在思想上政治上行动上同党中央保持高度一致，坚决贯彻党的理论和路线方针政策，确保国有企业坚持改革发展正确方向。管大局，就是要坚持在大局下行动，议大事、抓重点，加强集体领导、推进科学决策，推动企业全面履行经济责任、政治责任、社会责任。保落实，就是要管干部聚人才、建班子带队伍、抓基层打基础，领导群众组织并发挥其作用，凝心聚力完成企业中心工作，把党中央精神和上级部署不折不扣落到实处。

国有企业党组织的领导作用具体体现在以下方面：

第一，保证监督党和国家方针政策在本企业的贯彻执行，把党中央、国务院关于推进国有企业改革发展稳定的要求落到实处，在思想上、政治上、行动上同党中央保持高度一致，确保企业的社会主义方向。国有企业的利益与党和国家的利益，总体上是一致的，但有时也可能发生具体利益不一致或不完全一致的情况。当这种情况发生时，企业党组织就应该加以引导，以确保党和国家的方针、政策在本企业的贯彻执行。

第二，参与企业重大问题决策，支持股东会、董事会、监事会、经理层依法行使职权，形成权力制衡、运转协调、科学民主的决策机制。国有企业的基本任务是生产经营，生产经营活动是由股东会、董事会、监事会和经理层，按照各自的不同职责，共同组织的。虽然国有企业党组织与股东会、董事会、监事会和经理层的功能不同，但目标是一致的，都是为了国有企业健康发展。

第三，落实党管干部原则和党管人才原则，建立完善适应现代企业制度要求和市场竞争需要的选人用人机制，建设高素质经营管理者队伍和人才队伍。国有企业党组织参与企业发展、重要人事安排、人才工作、与职工利益密切相关的薪酬分配等事项的重大决策以及与上述内容相关的改革方面的重大决策，涉及面很广，特别值得关注。

第四，加强对企业领导人员的监督，统筹内部监督资源，认真履行监督职能，建立健全权力运行监督机制，提高监督有效性。与保证监督党和国家的方针政策贯彻执行相联系，国有企业党组织还要发挥对党员领导人员、经营管理人员以及其他人员遵守法纪的监督作用。

第五，全心全意依靠职工群众，领导企业思想政治工作和工会、共青团等群众组织，支持职工代表大会开展工作，坚持用社会主义核心价值体系引领企业文化建设，树立报效国家、造福社会、服务人民、关爱职工的企业形象。对思想政治工作、精神文明建设和工会、共青团等群众组织的领导，在国有企业党组织工作中处于特别重要的位置。

二、国有企业党组织领导作用确立的历史脉络

国有企业党组织的职能定位与作用发挥始终与企业的领导体制密切相关，领导作用的提出和确立也经过了一个漫长的不断探索的过程。先后经过六个阶段，历时60多年，领导方式从最初的“一长制”[①] 逐步发展到新时期的“落实全面从严治党要求”，1989年第一次明确了中央企业党委政治核心作用，提出了“坚持党对国有企业的领导”是深化国有企业改革必须坚守的政治方向和政治原则。发展脉络如表9－1。

① 1984年，中办、国办《关于认真搞好国营工业企业领导体制改革的试点工作的通知》，提出“实行生产经营和行政管理工作厂长（经理）负责制”。1984年，十二届三中全会通过的《中共中央关于经济体制改革的决定》，明确提出“实行厂长（经理）负责制”，企业党组织工作的重点是“保证和监督党和国家各项方针政策的贯彻执行，加强党的思想建设和组织建设。”

表 9-1 国有企业党组织政治核心作用确立的历史脉络

时间	领导方式	内容
“一五”规划时期	“一长制”	学习并实行了苏联的“一长制”模式，实行“单一指挥制”和“专责制”
1956 年	党委领导下的厂长负责制	实行党委领导下的厂长负责制
1984 年	厂长（经理）负责制	实行生产经营和行政管理工作厂长（经理）负责制
1989 年	发挥党组织政治核心作用	发挥党组织的政治核心作用，坚持和完善厂长负责制，全心全意依靠工人阶级
1993 年	坚持“三句话”指导方针①	通过“双向进入、交叉任职”建立和完善法人治理结构②
党的十八大以来	落实全面从严治党要求	出台一系列加强企业党建的新规定、新举措

三、国有企业党组织发挥领导作用的思路与举措

（一）明确法定地位

在法人治理结构建立完善过程中，国企党组织的地位和作用遇到空前挑战，甚至呈现弱化、虚化倾向。为此，中央全面深化改革领导小组第十三次会议强调指出，要把加强党的领导和完善公司治理统一起来，明确国有企业党组织在公司法人治理结构中的法定地位。要将党建工作总体要求纳入国有企业章程，明确国有企业党组织在公司治理中的法定地位，明确党组织与“三会一层”的权责边界和运行机制，创新国有企业党组织发挥领导核心和政治核心作用的途径和方式。通过法定程序逐步规范党组织在企业决策、执行、监督各环节的权责、工作方式以及与其他治理主体的关

① 1991 年 9 月，江泽民、李鹏同志在中央工作会议上的讲话明确提出了国有企业领导体制的“三句话”指导方针：“关于国营企业内部的领导体制问题，概括起来是三句话：充分发挥党组织的政治核心作用，坚持和完善厂长负责制，全心全意依靠工人阶级。”

② 1993 年，党的十四届三中全会明确“建立现代企业制度是国有企业改革的方向”。同年 12 月颁布的《公司法》明确规定“公司实行权责分明，管理科学，激励和约束相结合的内部管理体制”，“公司中中国共产党基层党组织的活动，依照中国共产党章程办理”。1993 年 9 月，胡锦涛同志在国有企业党的建设座谈会上提出“交叉任职”的初步设想。2000 年 1 月，曾庆红同志在全国组织部长会议上，首次提出“双向进入、交叉任职”。

系。探索党组织与公司治理结构相结合的工作机制，推进体制对接、机制对接、制度对接和工作对接，使企业党组织发挥领导核心和政治核心作用组织化、制度化、具体化。

（二）推进“四个同步”

《关于在深化国有企业改革中坚持党的领导加强党的建设的若干意见》旗帜鲜明地提出要强化党的意识、坚持党的领导、加强党的建设，特别强调“四个同步”，就是在国有企业改革中坚持党的建设同步谋划、党的组织及工作机构同步设置、党组织负责人及党务工作人员同步配备、党的工作同步开展，保证党组织工作机构健全、党务工作者队伍稳定、党组织和党员作用得到有效发挥。深化党建制度改革。认真落实中央关于深化党的建设制度改革和加强国有企业党的建设的重要部署，成立国有企业党的建设制度专项改革小组，研究制定当前及今后一个时期企业党的建设改革任务和制度规划。

（三）坚持和完善“双向进入、交叉任职”的领导体制

符合条件的党组织领导班子成员可以通过法定程序进入董事会、监事会、经理层，董事会、监事会、经理层成员中符合条件的党员可以依照有关规定和程序进入党组织。探索改进完善“双向进入、交叉任职”的领导体制，全面推行党委（党组）书记、董事长由一人担任。“进入”就要尽责，“任职”就要履职，“一肩挑”就应该具备两个职务所要求的条件和能力，不能降格以求。在决策程序上，要明确党组织研究讨论是董事会、经理层决策重大问题的前置程序，重大经营管理事项必须经党组织研究讨论后，再由董事会或经理层作出决定。

（四）建立健全党建工作责任制

党组织书记要切实履行党建工作第一责任人职责，党组织班子其他成员要切实履行“一岗双责”，结合业务分工抓好党建工作。建立完善党建工作考评办法，量化考评内容、责任目标、评价标准和操作程序，纳入企业领导班子和领导人员业绩考核体系，加大考核其他班子成员抓党建工作

的权重，解决考核不严问题。建立完善党建工作问责机制，明确问责对象、问责内容、问责方式，制定问责程序，强化责任追究，解决追责不力问题。

（五）增强基层党建工作活力

突出“严”字当头，提高党内生活的政治性、原则性、战斗性，认真落实换届选举制度、民主生活会制度、“三会一课”等制度，提高基层党组织建设水平。充分运用现代信息技术和科学方法，推动党建工作的方式方法由单一型向多样型、由封闭型向开放型、由传统型向科学型转变。围绕落实从严治党、思想建党、制度治党重大课题，加强从严治党规律研究，推进党建工作创新，探索加强海外企业党建、混合所有制经济企业党建等的有效途径和方式方法。加强党务干部队伍建设，推进党务干部专业化，打造一支热爱党务、熟悉经营、结构合理、精干高效、善抓党建的复合型专兼职党务干部队伍。

四、国有企业党组织发挥领导作用取得的明显成效

长期以来，国有企业党组织始终坚持围绕中心服务大局，持续加强党的建设，在促进企业改革发展稳定中发挥了不可替代的重要作用。特别是党的十八大以来，国有企业在发挥党组织作用方面进行了许多新的探索，企业党组织的创造力、凝聚力和战斗力有了新的提高，在发挥领导作用、服务中心工作、凝聚职工群众、推动企业科学发展等方面做出积极努力。

一是以保证监督党的路线方针政策在企业的贯彻执行为首要任务，促进国有企业自觉履行“三大责任”。作为党的组织体系的重要组成部分，国有企业党组织大力宣传并带头执行党和国家方针政策，保证监督党的路线方针政策在企业的贯彻执行，促进企业自觉履行经济责任、政治责任、社会责任。

二是积极探索现代企业制度条件下企业党组织发挥作用的有效途径，确保国有企业党组织的领导作用有效发挥。适应现代企业制度要求，坚持

和完善“双向进入、交叉任职”的企业领导体制，建立健全党组织参与企业重大问题决策的机制和程序，把企业党组织的领导作用贯穿于决策、执行、监督全过程。

三是坚持把党建工作融入经济管理工作，为企业科学发展提供强有力的政治保证。坚持企业中心工作的重点、难点在哪里，党的工作着力点、落脚点就在哪里，把党建工作贯穿企业生产经营活动的全过程，在融入中心、服务大局中彰显党建工作的独特优势和价值所在。

四是丰富创新活动载体，国有企业党建活力进一步增强。国有企业各级党组织坚持“融入中心抓党建、进入管理起作用”，积极创新活动载体，丰富活动内容，改进活动方式，促进基层党建工作与企业经营工作紧密结合，较好地解决了“两张皮”的问题。

五是发挥政治文化优势，为国有企业实施“走出去”战略起到了积极支持和保证作用。国有企业走出国门，在全球经济版图上投棋布子，拓展了中国经济的发展空间，提升了中国在全球的影响力和话语权，为中国在全球竞争中赢得主动做出了积极贡献。中央企业海外单位党组织围绕员工远离祖国和亲人、长期面对恶劣的自然环境和战乱威胁等，创新组织形式，深入做好一人一事的思想政治工作，唱响奉献精神，激发干事创业热情和激情。

第三节　加强国有企业反腐倡廉建设

国有企业反腐倡廉建设是全面从严治党的必然要求，是推动国有企业做强做优做大的重要保障。党的十八大以来，在以习近平同志为核心的党中央坚强领导下，中央企业反腐败斗争压倒性态势不断巩固发展，不敢腐的氛围已经形成，不能腐的制度框架不断健全，不想腐的思想堤坝逐步构筑。但反腐倡廉是一项长期的、复杂的、艰巨的任务，不可能毕其功于一役。必须持之以恒、久久为功，把反腐败斗争进行到底。

一、深刻认识国有企业反腐倡廉的重要意义

（一）国有企业反腐倡廉关系党和政府的形象和公信力

国有企业是我国国民经济的基石，在国民经济的关键领域和重要部门中处于支配地位，在改革发展中扮演着中流砥柱的角色，在国家安全、政治稳定、经济发展和社会和谐方面发挥着重大作用。人民群众普遍关心国有企业，社会影响巨大，其形象是党和政府形象重要的组成部分。廉洁是政府公信力的基石，党和国家对待国有企业反腐倡廉的态度是人民群众判断政府公信力的标志之一，如果不能有效遏制和解决国有企业的腐败问题，党和政府就会失去公信力，党和政府的一切工作和努力就有可能付诸东流。

（二）国有企业反腐倡廉关系经济命脉的巩固与发展

当前，在国有企业存在的腐败行为，不仅使国有资产被不法侵吞，造成国有资产大量流失，动摇国有经济的物质基础，而且扰乱了社会主义市场经济的运行规则和秩序，阻碍了国有经济的健康发展。事实表明，腐败行为对国有经济的巩固与发展起着直接而严重的破坏作用。因此，国有企业只有抓好反腐倡廉工作，严惩腐败，打击各种经济犯罪，才能减少腐败行为对国有经济造成的损失，从而巩固国有经济并促进国有经济的健康发展。

（三）国有企业反腐倡廉关系员工利益和企业稳定

对国有企业中存在的种种腐败现象，职工群众深恶痛绝。尤其是在当前部分国有企业处于困境的情况下，一方面是许多职工下岗，生活陷入困境，另一方面却是一些企业领导干部腐败行为仍在不断产生并滋长蔓延，“穷庙富方丈”现象严重挫伤了职工群众的积极性，引起党群、干群关系紧张、对立，并影响企业的稳定。只有顺应民心，抓好国有企业反腐倡廉，并取得明显成效，才能取信于民，增强企业的凝聚力，从而确保企业

稳定，促进企业发展。

（四）国有企业反腐倡廉关系国有企业做强做优做大目标能否实现

国有企业改革要取得成功，必须得到广大职工的支持和参与。但是企业腐败行为的滋生蔓延，严重干扰了企业各项改革目标的实现，使一些改革措施变形走样，偏离了轨道，动摇了职工群众对改革的信心，如果任其发展下去，必然影响企业做强做优做大的目标的实现。因此，国有企业反腐倡廉直接关系企业改革的成败。

二、加强国有企业反腐倡廉建设的具体措施和途径

当前国有企业反腐倡廉建设与党和国家的要求相比，与社会公众的期待相比，与提高国际竞争力的时代要求相比，还有许多不适应的地方。国有企业各级党组织应直面问题，深刻反思，充分认识反腐败工作的长期性、复杂性和艰巨性，保持惩治腐败的决心信心，保持长期作战的恒心耐心，在深化改革中加强党的领导，以问题倒逼改革，创新制度，强化监管，积极构建国有企业反腐倡廉新常态机制，牢固树立“两手抓、长期抓、从严抓”的意识，坚决打赢党风廉政建设和反腐败斗争这场攻坚战、持久战。

（一）坚持从严治党，切实落实“两个责任”

强调党管国企，最直接目的就是要抑制腐败，避免国有资产严重流失，确保中国共产党执政经济基础稳固。各级国资监管机构及国有企业各级党组织要抓住落实主体责任这个“牛鼻子”，准确把握加强党的建设与实现国家治理能力现代化、推动经济社会全面发展的关系，坚守企业党组织在公司法人治理结构中的法定地位，抓作风建设、抓严明纪律、抓惩治腐败，把加强党的领导充分体现在“五位一体”建设之中。制定切实可行的党风廉政建设责任考评和责任追究办法，对各责任主体进行常态化检查考评，把两个责任落实情况与领导干部薪酬管理、选拔任用等挂钩，对发生重大腐败案件和不正之风长期滋生蔓延的企业和部门，实行“一案双

查”，既追究当事人责任，又追究相关领导责任。

（二）加强制度创新，从源头上遏制国有企业腐败的发生和蔓延

运用好中央对央企专项巡视的成果，深刻剖析产生腐败的原因和症结，对症下药，借助全面深化改革和全面推进依法治国“两手发力”，“扎紧制度的笼子”，从源头上遏制腐败，让国企恢复清风正气和蓬勃生机。

一是以“运转协调、有效制衡”为落脚点，探索建立完善现代企业制度与发挥党委领导作用综合集成的决策模式，形成有机协调分权制衡的决策体制。全面推行“双向进入、交叉任职”领导体制，确保符合条件的企业党委成员按照法定程序进入董事会、监事会和经理层，并由党委书记兼任董事长。董事会、监事会和经理层成员符合条件的，也要进入党委会，加强党委履职力量，保证企业改革发展正确的政治方向；进一步明确股东代表大会、董事会、党委会（纪委）、经理层、监事会、员（职）工代表大会、工会等权力主体的定位，划定权力边界。规范董事会、党委会、经理层、监事会的议事规则和办事程序，完善责任追溯制度。

二是坚持党管干部原则与董事会依法选择经营管理者以及经营管理者依法行使用人权有机结合，探索保证党委在选人用人中有效发挥作用的途径和方法。适应国有企业改革要求，修订完善《中央企业领导人员管理暂行规定》，规范国有企业领导人员的“进、管、出”，要突出领导人员政治素质，把好干部标准和有关要求细化为领导人员的具体任职资格条件，敦促国有企业领导干部按本色做人、按角色办事。

三是坚持务实有效原则，加强反腐倡廉制度建设。要把十八大后中央对国有企业党风廉政建设的新要求纳入制度，认真梳理分析国有企业领导人员廉洁从业及重大决策、重要人事任免、重大项目安排、大额资金运作上发生的问题，充分考虑国有企业的类型、行业、领域等因素，出台指导性意见，尽可能地明确金额、工作频次、程序性的操作条款。进一步落细、落小《国有企业领导人员廉洁从业若干规定》《关于进一步推进国有企业贯彻落实“三重一大”决策制度的意见》及中央反“四风”的规定

等宏观、中观层面的制度，防止“牛栏关猫”。坚决根除按照职务设置消费定额并量化到个人的做法，推行权力清单制度，公开审批流程，强化工程项目、土地流转、矿产资源开发、基础设施建设、国企改制等领域的内部流程控制，强化对权力集中、资金密集、资源富集的部门和岗位的监管，防止权力滥用。

四是坚持一手抓制度建设，一手抓制度贯彻执行。按照“以制度化促进规范化，以信息化推进流程化的思路”，探索并加强制度信息化建设。探索尝试将权力清单、审批流程、“五项费用”、“领导干部财产公示”等通过信息化手段进行公开。加强对制度执行的监督检查，坚决纠正有令不行、有禁不止的行为，在企业形成按制度行权办事的良好风气。

五是试行廉政信用机制。建立企业人员廉政档案，记录企业人员在所处的各个岗位廉洁从业情况，根据其表现确立信用等级，档案随人员调动、晋升，全过程与其薪酬、奖励对接，作为领导人员“德”的评估参照标准。还可设立廉政资金，单独纳入政府统一账户管理，待领导人员离休或退休后，经国资监管部门科学考评后，按标准兑现。

（三）加强党纪党规教育和警示教育，强化党的观念

国有企业必须坚持从严治党、从严治企，增强党性观念，严守政治纪律和政治规矩。各级党委（党组）、纪委（纪检组）必须把开展党纪党规教育作为落实全面从严治党主体责任的重要抓手，按照分层施教的原则，坚持并不断完善党员干部和重要岗位培训班开设反腐倡廉课程、任前廉洁测试、谈话等制度，将纪律教育融入干部选拔任用、考核评价、管理监督全过程。采取多种形式贯彻学习好《中国共产党廉洁自律准则》和《中国共产党纪律处分条例》等系列党内法规，切实增强党员干部党性意识、政治觉悟和组织观念。纪委（纪检组）应坚持并不断完善典型案件剖析和通报制度，通过制作专题片、编辑典型案例剖析材料等载体，分类分岗位开展警示教育工作，让党员干部受警醒、明底线、知敬畏，主动在思想上划出红线、在行为上明确界限，正确履职行权。特别要突出加强对国企负责

人和高管的教育，明确规定企业主要负责人每年须为干部职工作一次反腐倡廉形势报告，讲一次廉洁从业党课，国有企业主要负责人及高管每年应接受一次党纪条规知识测试，参加一次警示教育，督促其构筑起牢固的党纪国法防线。

（四）把握运用“四种形态”

严肃纪律审查和违纪案件查办，营造风清气正的良好政治生态。各级国资监管机构党委、纪委及国有企业党委（党组）、纪委（纪检组）要在思想认识、责任担当、方法措施上跟上中央要求，把纪律和规矩挺在前面，把握运用监督执纪“四种形态”，以严明的纪律推进全面从严治党。

一是着力形成“让咬耳扯袖、红脸出汗成为常态”的工作机制和良好的党内环境。国有企业各级党委（党组）、纪委（纪检组）按照下管一级的原则，派员参加所属企业领导班子民主生活会，严格规范民主生活会方案审查、征求意见、自我剖析、谈心谈话、相互批评、领导点评、整改落实等环节工作，切实提高民主生活会的质量，起到红红脸、出出汗的提醒、监督作用。紧紧扭住作风问题不放松，紧盯“四风”新形式新动向，抓住违反职务消费规定、“三重一大”决策不规范、违反规章制度、铺张浪费和职工群众反映较强烈等方面的苗头性、倾向性或轻微违纪问题，及时采取约谈、函询等方式向本人和组织核实，开展诫勉谈话予以警示和纠正，做到早发现、早教育、早查处，防止小问题演变成大问题。

二是把工作重心从“查违法”转向“盯违纪”，加强日常监督管理。加强与司法、审计、组织人事等部门协作，认真分析违纪问题的一般规律，采取多种方式对违纪问题易发多发的领域和部门进行监督检查，对照《中国共产党纪律处分条例》，监督检查全体党员干部执行党的政治、组织、廉洁、群众、工作和生活纪律情况。发挥信访举报“主渠道”作用，定期清理、分类处置反映干部的问题线索。注重灵活运用纪律处分和组织处理手段，着力达到既惩处又教育还震慑的综合效果，改变“要么是好同志、要么是阶下囚”的状况。

三是保持惩治腐败高压态势，遏制腐败蔓延势头。重点查处十八大后不收敛不收手，问题线索反映集中、群众反映强烈，现在重要岗位且可能还要提拔使用的党员干部，特别是要突出一把手这个“关键少数”。严肃查办领导干部插手工程建设、土地出让、侵吞国有资产，违规决策、造成国有资产严重损失，违规经商办企业，大搞利益输送和关联交易，违反决策程序，违规选人用人及侵害群众利益的“四风”的违纪案件，强化“不敢”的氛围。坚持把倒查追究问责与纪律审查同步落实，确保“一案双查”不落空，达到“查处一起违纪案件，改变一个部门、单位党风廉政建设的现状”的良好效果。

四是强化纪律审查结果运用，发挥治本功能。把纪律审查的结果与建章立制规范管理紧密结合，推动企业管理体制、运行模式、监督机制的创新和完善。强化制度的廉洁风险评估，及时更新发布《重点领域廉洁风险防控手册》，堵塞管理漏洞。开展类案分析，从违纪案件中抽取制度要素，进一步探索建立不敢腐、不能腐、不想腐的有效机制。

三、国有企业反腐倡廉建设取得的成效

党的十八大以来，在党中央、中央纪委的坚强领导下，国资委和中央企业紧紧围绕“不敢腐、不能腐、不想腐”的总目标，坚决落实全面从严治党要求，坚定不移推进党风廉政建设和反腐败工作，中央企业反腐败斗争压倒性态势已经形成并巩固发展。

一是坚决遏制腐败滋生蔓延势头，“不敢腐”的氛围已经形成。在加大执纪问责力度上下功夫，着力解决宽松软问题。突出执纪审查重点。重点查处涉嫌违纪的国资委管理领导班子企业“一把手”，着力发现和严肃查处政治腐败和经济腐败通过利益输送相互交织问题，查处侵吞国有资产等问题。践行“四种形态”，坚持严惩贪腐与柔性化处置相结合，加大谈话函询工作力度，敦促有问题的干部讲清楚、作整改。2017 年 1 – 8 月，立案 4370 件，给予党纪政纪处分 5913 人。

二是扎紧制度的笼子，“不能腐”的制度框架不断健全。狠抓廉洁风险防控，加强境外资产投资运营风险和廉洁风险监督检查，指导企业全面梳理廉洁风险点，完善廉洁风险防控制度。制定《中央企业纪检工作贯彻落实习近平总书记“三个区分开来”重要思想的指导意见》，旗帜鲜明为敢于担当的干部担当。50 家企业出台或正在制订贯彻落实《指导意见》的具体办法。充分发挥重大典型案件的治本作用，通过开展案例剖析，举一反三，查找制度漏洞，重点就改进董事会、加强境外资产监督、完善企业监督体制等问题开展研究，督促企业针对投资决策、兼并重组、产权转让、物资采购、招标投标、财务管理、选人用人、境外资产等重点领域和关键环节，建立健全权力运行制约和监督机制。

三是深化党风廉政教育，“不想腐”的思想堤坝初步构筑。坚持思想建党和制度治党同向发力，抓好党风廉政教育、党章党规党纪教育和警示教育，引导党员干部筑牢拒腐防变的思想防线。保持政治定力，持续发出刹风整纪的强烈信号，坚持一个节点一个节点地抓，持之以恒纠“四风”，确保中央八项规定警示在国资委和中央企业落地生根。加大正面宣传工作力度，扎实推进廉洁文化建设。组织中央企业深入开展理想信念、政治品质、职业道德、廉洁从业等教育，大力宣传勤廉兼优的先进典型。

［案例一］

中国交通建设集团有限公司发挥两个“核心”作用，为世界一流企业铸“根”固“魂”

从 2006 年整体重组改制到 2016 年成为第一批国有资本投资试点企业，从成立之初世界 500 强企业榜上无名到 2016 年跃升为第 110 位，中国交通建设集团有限公司（以下简称“中交集团”）的改革发展始终焕发着勃勃生机。这无疑得益于中交集团始终坚持党对企业的领导这一根本政治原则不放松。中交集团党委围绕国有企业改革“1 + N”体系部署，把牢国有企业的“根”和“魂”，通过党委领导作用的有效发挥，保证党和国家方针政策、重大部署在中交集团的贯彻执行，保证国有企业全面深化改革的各项要求特别是中共十八届三中全会以来的系列部署在中交集团落地生根，引领中交集团理直气壮做强做优做大，向着率先建成世界一流企业的目标扬帆远航。

一、发挥核心作用，实现方向领航

中交集团党委实行党委集体领导下的分工负责制，严格执行“三重一大”决策制度，以建立中国特色现代企业的法人治理结构为重点，按照“四同步”“四对接”的原则，厘清党组织和其他治理主体的职责分工，形成了各司其职、各负其责、协调运转、有效制衡的管理格局。按照中央和国务院国资委党委做强做优做大国有企业的要求，中交集团立足实际进行顶层设计，推进“五商中交”战略实施，并通过集团二次党代会对今后一段时期的发展思路进行精心谋划，对战略路径、保障措施进行系统部署，从而推动中交集团改革发展驶入快车道。2015 年营业收入达到 4000 亿元，业务遍布 135 个国家，在国务院国资委 2015 年度经营业绩测试评价中利润总额、经济增加值、成本费用总额占营业收入比重、应收账款周转率四项考核指标全部得满分，再次荣获 A 级企业荣誉，是 9 家“11 连 A”企业之一；总排名第 4，位列 8 家建筑企业第 1 名。

二、发挥核心作用，以大局促格局

中交集团党委坚持管大局、议大事，在围绕大局、服务大局、管好大局的进程中形成了企业发展新格局。坚持“抓党建就是抓发展、抓发展必须抓党建”的理念，依循“专业、务实、特色、融合、创新”的党建工作思路，健全基层组织，建强战斗堡垒，凝聚广大党员和干部员工智慧力量，在国家重大工程建设中发挥中流砥柱作用。在建设青藏公路中，中交集团三代人 40 年坚守与传承，用智慧和心血解答高海拔多年冻土区公路修筑领域的“天问”；在南海岛礁建设中，中交集团参建党员用“每一粒沙都是国土，每一段堤都是长城”的信念，创造了现代版的“精卫填海”神话；在近10年来贯彻国家“走出去”战略中，中交集团以企业竞争力展现国家实力、以良好企业品牌维护国家形象，勇做“一带一路”建设的排头兵。可以说，遍布全球的工程丰碑是中交集团勇担国有企业经济责任、政治责任、社会责任的最好见证。

三、发挥核心作用，强队伍保落实

中交集团党委坚持管干部聚人才、建班子带队伍，带领13万员工用双手一锤锤把蓝图变为现实。充分发挥党委在选人用人中的主导作用，确立了“靠得住、能干事、在状态、善合作”的选人用人标准和“四用四不用”的选人用人导向，并使其贯穿于选干部、配班子的始终。抓好“关键少数”，开展为期两年的领导班子建设年活动，在活动中进行了“探索建立职业经理人制度”等10项课题研究，有效破解了企业发展中面临的人才短缺桎梏；组织10余期青年骨干管理人才高级研修班，对中层干部进行为期一个月的封闭式培训，使一批具有大局观念和战略思维的领导人员和管理人员脱颖而出；提出“以价值创造者为本”的人才理念，优化考核评价工作，建立人才同台竞技、共创价值的舞台，保证了人才队伍活力。发挥党员先锋模范作用，让4.8万名党员在关键岗位挑大梁当先锋。无论是在超级工程港珠澳大桥，还是在穿越无人区的临白高速公路，无论是在离岸深水港技术前沿，还是在PPP等转型升级的主战场上，中交集团各级党组织通过党员突击队、党员先锋岗、党员攻关小组等载体，引导党员在重点工程、关键岗位和急难险重任务中勇挑重担，做好表率，涌现了一批以全国优秀共产党员、港珠澳大桥项目经理林鸣为代表的先进典型，拥有国家级勘察设计大师、全国水运勘察设计大师、新世纪百千万人才工程国家级人选、享受国务院政府特殊津贴人员、全国技术能手若干人，打造了一支敢打硬仗、能打胜仗的党员和干部员工队伍，汇聚起凝心聚力共促发展的强大正能量。

习近平同志用“一个依靠力量、五个重要力量”对国有企业赋予了新的使命。中交集团党委将牢记责任使命，全面加强党的建设，坚定走中国特色国有企业改革发展之路的道路自信、理论自信、制度自信和文化自信，深入推进国有资本投资公司改革试点工作，为率先建成世界一流企业、做强做优做大中交集团提供强大组织保证。

[案例二]

中国电子科技集团公司推进量化考评，落实党建责任，促进深化改革

近年来，中国电子科技集团公司（以下简称“中国电科”）党组认真贯彻党的十八大及十八届三中、四中、五中、六中全会精神，以“四个全面”战略布局为统领，在推进企业全面深化改革中，以优化完善“量化有效型”党建工作考评体系为抓手，构建党建工作、企业文化、竞争优势同步提升的“三位一体”党建工作格局，落实全面从严治党责任，持续增强全系统广大党员和干部“四种意识”，有力促进了企业转型发展。

一、系统谋划，持续推进，注重构建责任体系

中国电科党组探索构建的“量化有效型”党建工作考评体系，建立了路径清晰的“一五五九”总体架构，搭建起党建工作融入改革发展的路径，经过多年的实践验证，并不断优化完善，为全系统党建工作责任的落实和价值创造能力的持续提升提供了有力的体系支撑。“量化有效型”党建工作考评体系有机融入了中央全面从严治党、加强国企党建的一系列最新要求，聚焦深化改革，创新性地提出了同步提升党建工作、企业文化、竞争优势“三位一体”党建工作格局的新思路，并贯穿于党建工作考评标准的优化完善之中。在考评条款中，强化落实党的领导和公司治理相统一、加强领导人员和干部队伍建设、推进党建工作实现“四同步、四对接”、推进深化改革的措施与成效等内容。

二、强化考评，坚持“三结合”，注重推进责任落地

第一，围绕重点，坚持日常督导检查和年度考评相结合。中国电科党组成立了8个督导组对成员单位党建工作进行全程督导，将把好改革方向、

推进改革发展作为督导工作的重要内容，采取核查资料、座谈了解和个别谈话、满意度测评、现场考察等多种方式，开展年度考评。

第二，注重实效，坚持过程考评和效果考评相结合。检验党建工作的成效不单纯要看列了多少条目、写了多少内容，更要看落实从严治党责任以及促进改革发展等方面的实际成效。例如，在严守政治纪律和政治规矩的条款中，不仅要求将严守政治纪律和政治规矩作为全系统党员领导干部民主生活会的一项重要内容经常对照检查，更要求在落地和执行层面，严格组织纪律和大局意识，坚决支持改革发展，正确对待并严格服从大局，从严从实谋划好、落实好本单位的重大发展改革举措，确保取得实效。

第三，定量定性，坚持量化评分和一票否决相结合。中国电科的“量化有效型”党建工作考评体系，将定量与定性考评进行有机统一，量化评分和一票否决相互结合，形成刚性约束，在设置考评标准时，除了采用分值进行量化考核外，专门针对从严治党不力、推进改革不力等问题设置了11个“评优否决项”与7个“合格否决项”，并在全系统“量化有效型”党建工作考评的过程中严格执行，近两个年度有10余家成员单位因为推进党建和改革发展不力等问题被评优否决或合格否决。

三、制度保证，实施“三机制”，注重责任落实的结果应用

第一，实施激励奖惩机制。将成员单位的“量化有效型”党建工作体系建设考评结果，按照得分情况划分成为“优秀、良好、合格、较差、差”5个等级，将考评结果按照0.85～1.1的系数关系与各单位领导班子及成员年终绩效奖励直接挂钩，通过年终的绩效奖励兑现激励先进、奖励优秀。考评结果较差、差的成员单位，对单位的领导班子成员年终绩效奖励严格按规定进行减扣，以示警诫，促其整改。

第二，实施问题整改机制。对于日常督导检查和年度考评中发现的突出问题，要求成员单位列出清单深入整改，将上一年度的整改情况作为下一年度的重点检查考评内容，并对考评中发现的党建工作重难点问题开展专题研究。2016年党组下达了25项重点研究课题，形成了一批具有借鉴价值的研究成果。

第三，实施责任追究机制。在“量化有效型”党建工作体系年度考评中，中国电科党组对从严治党不力、巡视整改不到位、发生重大问题的成员单位进行严肃追责，视情节轻重分别给予诫勉谈话直至对班子成员进行调整等问责处理。近两年来，对考核结果为“较差”和“差”的4家成员单位党政主要领导进行了诫勉谈话，并对考核结果为“差”的成员单位党委主要领导进行了调整，在全系统引起了较大反响。

多年来，中国电科党组通过系统构建并持续优化完善“量化有效型”党建工作体系，不断强化考评，有力地促进了全系统各成员单位党委全面从严治党责任的有效落实；促进了正向的、先进的思想文化的培育落地和企业竞争优势的同步提升；促进了全面深化改革的稳步推进，现代国有企业制度建设进一步完善，以母子公司为主体的运行模式得到进一步优化，有力推进了集团公司的企业化、市场化、集团化、国际化，为连续多年保持收入和利润“双20%”增长，高质量进入世界500强提供了思想、政治和组织保证。

[案例三]

中国航天科技集团公司强化落实党建责任，筑牢国企改革基石

中国航天科技集团公司作为我国航天科技工业的主导力量，始终坚持党的建设与企业改革同步推进，切实履行各级党组织对深化改革的领导责任，不断增强“四个意识”（政治意识、大局意识、核心意识、看齐意识），紧紧围绕保成功、保交付、保增长，抓党建、抓改革、抓管理“三保三抓”核心任务，圆满完成了以载人航天与月球探测、北斗导航、高分辨率对地观测系统为代表的国家重大工程任务，在国资委经营业绩考核中连续13年保持A级。

一、统筹谋划，构建具有航天特色的党建工作体系

我们不断加强党建工作顶层设计，一是抓体系化建设。构建了以能力为核心，以组织、责任、制度、考评为基础的“1+4”党建工作体系，切实增强了党组织的政治引领力、发展推动力、文化影响力、和谐保障力。每年开展党建工作量化考评，提升党建在综合业绩考核中的权重，党委负责人占到70%，业务负责人占到30%，考核结果与任免、薪酬、奖惩等挂钩，使党建工作由软指标变为硬杠杠。二是抓规范化运行。健全党组织参与重大问题决策的工作机制，在公司章程、“三重一大”决策制度和议事规则中，明确了党组织的地位和职责。对涉及贯彻落实中央和上级工作要求的重要部署、改革发展全局的重大决策、重要人事任免和职工群众切身利益的重大事项，党组织全程参与、严格把关，使党组织集体研究讨论成为企业经营决策的前置程序。三是抓科学化管理。在组建型号外场试验队、重大产业项目工作组时，同步成立临时党委，开展党的工作。发展党内民主、突出党员主体地位，实施党代会年会和党代表提案制度。在党组织属地化管理的前提下，创新党代会组建新模式，建立了党代表“异地管理、垂直参与”的运行机制。

二、以人为本，强化党组织在选贤任能中的使命担当

我们注重发挥党建育人才、凝人心、聚人力的独特优势，一是打造“生力军”。按照中央好干部标准和“三严三实”、忠诚干净担当的要求，建立了组织选拔、市场配备和依法管理相结合的选拔任用制度，坚持在型号科研及项目管理一线发现、培养和选拔企业领导人员和技术领军人才。目前，载人航天工程等重大项目团队中，党员比例超过70%，400多名型号总指挥、总设计师中，党员占到近90%，35岁以下技术骨干超过50%。二是筑牢“生命线”。针对员工普遍年纪轻、学历高、思想活、压力大的情况，党组织把思想政治工作作为“生命线”工程，领导人员带头联系车间、走进班组，与基层员工面对面，把思想政治工作延伸到靶场、延伸到家庭。正是依靠敢拼敢赢的精气神，我们攻克了几百项航天重大关键技

术，宇航发射频次和成功率不断攀升，从上个世纪末的年均发射五六次，到现在每年发射达到 20 次左右，与美俄航天强国并驾齐驱。三是架好“能力桥”。坚持技术传承与精神传承并重，推进党员党性意识与型号任务、工作目标、工作标准、工作要求“四对接”；坚持榜样引路，培育了以国家最高科技奖获得者孙家栋、时代楷模徐立平为代表的先进个人和“神舟团队”、“嫦娥团队”、“北斗团队”等先进集体，引导员工牢固树立以国为重的价值追求；践行“零缺陷”管理理念，把严慎细实的作风要求融入企业准则规范，使我国现役火箭发射成功率超过95%，处于世界领先水平。

三、忠诚履职，确保主体责任和监督责任落实到位

我们贯彻全面从严治党要求，落实党的建设主体责任和监督责任，为企业改革发展营造了风清气正的良好环境。一是注重层层传递，拧紧“责任链”。集团将党组主体责任细化为全面领导、选人用人、作风建设、源头治理和组织保障五个方面，党组书记与每位党组同志签署党建与党风廉政建设责任书，开展党风廉政建设责任制监督检查，将检查结果纳入单位绩效考核。对检查考核中党风廉政建设责任落实不到位的，既追究当事人责任，又追究领导责任。二是强化监督执纪，种好“责任田”。我们不断深化纪检监察体制机制改革，系统梳理纪检监察机构职责，制定了《深化纪检监察体制机制改革实施意见》及配套制度。力求腐败问题抓小抓早，探索建立巡察监督工作机制，强化巡察发现问题、说明问题、诊断问题、解决问题的监督功能，建立了约谈、巡视制度，组织开展内部巡视，实行了基层单位纪委书记专职化并交流任职。

参考文献

一、专著

1. 马克思恩格斯全集(第36卷)[M].北京:人民出版社,1974.

2. 毛泽东文集(第7卷)[M].北京:人民出版社,1999.

3. 邓小平文选(第3卷)[M].北京:人民出版社,1993.

4. 习近平总书记系列重要讲话读本[M].北京:人民出版社,2014.

5. 万里文集[M].北京:人民出版社,1995.

6. 李荣融. 遵循规律办企业[M].北京:中国经济出版社,2013.

7. 邵宁.国有企业改革实录[M].北京:经济科学出版社,2014.

8. 季晓南.坚持和完善基本经济制度十论[M].北京:社会科学文献出版社,2014.

9. 彭华岗.企业社会责任管理体系研究[M].北京:经济管理出版社,2011.

10. 厉以宁.论新公有制企业[J].经济学动态,2004(1):17-20.

11. 熊彼特.经济发展理论[M].北京:商务印书馆,1990.

12. 吴晓波.浩荡两千年[M].北京:中信出版社,2016.

13. 林毅夫.新结构经济学[M].北京:北京大学出版社,2015.

14. 朱光华.大力发展混合所有制:新定位,新亮点[J].南开学报,2004(1):3-5.

15. 赵敏.混合所有制与企业治理体系[M].北京:中共中央党校出版社,2016.

16. 李绍荣,周毅.中国的经济体制变迁与混合所有制改革[J].学术前言,2014(4):72-78.

17. 逄锦聚,陶得麟,等.马克思主义基本原理[M].北京:高等教育出版社,2007.18.房列曙.中国历史上的人才选拔制度[M].北京:人民出版社,2005.

19. 吴友法. 德国资本主义发展史[M]. 武汉:武汉大学出版社,2000.

20. 伍柏麟,席春迎. 西方国有经济研究[M]. 北京:高等教育出版社,1997.

21. 詹姆斯·麦格雷戈·伯恩斯. 罗斯福传[M]. 北京:商务印书馆,1992.

22. 朱庭光. 法西斯体制研究[M]. 上海:上海人民出版社,1995.

23. 赵守日. 闯关:西方国有经济体制革命[M]. 广州:广东经济出版社,2000.

24. 柳欣,秦海英. 新中国经济学60年[M]. 北京:中国财政出版社,2009.

25.《关于深化国有企业改革的指导意见》学习读本[M]. 北京:中国经济出版社,2016.

26. 国务院国资委研究中心.《关于深化国有企业改革的指导意见》百题问答[M]. 北京:中国经济出版社,2016.

27. 2014年度中国对外直接投资统计公报[M]. 北京:中国统计出版社,2015.

28. 国网能源研究院. 国内外企业管理实践典型案例分析报告[M]. 北京:中国电力出版社,2015.

29. 王辉耀,孙玉红,苗绿. 中国企业全球化报告[M]. 北京:社会科学文献出版社,2015.

30. 武常岐. 中国企业国际化战略——理论探讨与实证研究[M]. 北京:北京大学出版社,2014.

31. 赵昌文,张文魁,马骏. 中国企业国际化及全球竞争力[M]. 北京:中国发展出版社,2014.

32. 王国顺,郑准,杨坤. 企业国际化理论的演进[M]. 北京:人民出版社,2009.

33. 樊纲. 经济文论[M]. 北京:三联书店,1997.

34. 中共中央纪律检查委员会、中共中央文件研究室,编. 习近平关于严明党的纪律和规矩论述摘编[M]. 北京:中央文献出版社,2016.

35. 中共中央关于全面深化改革若干重大问题的决定[M]. 北京:人民出版

社,2013 .

36. 中国共产党章程(中国共产党第十四次全国代表大会部分修改,1992 年 10 月 18 日通过)[M]. 北京:中共中央党校出版社,1992.

37. 中国共产党章程(中国共产党第十八次全国代表大会部分修改,2012 年 11 月 14 日通过)[M]. 北京:人民出版社,2012.

38. 中共中央关于加强党的执政能力建设的决定[M]. 北京:人民出版社,2004.

39. 金民卿,赵智奎. 马克思主义中国化:历史与规律[M]. 北京:社会科学出版社,2013.

40. 卡尔波普尔. 历史决定论的贫困[M]. 北京:华夏出版社,1987.

41. 李德生等. 中华人民共和国日史 1980 年[M]. 成都:四川人民出版社,2003.

42. 辛迪诚. 中国国有企业改革编年史(1978—2005)[M]. 北京:中国工人出版社,2006.

43. 国家发展改革委体改司. 国企混改面对面——发展混合所有制经济政策解读[M]. 北京:人民出版社,2015.

44. 宋文阁,刘福东. 混合所有制的逻辑[M]. 北京:中华工商联合出版社,2014.

45. 经济合作与发展组织. OECD 国有企业公司治理指引[M]. 李兆熙,译. 北京:中国财政经济出版社,2005.

46. 张东明. 德国国有企业改革的启示与借鉴[J]. 财政研究,2013(1):76 – 79.

47. 李俊江,何枭吟. 北欧国有企业改革及其对我国的启示[J]. 新长征,2003(10):34 – 36.

48. 吕政. 对深化国有企业改革的再认识[J]. 中国工业经济,2002(10):5 – 11.

49. 于米. 探路国企职业经理人制度建设[J]. 现代国企研究,2015

(19):44-47.

50. 李锡元,徐闯.国企实施职业经理人制度的本质、核心和路径[J].江汉论坛,2015(2):11-15.

51. 中国企业联合会课题组.2014 中国职业经理人现状调查[J].企业管理,2015(2):6-14.

52. 张金艳,张帆.中国职业经理人市场发展的制约因素分析[J].广东外语外贸大学学报,2013(6):24-27.

53. 王于猛.建立国有企业职业经理人制度浅探[J].人力资源管理,2013(11):41-43.

54. 王世谊.对干部人事制度改革的回顾与反思[J].中共青岛市委党校:青岛行政学院学报,2009(1):36-39.

55. 李永超.关于实现领导干部良性竞争的思考[J].中共贵州省委党校学报,2010(2):23-26.

56. 张向鸿.党管干部是选拔任用制度的根本原则[J].科学社会主义,2014(3):51-53.

57. 王河.领导干部选拔任用制度改革述评[J].中共宁波市委党校学报,2005(6):56-59.

58. 邵安菊.国有企业分类考核的激励约束机制研究[J].上海市经济管理干部学院学报,2014(2):29-37.

59. 邓荣平.对强化国有企业领导干部权力制约机制的思考[J].改革与开放,2005(8):35-35.

60. 郭丽美.浅谈如何建立有效的国有企业领导干部监督和约束机制[J].城市公共交通,2006(2):8-9.

61. 钱卫国, 邵永标, 黄建红.国有企业领导干部年度考核的实践与思考[J].现代企业文化,2014(5):64-65.

62. 陈丽萍.论竞争性干部选拔机制在国有企业中的应用[J].商业文化月刊,2012(3):20-20.

63. 吴伟升，李月霞. 我国国有企业领导人才选拔机制的历史变迁、问题及其对策[J]. 科技致富向导,2010(27):21 - 22.

64. 路明，陈玉领. 现代企业制度条件下国有企业领导干部的选拔任用[J]. 经济界,2000(1):9 - 12.

65. 韩强. 我党干部管理制度的历史进程与当代启示[J]. 中共山西省直机关党校学报,2011(2):37 - 39.

66. 贺丽芳. 浅谈现行国有企业领导干部管理中的弊端及问题[J]. 内蒙古科技与经济,2015(4):30 - 30.

67. 蒋笑宇. 浅析我国国有企业管理层激励机制[J]. 市场周刊:理论研究,2015(7):21 - 22.

68. 高寰宇. 浅析国有企业人力资源管理的创新实践策略[J]. 人力资源管理,2015(1):145 - 145.

69. 王克稳.《企业国有资产法》的进步与不足[J]. 苏州大学学报:哲学社会科学版,2009(4):35 - 40.

70. 阳月平. 关于国有企业深化三项制度改革的探讨[J]. 人力资源管理,2015(7):23 - 24.

71. 陶厚永，刘洪. 何种用工制度更具适应性效率——用工"双轨制"与"单轨制"的比较研究[J]. 中国工业经济,2009(1):118 - 129.

72. 王丹. 回顾企业用工制度改革[J]. 企业管理，2008(9):19 - 21.

73. 张东才. 企业劳动用工制度改革探讨[J]. 经济师,2000(11):132 - 133.

74. 刘凤义. 威廉姆森谈新制度经济学[J]. 国家行政学院学报,2011(1):93 - 95.

75. 胡钧. 不断深化和完善对社会主义市场经济体制的认识[J]. 政治经济学评论,2010(1):17 - 24.

76. 何自力. 发展混合所有制经济是新形势下坚持公有制主体地位的重要途径[J]. 求是,2014(18):31 - 33.

77. 胡洁. 新一轮国企混合所有制改革:问题及建议[J]. 中国发展观察,2014

(11):11 - 26.

78. 高朝辉. 国企混合所有制改革面临的困境与对策[J]. 经营管理者,2014(15):64.

79. 和龙,季玉龙. 国企混合所有制改革红利与实现途径[J]. 中国特色社会主义研究,2014(5):48 - 52.

80. 黄速建. 中国国有企业混合所有制改革研究[J]. 经济管理,2014(7):1 - 10.

81. 吴爱存. 国有企业混合所有制改革的路径选择[J]. 当代经济管理,2014(10):37 - 39.

82. 吴倩楠,卓盛鸿. 国有企业混合所有制改革理论逻辑与模式比较[J]. 企业技术开发月刊,2016(12):20 - 21.

83. 章百家,朱丹. 中国经济体制两次转型的历史比较[J]. 中共党史研究,2009(7):6 - 23.

84. 荣兆梓. 国有资产管理体制进一步改革的总体思路[J]. 中国工业经济,2012(1):16 - 17.

85. 魏峰、荣兆梓. 国有企业与非国有企业技术效率的比较[J]. 经济纵横,2012(2):18 - 23.

86. 丁冰. 警惕有人故意曲解“混合所有制”[J]. 国企,2014(8):82 - 83.

87. 钞鹏. 中国企业对外投资发展历程和规模分析[J]. 武汉商业服务学院学报,2014,28(1):9 - 12.

88. 葛枫. 联合战队:最适合中企的出海策略[J]. 中外管理,2013(8):102 - 103.

89. 胡鞍钢,魏星,高宇宁. 中国国有企业竞争力评价(2003—2011):世界500强的视角[J]. 清华大学学报,2013,28(1):72 - 83.

90. 胡雪. 浅析世界500强企业管理的成功经验[J]. 铜业工程,2013(4):82 - 85.

91. 许庆瑞,张素萍,金露. 中国技术进步历程回溯及启示[J]. 中国科技论坛,2012(2):8－12.

92. 贺伟跃,于广亮.《企业国有资产法》确立的国有资产监管体系的理论及现实困境[J]. 华东经济管理,2010(12):88－92.

93. 李开甫. 简论我国公司监事会制度的不足与完善[J]. 法学评论,2005(2):123－125.

94. 亐道远,田江涛,张弨. 完善企业国有资产综合监督体制的思考[J]. 石家庄铁道大学学报(社会科学版),2014(8):79－83.

95. 陆剑杰. 波普尔的试错渐进理论及其对解读马克思哲学的启示[J]. 哲学研究,2006(4):7－13.

96. 朱河峰. 试验性实践:邓小平对马克思主义实践的新贡献[J]. 学习论坛,2000(5):7.

97. 黄速建. 国有企业改革的实践演进与经验分析[J]. 经济与管理研究,2008(10):20－31.

98. 张文魁. 国企改革 30 年的中国范式及其挑战[J]. 改革,2008(10):5－18.

99. 周志发. 论中国特色民主化模式——基于容错性民主的视角[J]. 学术界,2010(9):15－22.

100. 荣兆梓. 从建立和谐劳资关系角度看公有制经济的进一步改革[J]. 当代经济研究,2009(6):34－38.

101. 杨春梅. 论我国国有股份公司的监督机制[D]. 哈尔滨:黑龙江大学,2005.

102. 丁中明. 一汽集团公司内部监督机制研究[D]. 长春:吉林大学,2005.

103. 李建春. 国有企业国际比较研究[D]. 长春:吉林大学,2010.

104. 唐立杰. 企业国有资产监督管理之研究[D]. 厦门:厦门大学,2007.

105. 倪晨华. 企业国有资产监督体系研究[D]. 厦门:厦门大学,2005.

106. 黄甜甜. 国有企业多元化用工形式下的员工关系管理模式研究[D]. 成都:西华大学,2013.

107. 曾秋荷. 国有企业用工制度研究[D]. 杭州:浙江工商大学,2011.

二、报刊

1. 习近平. 在 2014 年中央经济工作会议上的讲话[N]. 人民日报,2014 - 12 - 09.

2. 王子鹏. 华能牵手电建装备企业联合出海[N]. 中国电力报,2015 - 05 - 05(1).

3. 楚序平. 国企退出竞争领域是误读[N]. 经济日报. 2014 - 06 - 08.

4. 刘佐. "利改税":逼出来的改革[N]. 中国财经报. 2004 - 08 - 17.

5. 刘晏来,黄耀和. 2014 年中国地区企业并购回顾与 2015 年前瞻[R]. 普华永道,2015.

6. Lamont, D. F. Foreign State Enterprise, a Threat to American Business[M]. New York: Basic Books, 1979.

7. Walters, K. D., & Monsen, R. J. State - owned Business Abroad: New Competitive Threat[J]. *Harvard Business Review*, 1979(2): 160 - 170.

8. OECD. Corporate Governance of State - owned Enterprises: A Survey of OECD Countries[J]. Paris:OECD Publishing ,2005,33.

9. OECD. Privatising State - owned Enterprises:An Overiew of Policies and Practicies in OECD Countries[R]. Paris:OECD Publishing,2003,106.

10. OECD. The Size and Sectoral Distribution of SOEs in OECD and Partner Countriess[R]. Paris:OECD Publishing,2014,11 - 12.

11. Bernardo Bortolotti and Mara Faccio. Government Control of Privatized Firms [J]. *Review of Financial Studies*, 2009, 22(8) :2907 - 2939.

12. North,D. Institutions,Transaction Costs and Economic Growth [J]. *Economic Inquiry*, 1987,25(3):419 - 428.

后　记

《国企改革若干问题研究》编撰完成之后，编写组普遍感到，这本书之所以能够完成，从根本上讲在于党的十八大以来国有企业理论和实践的历史性发展。在理论层面，以习近平同志为核心的党中央对国有企业改革高度重视，形成了科学、系统、完备的中国特色国有企业改革发展理论体系；在实践层面，为贯彻落实党中央、国务院决策部署，各地各国有企业真抓实干、拼搏进取、攻坚克难，国有企业改革取得重大突破，国有企业发生历史性变革，取得历史性成就。这为本书提供了理论和实践的坚实支撑和充足来源。

本书的编写过程，也是编写组学习提高的过程，是深化思考的过程，更是坚定国企改革发展信心的过程。改革历来是逆水行舟，特别是国企改革进入深水区、攻坚期之后，更需知难而进、迎难而上、克难前行。而向前走，需要不忘初心、牢记使命，需要经常的回头看。编写本书就是尝试对党的十八大以来国有企业改革做一次阶段性的回头看。通过这次回头看，编写组的同志们深切感到，在国企改革的道路上坚定向前走，必须时时铭记肩负的使命，必须始终坚定改革的信心，必须永远鼓满创新的勇气，特别是要在习近平新时代中国特色社会主义思想的指导下，牢牢把握国有企业要沿着符合国情的道路去改的指导思想要求，增强道路自信、制度自信、理论自信、文化自信，努力把国有企业打造成为面向市场竞争、以质量效益为导向的现代企业，完善国有资产管理体制，始终坚持党的领导、加强党的建设，坚定不移深化国有企业改革，理直气壮做强做优做大国有企业。

本书是群策群力的集体创作结晶，参与本书编写的中央企业及单位编写人员主要有：中国航天科技集团公司朱家正、王占宇、付求舟、张文杰、陈仕程，中国航空工业集团公司胡漫江、王安琪 、简晓微、关梦洁，中国石油天然气集团公司贺新春、周敬诚、曹海霞、李炯，中国石油化工集团公司周若洪、王守春、张小宏、王睿，国家电网公司张运洲、张玮、郭磊、廖建辉、王志毅、赵天、袁圣韵乐、屠俊明，中国电子信息产业集团有限公司杜长征、高慕群、李承介，中粮集团有限公司王晓龙、车进、张宏，国家开发投资公司尚鸣、邓林、王瑞晶，中国诚通控股集团有限公司朱跃、何磊、张生铎、林楠，中国建材集团有限公司光照宇、牛振华、丁泉、干志平、金星。国务院国资委改革办、研究中心主要做了组织协调、统筹通稿的工作。特别值得感谢的是，本书得到了国务院国资委各有关厅局的有力支持，得到了航天科技董事长雷凡培、中海油董事长杨华、神华集团总经理凌文、中化集团董事长宁高宁、中粮集团董事长赵双连、招商局集团董事长李建红、中交集团董事长刘起涛、新兴际华集团董事长奚国华等企业领导和中信改革发展研究基金会理事长、中信集团原董事长孔丹，北京师范大学公司治理与企业发展研究中心主任高明华等有关专家学者的高度评价、充分肯定和积极推介，中国经济出版社严谨、规范、认真的编辑审核工作在本书编写中起到了重要支撑作用。

本书力求既能够体现理论研究的框架性、完整性、规范性，也能够体现国企改革的实践性、特殊性、发展性。同时，编写组深知，习近平同志关于国企改革发展党建等重要思想博大精深、内涵丰富，需要结合实际常学常新；国有企业改革本身就是一个世界性的难题，也是一个极具实践性、探索性的课题，需要在实践中不断探索，不断作出新的理论概括。本书作为抛砖引玉之作，希望能够为国企改革发展作出绵薄贡献，更希望得到各方面专家学者和国企改革实践者的指正，以便今后有机会修订完善。

本书编写组

（按姓氏笔画排列）

王秀国　牛　欣　尹义省　卢永真　李明星

李鹏飞　余建宏　张海洋　季晓刚　周巧凌

周丽莎　胡　迟　赵振兴　桂　刚　黄吉海

彭华岗　彭建国　董朝辉　谢　晖　谭向国